立德树人　顺天致性

基于义务教育阶段
立德树人课程建设的研究

主　编　冯立新
副主编　王金虎　邹丽春
参　编　李经国　万天亮　曾丽芳
　　　　谭　健　陈　云　王晶雨

武汉大学出版社

图书在版编目(CIP)数据

立德树人　顺天致性:基于义务教育阶段立德树人课程建设的研究/冯立新主编.—武汉:武汉大学出版社,2019.6
ISBN 978-7-307-20914-5

Ⅰ.立… Ⅱ.冯… Ⅲ.中小学—德育—课程建设—研究—中国 Ⅳ.G631

中国版本图书馆 CIP 数据核字(2019)第 090186 号

责任编辑:聂勇军　　责任校对:李孟潇　　版式设计:马　佳

出版发行:武汉大学出版社　(430072　武昌　珞珈山)
　　　　　(电子邮箱:cbs22@whu.edu.cn　网址:www.wdp.whu.edu.cn)
印刷:武汉中科兴业印务有限公司
开本:720×1000　1/16　　印张:19.25　　字数:266 千字　　插页:1
版次:2019 年 6 月第 1 版　　2019 年 6 月第 1 次印刷
ISBN 978-7-307-20914-5　　定价:48.00 元

版权所有,不得翻印;凡购我社的图书,如有质量问题,请与当地图书销售部门联系调换。

序言　课程建设倘落地生根
　　　立德树人必开花结果

2019年3月18日，习近平总书记在学校思想政治理论课教师座谈会上强调，青少年阶段是人生的"拔节孕穗"期，最需要精心引导和栽培。在青少年"拔节孕穗"期，学校是承担引导和栽培责任的主阵地，学校教育对青少年的人生影响之大不言而喻。

英国著名的课程理论家劳伦斯·斯滕豪斯曾经说过，学校教育是由不同的过程构成的：技能的掌握、知识的获得、社会价值和规范的确立以及思想体系的形成。因此，许多学校探索教育改革——将教育过程课程化，积极开发适合地域特点、学校实际、学生发展需要的课程，完善和优化三级课程体系。中共中央、国务院印发的《中国教育现代化2035》指出："加强课程教材体系建设，科学规划大中小学课程，分类制定课程标准，充分利用现代信息技术，丰富并创新课程形式。"这是对前期课程建设改革的肯定，也是对未来课程建设的指导性意见。

在人生的"拔节孕穗"期，深圳大学师范学院附属坂田学校围绕立德树人的教育目标，寓优秀传统文化于活动中，开设了70多门校本课程（国学文化类、棋琴书画类、运动健康类、发明创造类、生活常识类等），设立了"顺天致性"大讲堂，创建了"无边界图书馆"，开辟了"四季耕耘农场"，融合了"家庭、社区"优质资源，为每一个学生创造机会，促进生命的成长，树立正确的价值观、人生观和世界观。历经五载，冯立新校长主持的研究课题"义务教育阶段学校立德树人课程建设的研究"，充分体现了在课程建设方面的高标设定以及扎实推进的过程。目前，义务教育阶段的课程体系还存在层次不清、开发随意性强、课程之间缺乏逻辑性等问题。尤其是学校课程开发的碎片化情况严重，功利化问题突出。在课程建设中目标设定往往很美好，现实的努力确实很艰难，而要在现实中不断调整推进策略达到预设的目标，则更为辛苦。但这种辛苦也是一个学校提升办学水平的必由之路，以一点为突破口，进而带动学校全方位联动创新，促进学校办学水平全面提升，那么这个辛苦的过程也就是学校蝶变之路。

为了尽量缩短这个辛苦的过程，并在辛苦中找到成功的快乐，我就自己的教学和科研经历提出几点建议。

第一，学校教育要顺天致性，立德树人。学校对"顺天致性"校训进行了详细解读，顺天致性，是指尊重少年儿童的发展规律，尊重教育的发展规律，顺应少年儿童成长的规律，呵护培育少年儿童的自然天性，创造良好的成长、成人、成才环境，做到尊重个性，发挥特长，让每个学生健康、快乐、充实成长。这种解读符合教育的规律。教育，尤其是义务教育阶段，立德树人应该是"农业化"过程，需要遵循少年儿童的身心发展规律，有些节点需要一个较长的"静候期"，一个静待花开的过程，这个过程是学生尝试着将所学内化于心外化于行的过程，需要学校教育顺性而导，顺势而为。

第二，课程建设要以人为本，增强融合。课程建设要真正以人为本，课程是为培养和教育人服务的，必须充分考虑学生成长的需求和未来发展的需要、教师的现实配备和将来人才供给等因素，不能仅仅为了彰显学校的特色或者办学成果而建设。同时要注重课程之间的融合，克服孤立化、碎片化的弊端，促进多学科融合发展，加强学科与信息技术的深度融合发展。当代信息技术与学科融合是发展趋势，这种趋势会使教育发生怎样的变化我们无法准确预测，但作为教育工作者，我们必须主动去适应并积极地促进融合，这样才不会落后于时代前进的步伐。

第三，青年教师要怀抱目标，矢志不移。学校青年教师多，是学校发展的巨大人才优势，但青年教师的发展容易目标不明，甚至"移情别恋"。我将 2010 年写的《做一名"把信送给加西亚"的教师》文中一段话在这里重复一遍：我们每位教师都应该怀抱目标。首先，不能错位，要定好目标。我们有些老师尤其是年轻老师，目标不明确，摇摆不定。其次，要清醒认识和规划自己的教育人生，根据自身专业发展的现状，有的放矢地制定和确定自我发展目标，自主设计、自主调控、自我管理、自主评价，充分发挥主观能动性，专心致志、循序渐进地实现自我奋斗的目标。我们应克服工作中的"高原期"和职业倦怠期，重新种下热情的种子，点燃激情的火焰，使自己产生内驱力和职业"冲动"，怀着"不抛弃、不放弃"的信念去追求发展的目标和价值。只有心中有波涛，才能在行动中泛起涟漪；只有远方有召唤，才能把平平凡凡的工作做得有滋有味、有声有色、如诗如画、如舞如歌。

深圳大学师范学院附属坂田学校是一所新校，新校起点高，没有历史的包袱，但新校也会在发展中遇到成长的烦恼，如果找准方向、遵循规律、不断创新，这些烦恼也会在成长中不断地得以消除，使学校进入更高更快的发展通道。

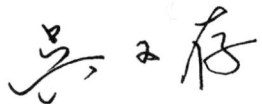

2019 年 4 月，于武汉

（作者系教育部"国培计划"专家库专家，全国优秀政治教师，湖北省特级教师，湖北名师工作室主持人，教育部统编初中教材《道德与法治》核心编写者。）

目 录

第一章　课题研究 …………………………………………（1）

《义务教育阶段学校立德树人课程建设的研究》开题报告
………………………………………………… 冯立新（5）

《义务教育阶段学校立德树人课程建设的研究》中期报告
………………………………………………… 王金虎（17）

秉持顺天致性办学理念，落实立德树人根本任务
……………………………… 冯立新　邓曲啸　邹建军（25）

第二章　课程育人 …………………………………………（35）

第三章　以德育人 …………………………………………（53）

应对时代新挑战，书写教育新篇章
——争做深圳"四有"好老师 ………………… 黄　静（57）

不忘初心，立德树人 …………………………… 冯　婷（61）

千秋家国梦，少年当自强
——浅论初中历史课堂中的家国情怀教育 ……… 单　擎（65）

中国传统节日的小学道德教育意蕴及实现路径
……………………………………… 蒋红斌　张　虹（70）

转变一个孩子，从了解他开始 ………………… 文　艺（79）

让中华传统节日的灵魂滋润学生心灵的土壤 ……… 季亚娟（85）

拒绝平庸
　　——用班级教育思想引领班级管理 ················ 刘虎虎（88）

第四章　以文化人 ··（95）

第五章　以智启人 ··（107）
初中英语阅读教学中的思维品质培养 ················ 李经国（111）
"分组联动，合作学习"在英语课堂中的运用与思考 ··· 邹建军（118）
小学数学创造力课程研究
　　——在绘本想象中提升学生的创造力 ············ 王　纯（129）
浅谈小学数学简约课堂的构建 ······················ 王　栋（133）
如何利用课堂提升学生的语文核心素养 ·············· 李秀梅（139）
核心素养视野下的小学语文作文教学 ················ 隆拾梅（143）
数学思想在数学学习与人才培养中的功能研究 ········ 姬梁飞（146）
基于核心素养的单元主题阅读教学 ·················· 张　晶（155）
智慧型语文教师的核心素养探讨 ···················· 张秋婧（160）
小学信息技术体验式课程开发研究 ·················· 杨　睿（170）
浅谈初中化学高效课堂的构建 ······················ 蔡丽兰（173）

第六章　以美感人 ··（179）
音乐审美教育的三要素 ···························· 余　快（197）
浅析少儿舞蹈教学中"形象性"动作的重要性 ········· 谢　瑶（203）
落实"四部曲"，点燃"书法情"
　　——浅谈中小学书法课堂教学的实践途径 ······ 易中华（209）

第七章　全员育人 ··（215）
城市中小学家、校、社共育创新机制初探 ············ 邹丽春（233）
对家长参与教学管理促进教育质量提升的观察与思考 ··· 彭冰心（239）

第八章　身心健全 …………………………………………… (245)

第九章　学生发展 …………………………………………… (259)

我那犀利的数学老师 …………………………… 戴　瑾(262)

所幸未晚 ………………………………………… 余景珩(264)

那一抹耀眼的光芒 ……………………………… 黄　菲(266)

话说红楼 ………………………………………… 刘嘉敏(268)

一曲悲歌诉情深 ………………………………… 吴馨琦(270)

九十九天里 ……………………………………… 李梓佳(272)

倾城吃恋 ………………………………………… 毛子欣(275)

恋，从此开始 …………………………………… 何海蕴(278)

我眼中的国学经典

　　——《弟子规》 ………………………… 冯子淇(280)

我眼中的国学经典 ……………………………… 钟绪勃(281)

我眼中的友谊 …………………………………… 杨汶睿(283)

我眼中的家乡 …………………………………… 张可馨(286)

我眼中的巽寮湾 ………………………………… 黄伦曦(287)

我眼中的爸爸 …………………………………… 付雅涵(289)

我眼中的爸爸 …………………………………… 林玉淋(290)

我眼中的环保 …………………………………… 唐嘉琪(292)

我眼中的未来 …………………………………… 侯懿恒(294)

我眼中的地球 …………………………………… 余卓超(296)

消极 ……………………………………………… 罗　宇(297)

第一章
课题研究

教师的发展，决定着国家的兴盛，民族的强弱，社会的未来。2018年1月，中共中央、国务院印发《关于全面深化新时代教师队伍建设改革的意见》，提出要建设一支高素质专业化的教师队伍。这是党中央第一次从教师专业发展的角度制定的第一份文件，具有重大历史意义。

习近平总书记于2016年9月9日到母校八一学校看望慰问师生时，提出教师要做好学生"锤炼品格的引路人，学习知识的引路人，创新思维的引路人，奉献祖国的引路人"。"四有"教师、"四个引路人"成为教师专业发展的引领与航向。

新时代新挑战，课程改革，学习变革，技术革新，教育评价，知识更新，教师面临一个瞬息万变的时代和社会，适应社会发展，适应教育的变革，是教师首先面临的一大挑战。

教师专业发展，从会教书，到善思考，从会授课，到善育人，从经验主义走向理性主义，是必然与应然。对于一线教师而言，教学研究更多的是一种提炼。寻找好的问题解决思路，寻找好的教学切入方式，寻找好的课堂组织形式，达成优化的课堂生成效果，总结有效的学习指导策略，使用适宜的教学辅助手段，无一不是教学研究。

研究提升教师专业素养。研究让教师从经验主义走向理性分析，进行客观指引；专业研究，从关注教育的"术"到关注教育之"道"。专注成就品质，专业成就价值。教师从问题入手，研究自身、研究学生、研究学校、研究教学，教师从日常教学问题寻求突破口，开展行动研究，因为困惑而引发质疑，因为质疑而开展思索，因为思索而积淀思想，从践行者走向探究者，从教书先生走向名师，成长为教育家型的教师，是教师成就其力量之所在。基于自身的问题困惑，基于本校的问题研讨，基于本学科的问题探究，是教师走上专业发展之路，成就专业价值，展示专业魅力的有效路径。

深圳大学师范学院附属坂田学校办学5年来，把教师的专业发展放在重要位置，通过"学理论、仿名师、抓实践"，促进教师发展，狠抓教师成长，推动教师成才。

学校课题研究蔚然成风，课题研究层次丰富。目前，有全国教育科学规划课题 1 项，广东省教育科学规划课题 1 项，广东省教育学会小课题 7 项，深圳市教育科学规划课题 5 项，区教育科学规划课题 17 项，区小课题 24 项；参与课题研究的教师占比达到 80%。同时在深圳市中小学生探究性小课题研究中，完成了 6 项课题研究。

问渠那得清如许，为有源头活水来。专业研究，让教师不仅知其然，更知其所以然，"让教师成为受人尊敬的职业"。要想成为学者型教师，在教育研究中取得创造性的成果，"勤于笔耕"是一个重要手段。捡起你在教育教学过程中的点滴思考，把一枚枚或沉思、或感念、或激动的果子，装进享受与幸福的篮子里，她将伴您恒久。她如同您最宝贝的儿女，日后给予您最丰厚的回报。

《义务教育阶段学校立德树人课程建设的研究》开题报告

冯立新

◎ 研究背景

我校创办于 2014 年 8 月,是九年一贯制公办学校,设计规模 54 个教学班。由深圳市龙岗区人民政府与深圳大学合作办学,隶属于龙岗区教育局。学校位于深圳龙岗坂雪岗高新技术区,毗邻华为、天安云谷等国内知名企业,地处环境优美、风景怡人的佳兆业城市广场高尚住宅区旁。自建校起因拥有特殊的地理位置优势和大学资源而备受关注。

我校目前在校生近 3000 人,90%以上为进城务工人员子女,其中非深户籍学生占比为 80%以上。近年来坂田经济飞速发展,高新企业先后入驻,居民小区日益完善,社区居民素养不断提高,这些变化对我校的发展提出了新的要求。

作为一所新办学校,基于学校的未来发展和区域发展考虑,在办学之初,我们确立了"把每一个学生都放在心上"的办学宗旨,提出"有教无类,因材施教,养德启智,基奠人生"的办学理念,以"顺天致性"为校训。顺天致性,是指尊重儿童的发展规律,尊重教育的发展规律,顺应儿童成长的规律,呵护培育儿童自然天性,创造良好的成长、成人、成才环境,做到尊重个性,发挥特长,让每个学生健康、快乐、充实成长。由于是一所年轻的学校,目前学校教师平均年龄为 27 岁左右,大部分是 85 后教师,90 后占比近一半,教师阳光而充满活力,思维活跃，我们希望教师能更快成长，从而促进学生的发展与成长，因此我们倡导"朝阳气息，君子风范"的校风，希望每位在学校任教的教师成为"儒雅之师"，以爱育才，用心育人；希望每位学生成为"谦谦君子""窈窕淑女"，阳光、大气、文明而上进。

我校依托深圳大学的丰富资源，借鉴深大附中的办学经验，为促进坂田区域教育更好更快发展，基于我校的办学理念和"顺天致性"的校训，基于目前我校的教师现状和学生结构，要提升办学水平，需要整体构建符合教育规律、体现时代特征、具有中国特色的人才培养体系，建立健全综合协调、充满活力的育人体制机制，落实立德树人的根本任务。

一、核心概念的界定

关于课程，学者们对其定义有不同的理解与界定。王道俊、王汉澜（1999）认为课程指课业及其进程，有广义课程和狭义课程之分[1]。广义课程包括学校提供给学生的所有活动与学习机会，狭义课程则指某一门具体的学科。也有学者认为课程是为实现学校教育教学目标而选择的教育教学的内容（林崇德，2016）[2]，而日本学者佐藤学（2014）认为课程就是"学习的经验"[3]。我们将其界定为，学校在实现教育教学目标中，为学习者提供愉悦的学习经验和学习体验的过程。从不同的角度，我们可以将课程分为不同的类别。从课程的实施方式看，可以分为学科课程和活动课程；从课程的呈现方式来看，可以分为显性课程和隐性课程；从课程发展的作用来看，可以分为核心课程和拓展课程。在学校，课程与学科有很大的联系。学科是课程开展的主要形式之一，课程的开发、实施与评价需要依托于学科，但又不局限于学科实施。随着课程改革的推进，课程与学科的关系出现了很大的变化与改进。课程在更高层面上指引着学科的实施、评价与发展，学科为课程的实施、评价与反馈提供依托与支架。从义务教育阶段学校来说，课程已经涵盖了更广泛的学校育人范畴，学科是课程的落脚点，学校活动也是课程的强大载体，社区参与、社会体验亦是课程实施的有益补充。在此概念基础上，学校课程建设的空间、范畴、方式将有更大、更广、更深的空间。

课程建设，意指依据学校的办学目标，围绕学校的实际情况，设计系统的、具有本校特色和特征的系列核心课程，充分体现学校的办学理念和办学目标。课程建设包括课程标准、教学计划、教材、课程评价、课程资源、课程环境等等。课程建设基于学校定位、学生需求、教师特质而进行全面整合，达成三级课程优化，从而实现国家课程目标的根本任务——立德树人。立德树人课程建设，包含两个方面的涵义：其一是立什么德的问题。在课程建设中应培养学生具有中国传统道德与现代公民意识。其二是树什么人的问题。通过课程建设的规划、开发、实施、监控与评价，学校的每一个学生、每一位教师获得基本的素养。基础教育的立德树人，德育为首，育人是根本，围绕育人的根本目标重视人的发展，关注人的生命，提升人文素养，培养健全人格；课程建设的目的是围绕育人这一根本目标，以三级课程管理为中心，开发三级课程的内在发展要素和基本内容，优化课程设置，提高课程质量，从而促进人的发展。

二、国内外研究现状述评、选题意义及研究价值

立德树人是从国家战略层面提出的教育核心任务。党的十八大提出立德树人并将其作为教育的根本任务。《教育部关于2013年深化教育领域综合改革的意见》提出要坚持立德树人，挖掘各门课程蕴含的德育资源，整合法制教育内容，增强德育工作的针对性和实效性，深化中小学课程改革，加强课标制定、教材使用与考试评价的衔接[4]。2014年《教育部关于全面深化课程改革　落实立德树人根本任务的意见》指出：全面深化课程改革，整体构建符合教育规律、体现时代特征、具有中国特色的人才培养体系，建立健全综合协调、充满活力的育人体制机制，落实立德树人根本任务，是贯彻党的十八大和十八届三中全会精神的重大举措，是提高国民素质、建设人力资源强国的战略行动，是适应教育内涵发展、基本实现教育现代化的必然要求，对于全面提高育人水平，让每个学生都能成为有用之才具有重要意义[5]。这两个纲领性文件均把

立德树人作为教育的核心任务。

立德树人的理念与中华民族传统美德一脉相承。中华传统文化的修身成德思想蕴含着丰富的道德观念，其中许多道德准则，如仁民爱物、孝亲爱国、重义轻利、诚信自律、礼敬谦和的思想，以及我国传统教育中对人才培养的要求，如重视伦理道德、生活礼仪与日常行为习惯，具备人文历史知识、文字表达能力、自然科学技术、学习方法等均体现了"立德树人"思想。随着时代的发展，现在提出重视培养学生的实践创新能力、新技术的掌握与运用能力、数字化生存能力。这些思想、内容、实践与要求为"立什么德""树什么人"提供了方向和借鉴。

学校落实立德树人的灵魂就在于课程建设。义务教育阶段学校的课程建设是教育课程改革的起始环节，为上一层次的课程改革提供基石，是基础教育中的基础，为落实"五个统筹"发挥关键的作用。

围绕"立德树人"开展的课程改革正在各地铺展开来。当前全国各地不同学校课程改革各有千秋，各具特色。广州增城挂绿小学根据"核心素养编制学校的课程架构"；重庆珊瑚实验小学的"亲亲课程"，构建以学生成长为核心，建设"三级课程同心圆"的课程结构（谭劲，2016）[6]；深圳育才教育集团推行"平面化课程整合"[7]；佛山惠景中学的"儒雅课程"，提倡"儒雅育人，精致管理"；浙江温岭中学"校本能力加速器计划"打造校本化课程体系，为学校课程体系建设提供方向和路径。课程建设成为各个学校深化教育改革的核心，普通中小学课程改革正成为当前学校的关键一环。各校课程建设基本围绕着发展学生核心素养展开，课程建设的多元化、特质化和校本化特征显著。

但有学者认为当前学校课程建设应该考虑到课程的衔接问题，即在学校课程框架与学生核心素养发展之间是否建立连接（夏雪梅，2014）[8]，而周海银通过调查发现，学校课程建设出现内容泛化、三级课程内容交叉重叠、层次不清、结构混乱、开发随意性强、课程之间缺乏逻辑性现象（2015）[9]。学校课程开设的碎片化情况也很严重，缺乏系统的、与学校办学理念相吻合、具有核心特色的课程体系。

我校以"有教无类，因材施教，养德启智，基奠人生"作为办学理念。"有教无类，因材施教"传承自儒家经典教育理念，是全员教育，生本教育，体现了公平教育，与我校的办学宗旨"把每一个学生都放在心上"遥相呼应；因材施教，是适应教育的个性化发展，尊重人的发展规律；"养德启智，基奠人生"，符合"立德树人"的方向，重视学生素养，是素质教育的核心，继承中华民族传统文化经典，关注学生品行、思维品质、未来生活，为学生终身教育打下基石，符合义务教育阶段学校的规律。

本课题的选题立足于学校办学理念顶层设计及教师和学生的实际情况，遵循"顺天致性"的校训，倡导"朝阳气息、君子风范"的校风，致力于打造"三香"校园（花香、书香、心香），促进立德树人的课程建设更有实践价值和理论价值。

"顺天致性"语出唐代文学家柳宗元散文《种树郭橐驼传》"能顺木之天，以致其性焉尔"一句。顺天，适应既顺，习以成性，行成德立。成其天性，形成一定的性格、习惯。天下万物的生长，都有自身的发展规律，必须顺应自然规律，否则徒劳无益。育人和种树的道理是一样的，育人同样要顺应人的发展规律，而不能凭着主观愿望和情感恣意干预和预设。尊重儿童的爱好、尊重教育的规律、尊重人的成长，但又不是放任自流，提供发展的良好环境和动力是必要的，应给予帮助与引导，给予关怀与尊重。教育者只能按照儿童身心发展的年龄特征和心理特征进行教育，即"顺木之天，以致其性"。顺天致性，即人本教育、绿色教育、本真教育、生命教育、激励教育。

三、研究目标与研究内容

通过三级课程的整合与优化，构建具有可借鉴意义的义务教育阶段学校课程建设框架与体系，探索遵循学生天性的合适课程，正是当前我们所需要的。"顺天致性"是我校校训，构建"顺天致性"课程体系，以学生终身发展为终极目标——包含全面发展、个性发展及可持续发展，以核心价值观为指导思想，以全员育人为核心理念，以整合思维为操作手段，从而促进学生情感、态度、思维、人格的健全发展。创建优质课程、精品课程和多元课程，促成协作发展的立体化育人环境，促进教师专业化发展，完成立德树人教育的根本任务。

本课题以"人"为核心，围绕"人"的办学目标，致力于每一个学生的成长与发展，开展"教""育""养"的培育路径。

"教"，是通过教师的发展，促进学生的成长。教，既教知识，也教技能，还教策略；是手段，是过程。

"育"，通过环境育人、心灵育人、行动育人，为学生提供成长、成才、成人的环境与氛围；强调教育非一日之功，需要精雕细琢，需要静心、耐心、安心等待。

"养"，教师的教养、修养与素养，是养成教育的活水；学生的习惯养成、思维培养、品格修养、人文素养、科技涵养，是养成教育的幼芽！为人师亦为世范，有大爱自有英才，教师的言行举止，关爱之心，仁爱之心，是润物细无声的涓涓细流，是对学生最好的教育与影响。

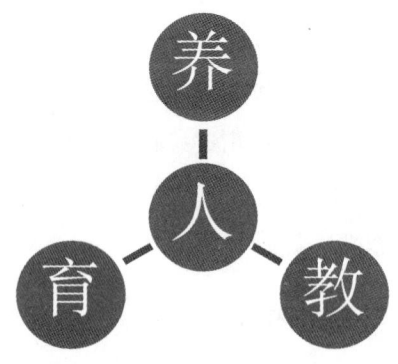

本研究从五个途径来开展学校课程建设，以达成立德树人的目标。分别涉及五个方面的基本内容：

1. 立德树人国家课程优质化

国家课程是基础课程，也是核心课程。基础课程，要求学生能掌握基本知识、基本技能、基本思维和基本方法；核心课程是学生终身能力发展的基础性课程。建立大学科观，运用项目学习法，借助数字化教育的力量，通过大数据分析提升教学质量、学习质量。通过课程整合、学科渗透优化课堂教学、学习方式，关注教师的教学方式和学生的学习方式，提升课程学习质量，逐步形成"三要素六环节"优质课堂。"三要素"指课堂有序、课堂有趣、课堂有效，"六环节"指导、自、展、评、拓、研。

2. 立德树人地方课程精品化

作为在深圳成长的一代人，一些孩子缺乏对深圳历史文化的了解，缺少对深圳的情感。因此，基于特区文化认同，我校努力培养新一代特区人，长在特区、认识特区、乐在特区；了解研究客家文化、海洋文化和岭南文化。

3. 立德树人校本课程多元化

目前我们围绕全面发展的人，以"传承"和"创新"为指导，围绕中国传统文化，围绕培养学生创造意识和创造精神，分别开设了文化基础、自主发展和社会参与三大类课程。文化基础类课程着重培养人文底蕴和科学精神，包括传统文化——趣味国学、绘本阅读、数字密码、趣味数学、机器人、无人机、棋类、书法、器乐类、球类活动等课程；自主发展类课程以培养学生学会学习、健康生活为目标，开设了诸如心理训练营、演讲与口才、词汇学习法等课程；社会参与类课程重在培养具有责任担当、实践创新的人，为此我们开设了创客教育、励志教育、感恩教育、环境教育等课程。

4. 立德树人育人环境立体化

育人环境既指自然环境，也指社区环境，更有社会环境。基于此，我们建设"三香校园"（花香、书香、心香）；为初中学生开设"走进深大，走进附中"社会教育课；为家长开设"进校园，上讲台"，家长大讲堂课程；开设少年、青春成长系列课程；以主题教育活动开展每月德育教育；开展校园爱心系列活动；家长教师全员义工，共同呵护孩子健康成长；作为全市唯一智慧校园，打造校园物联网络，调控校园能源与资源消费。

5. 立德树人教师发展专业化

基于此，我们建立教师发展中心，重视教师培训、继续教育与科研能力。重视青年教师的成长，注重骨干教师的培养，以校本研修推动"孵化器计划"，走自我提升、同伴互助、小组共进之路。专家进校园、进课堂，走新秀教师、骨干教师和核心教师同发展之路。

四、研究假设和创新点

学校课程建设的优质化、精品化和多元化是完成立德树人根本任务的重要途径。这基于目前课程改革的要求，也是学校课程改革内在发展的要求。课程建设的目标就在于优化课程结构、内容、目标，发展学生的核心素养，为学生未来品质生活奠定基础。

本课题的主要创新点有：①学校课程建设的优质化发展以提升教育质量，课程建设的精品化与多元化发展以提升核心素养。②育人环境立体化、社区化与教师发展的专业化，协同发展，互为配合，为课程建设提供良好的环境支持。③三级课程的有机整合与规范。

五、研究思路、研究方法、技术路线和实施步骤

本课题紧紧围绕我校"立德树人课程建设"开展研究，采取质性和

量性相结合的方式，研究方法有：

文献研究法。查阅有关文献，查找相关的数据库，研究课程建设的思想、观念和理论，作为本课题研究的参考与理论支撑。

调查研究法。在我校师生与家长中开展问卷调查，了解学生需求与兴趣，了解教师特质与特长，了解社会资源与社会需求，了解课程建设开展的有效性，确立我校课程建设的依据，改进、调整课程建设，使课程建设更具针对性和可行性。

行动研究和案例研究相结合。通过学校对课程建设的实施和探索，促进课程改革的深入发展，以我校课程建设的整体性和系统性为目标，建设符合立德树人根本任务的优质化、精品化和多元化课程，构建立体化和社区化育人环境，以培养学生"三爱"（爱上学，爱老师，爱同学）、"三会"（会学习，会生活，会做人）为基本目标，把每一个学生放在心上。从培养优雅之师、大爱之师入手，树立良好育人师资。以"三香"校园为愿景，即"花香"——良好的生态，绿色校园，达成"天人合一"的教育生态环境；"书香"——浓郁的书香校园，阅读成为习惯，阅读伴随成长，构建良好的育人环境；"心香"——身体健康，心理健全，具有阳光心态，品行优雅。

技术路线：查阅相关资料与文献了解国内外研究现状、咨询专家获得相关支持——确定研究课题与方向——检索研读相关文献——制订研究计划——设计调查问卷——发放回收调查问卷——课程改革与实施、调整与反馈——数据收集整理访谈，资料收集整理与梳理——整理、分析数据，形成报告，得出理论成果。

为达成本课题研究目标，完成本课题研究内容，我们将在三年内，分三个阶段完成本课题研究。

1. 准备阶段（2016 年 3—9 月）

本阶段主要完成如下工作：

(1) 选定课题目标，确定课题研究的目的和内容，做好前期的论证和规划。

(2) 确定课题组研究团队的组成。选择课题实际工作的参与者和团队核心。人员分工，明确职责，分工如下：

姓名	学历	职称	职责
冯立新	本科	高级	主持人，课题设计与实施
王金虎	研究生	高级	教师发展、课程实施与评价
邹丽春	本科	中级	学生发展与评价
万天亮	本科	高级	校园文化
曾丽芳	本科	中级	学生发展与评价
李经国	本科	高级	教师发展与评价
陈 云	研究生	中级	数据收集与整理
邓曲啸	研究生	中级	数据收集与整理 教师课例收集
谭 健	本科	中级	数据收集与整理 学生案例收集
李乐鹏	研究生	中级	数据收集与整理
张双英	研究生	中级	数据收集与整理

本课题组成员中，既有学校管理团队成员，也有学校一线教师。有高级教师四人，研究生五人。课题组成员管理经验、教学实践、研究能力搭配合理，相得益彰。

(3) 做好文献研究。通过数据库、信息技术、图书馆等资源查阅文献，研究课程建设思想、有关理论和相关案例。

2. 实施阶段(2016年10月至2017年12月)

这是本研究的核心阶段，将完成课题的主要实践、操作等工作。本阶段分为三个时期：

第一时期，初期研究(2016年10月至2017年3月)

(1)调查研究课程需求。设计调查问卷，了解学生需要，教师特长，社会需求，作为课程建设的依据；目前我校委托有关机构对我校办学目标和办学理念开展评估，对我校师生需求和发展需要进行调研，依据我校实际，提出适合我校发展的课程整合方案和教师发展规划。目前我校共开设了70多门校本课程、15项活动类德育课程。

(2)师生动员。组织教师开展课程改革的理论、要求和案例学习，动员教师参与课程建设；鼓励学生参与课程改革。

第二时期，中期研究(2017年4月至2017年9月)

(1)优质化、精品化课程打造。通过对课程的改革、实践，提升课程实施的质量，优化课程教学，优化课堂结构和教学环境。

(2)全面实施整合校本课程，实现校本课程为学生、教师共同发展提供美好体验的目的。

(3)课程建设的监控与调节。通过对立德树人国家课程的优质化、地方课程的精品化和校本课程的多元化，育人环境立体化的协同发展，调节、整合、规范课程建设。

第三时期，中期反思与反馈(2017年10月至2017年12月)

(1)完成学校课程建设的中期报告。

(2)组织师生、家长座谈，了解课程建设中积累的经验和存在的问题。

3. 总结阶段(2018年1—5月)

本阶段主要完成如下主要任务：

(1)总结反思课程建设的目标达成情况。召开研讨会，评估课程建设的效果与目标达成情况。

(2)组织课题结题答辩。邀请专家学者，举行结题答辩。

◎ **参考文献**

[1] 王道俊，王汉澜. 教育学(新编本)[M]. 北京：人民教育出版社，2004.

[2] 林崇德. 对未来教育的几点思考[J]. 课程·教材·教法，2016(3).

[3] 佐藤学. 静悄悄的革命[M]. 北京：教育科学出版社，2014.

[4] 中华人民共和国教育部. 教育部关于2013年深化教育领域综合改革的意见[EB/OL].（2013-03-01）. http://www.gov.cn/gzdt/2013-03/01/content_2342987.htm.

[5] 中华人民共和国教育部. 教育部关于全面深化课程改革 落实立德树人根本任务的意见[EB/OL]. http://old.moe.gov.cn/publicfiles/business/htmlfiles/moe/s7054/201404/167226.htm.

[6] 谭劲. 亲和·亲证·亲在[J]. 课程·教材·教法，2016(2).

[7] 叶延武. 平面化：课程整合的构想与实践[J]. 课程·教材·教法，2016(1).

[8] 夏雪梅. 基于学生核心素养的课程建设[J]. 课程·教材·教法，2014(7).

[9] 周海银. 学校课程建设的内涵[J]. 山东师范大学学报：人文社科版，2015(1).

《义务教育阶段学校立德树人课程建设的研究》中期报告

王金虎

党的十八大、十九大提出把立德树人作为教育的根本任务。教育部为落实立德树人根本任务，提出了全面深化课程改革的路径。我校以"把每一个学生都放在心上"作为办学宗旨，践行"顺天致性"的校训，在课程建设上遵循学生的身心发展特点，开发适应学生身心发展的德育课程、智育课程、健康课程和美育课程，培育学生的社会主义核心价值观。

一、养德启智，基奠人生

中国自古古圣先贤就重视道德品质的培养，孔子提出"道之以德，齐之以礼"，意为用道德引导人们，用礼仪约束人们。一直以来，我国教育教学中，均以德育为首，语文、数学、外语、历史、地理等所有学科教学中均渗透思想品德教育。

非志无以成学（志向毅力）。中国有一句脍炙人口的句子"有志者，事竟成"，意味有志向的人一定会取得成功。苏轼在《晁错论》写道："古之立大事者，不惟有超世之才，亦必有坚忍不拔之志。"坚忍不拔之志，说的就是一个人的毅力志向。志向作为一种核心的道德素养是学习或智育的根基。把立志、意志作为青少年成长的核心品质培养，在心理学、教育学上，对其智力的发展、学习成绩的提升都有巨大的促进作用。我校将对学生意志、志向、毅力等品质的培养，渗透到学校的学科课程、活动课程和校园文化之中。为激发初三学生中考的信心，学校组织拓展训练，磨练学生的坚韧毅力、克服恐惧心理。每年秋季，组织初中部部分班级游学深圳大学校园和深大附中，让他们走进深大图书馆、报告厅、实验室等，聆听大学教授的演讲，观看大学实验室的神奇，亲身感受大学氛围，接受大学气息的熏陶；大学校园如同一座圣殿，开拓了学生的眼界，增长了学生见识，激励他们立志向上。

百善孝为先(孝心)。中华民族自古以来弘扬孝道，倡导孝顺父母。《孝经》说，孝，德之本。孟子说"老吾老以及人之老"，孝顺，是中华儿女的为人之本，既是做人的私德，也是社会的公德。孝道的传承，不仅仅是家庭的责任，也是学校的义务。身在大都市的青少年，受到各种文化的熏陶，如何加强传统孝道的培育，是家庭、学校面临的新课题。学校从年轻的父母着手培训，培养他们用行动带动自己的子女尽孝。说一千，道一万，不如自己实干，父母的行为，孩子看在眼中，记在他们心中。每年传统的重阳节，学校组织孩子们孝敬祖父母，他们用文字、绘画、手工表达各自的孝心。一些孩子已经养成不只是在某个节日，不只是在父母的生日，向父母表达孝心，他们在周末、在回家后，都会主动承担家务。有一位初中学生家长激动地告诉我们，孩子长这么大，竟然晓得回家后为父母做饭。他们真的感到孩子长大了。

泛爱众，而亲仁(仁爱心)。人之初，性本善。在每一个幼小的心灵中，都有一颗向善向上求美的心。我校发掘、呵护、引导青少年向善之心，培育他们关心他人、帮助他人的美德，通过开展有意义的活动，激发每一个学生美好的心灵。每年11月份，学校学生会、大队部组织"爱心义卖"活动，已经成为德育课程的一部分。学生全都参与到活动当中，他们自己策划、组织、宣传、演出，用尽各种办法吸引"顾客"。"顾客"既有学生，也有老师、家长。在这门活动课程之中，学生充分发挥他们的策划、组织、宣传能力，把爱心和品行培养融入活动当中。每年3月份，我校组织部分学生到深圳市华阳特殊儿童康复中心开展关爱活动。通过这些细小的关爱活动，让善良的种子在他们心中生根发芽。

博学于文，约之以礼(礼仪)。《礼记》有言："道德仁义，非礼不成；教训正俗，非礼不备；分争辨讼，非礼不决。"人有礼则安，无礼则危，故曰：礼者不可不学也。中华民族以礼仪之邦著称。我校创新各种教育方式，开展礼仪教育，每周一节的礼仪课程，让学生学习如何接人待物、如何就餐、如何遵守公共秩序、如何在公众场所讲话等；通过具有仪式感的专题活动，浸润学生心灵，"开笔礼"引导一年级学生知书达理，"青春门"引导青春期学生学会交往、善于沟通，"梦想门"激励初三学子奋勇拼搏，校园电台"飞声小广播"，把学生日常行为、文明礼仪、校园动态等与学生生活紧密相关的事情，用新闻、微视频等不同形式，推送给全体学生、家长和社区，从而形成独特的礼仪教育渠道。

二、因材施教，各展所长

党中央在《关于深化教育体制机制改革的意见》中提出，要树立人人皆可成才的教育理念，普及适合的教育就是最好的教育理念。"因材施教"是我校办学理念之一。学校目前开设了70多门校本课程，主要分为三大类：养德课程、启智课程和健康生活类课程，涉及国学、生活常识、创客教育、健康美育等。每个学生通过选课系统，选择自己喜欢的、适合自己特长的课程。学校社团"漫英社"成员主要学习立体造型知识和服装设计知识，他们参加深圳国际动漫节比赛荣获最佳人气奖，参加文博会第二届动漫节表演，作为参赛年龄最小的队伍，队员们充分展示了自己的才能，深受评委喜爱；学校篮球社团在中国小篮球赛联赛U10级获深圳赛区第六名；机器人社团学生在广东省机器人大赛中，荣获一等奖。

三、古为今用，洋为中用(传统与现代)

围绕立德树人根本任务，国家要求应把中华优秀传统文化全方位融入思想道德教育、文化知识教育、艺术体育教育、社会实践教育各环节，贯穿于启蒙教育、基础教育、职业教育、高等教育、继续教育各领域。生活在大都市的学生，见惯了高科技产品，时刻经受现代文明的洗礼，对于优秀传统文化，他们所知甚少，或者较为碎片化。学校倡导"读经典书，写规范字，做儒雅人"，初中生以《论语》分章学习，通读《论语》；小学生以《弟子规》《三字经》开始领略中华经典的魅力；从小学一年级开始，学生开始学习水墨画，我校水墨画课程获深圳市"好课程"荣誉；与有关单位合作，开展优秀传统文化进校园活动，如京剧等戏曲进校园活动。学生通过多姿多彩的活动形式了解、感受、传承传统的文化魅力，如端午节，结合广东的地方特色，组织学生通过制作、分享、品味艾叶粑粑，充分认识、感受传统节日的韵味。

根据深圳市教育局《关于进一步提升中小学生综合素养的指导意见》，我校重视培养学生与信息化社会相适应的信息素养。学校重视学生的应用能力和实践参与，充分利用我校信息科组和科学科组的师资力量，专门开设了创客教育和STEAM课程，四年级开设了3D打印课程、五年级开设Scratch编程学习、六七年级分别开设了初级实验箱和中级实验性+机器人课程学习，还有无人机、激光切割、机器人等社团，为学生提供了多样化的课程内容，激发学生对科技创造的兴趣。

四、德高为师，身正为范

2014年9月9日，习近平总书记在庆祝第三十个教师节上，强调全国教师要做"有理想信念，有道德情操，有扎实知识，有仁爱之心"的"四有"教师。这是新时代的教师导向。教师的言行引导学生的成长，教师的品行影响学生的发展。学校以"为人师亦为世范，有大爱自育英才"引领教师，把师德师风作为教师发展的核心要素，培养教师做儒雅之师、仁爱之师。

我校聘请"南粤优秀教师""广东省特级教师"作为办学顾问，指导全体教师的发展和成长；学校开展以"做幸福教师"为主题的系列活动，邀请全国优秀教师胡忠成老师开展"建立新型师生关系，做幸福班主任"的培训；邀请深圳市正高级教师胡兴松老师开展"享受教育，幸福生活"的讲座。学校把关爱教师、关心教师、善待教师作为学校发展大计，用实际行动和制度推动教师真正关爱学生、关心学生、善待学生。

五、主要创新点

1. 探究全员育人、全过程育人、全方位育人的育人网络，开展社区、家庭、学校合作共育

我校已经形成了全员育人、立体育人的全方位课程体系。社区与学校良性互动，家庭与学校顺畅沟通，通过家委会、家长学校、家长全员义工、家访等多途径、多形式构建育人网络，优化育人环境。家长全员义工是这几年来我校创造性开展家校合作的一种途径。每个家长，每个学期，来学校做义工至少一次。他们可以在放学期间充当马路指挥员，疏通校园附件的交通拥堵，也可以陪学生就餐午休，体验孩子中午在校期间的生活，还可以在体育文化节中维持秩序，保护学生安全。家长全员义工，为全体学生共同筑起一道安全网，保护全体学生安全。

家长，是宝贵的育人资源。每个年级制定不同的主题活动，邀请自愿报名的家长，依据自身特长，走进各自孩子班级，为班级授课。授课形式灵活多变，既有单个家长独自讲授，也有部分家长联合授课。授课内容多种多样，既有科技前沿，也有法制品行；既有生活实践，也有花卉园艺，如三年级家长进课堂中，有家长传授丝网花制作，有家长宣传法律知识，有家长分享故事等。

2. 摸索多种养成教育路径，充分利用各种教育资源

我校重视学生的养成教育，学校提倡学生"爱学习、爱学校、爱生活"，从学生学习习惯、学习态度、生活习惯、生活态度等方面培养学生的阳光心态、健康生活；学校活动课程丰富多彩，已经基本形成系列化的课程，引领学生成长；德育活动每月一个主题，每个年级一个主题，外聘专业礼仪教师指导学生行为礼仪，养成学生大气、大方、大度的气质和风貌。

我校充分利用社会资源，利用深圳大学的环境、师资资源，带领学生拓宽视野。每年秋季，组织初中部部分班级游学深圳大学校园，让他们走进深大图书馆、报告厅、实验室等，聆听大学教授的演讲，观看大学实验室的神奇，亲身感受大学氛围，接受大学气息的熏陶；同时，还到深大附中，与附中师生开展交流沟通。到深大和附中的游学活动，开拓了学生的眼界，增长了学生见识，激发青春梦想。

家庭是教育的重要力量，教育部《关于加强家庭教育工作的指导意见》指出，应充分发挥学校在家庭教育中的重要作用，丰富学校指导服务内容。我校德育部门与家长委员会和社区相关力量共同协作，定期在学校举办不同层次、不同主题的家庭教育讲座、亲子活动，聘请深圳市、龙岗区有关家庭教育专家，开展家庭教育培训，如"青春期亲子交流讲座""家庭教育管理"，科研课题"家校社区共育"曾获市级立项。

为促进学生多元发展，全面发展，学校以七年级为试点，推行"阳光少年评价体系"。学生在品行、合作、学习、服务、才能、健康、信息等全方位的发展，均以某一种卡片给出评价，如"乐于学习、因学而乐"的"乐学卡"，互帮互助、团结协作的"合作卡"等。学生获得全部卡片后，将被授予"五星级学生"。

六、存在的问题

1. 课程规范与融合问题

目前学校课程名目众多，内容多样，覆盖面广，但从课程内涵和课程质量上看，尚需培育精品课程和核心课程。从课程的内容和科目来看，尚需加强学科间的融合和整合，使课程内容更规范，课程综合性更强，课程的前瞻性更强。从课程规范来看，目前缺乏课程完整的体系，如教师教材和学生教材、教学资源等。课程之间的融合度不够，课程与课程之间缺乏较为深入的融合。

2. 课程品质与品位问题

立德树人课程建设与学校发展状况相似，处于刚刚完成课程组建和形成规范阶段，课程的深度、课程的整体性和系列性上还需进一步挖掘。作为九年制学校，小学、初中一体化课程还有待加强，立德树人课程的学段之间衔接不够，缺乏较为系统、有层次、有梯度的课程，课程与学生的发展阶段存在不对称现象。课程的孤立化和碎片化情况亟须改正。

七、后期工作思路

加强对立德树人课程建设成果的整理与梳理，改进目前存在的一些问题，挖掘课程的立德树人内涵，依托课程开发、实施和评价过程，实现课程的育人、化人、树人目的。

◎ 参考文献

[1] 教育部.教育部关于全面深化课程改革 落实立德树人根本任务的意见[EB/OL]. http://old.moe.gov.cn/publicfiles/business/htmlfiles/moe/s7054/201404/167226.htm.

[2] 教育部.关于深化教育体制机制改革的意见[EB/OL]. http://www.moe.gov.cn/jyb_xwfb/s6052/moe_838/201709/t20170925_315201.html.

[3] 深圳市教育局.关于进一步提升中小学生综合素养的指导意见[EB/OL]. http://szeb.sz.gov.cn/jyfw/fwxsjz/gzjy/zkzcwj/201410/t20141017_2792687.htm.

[4] 国务院.关于实施中华优秀传统文化传承发展工程的意见[EB/OL]. http://www.gov.cn/zhengce/2017-01/25/content_5163472.htm.

［5］教育部.关于加强家庭教育工作的指导意见［EB/OL］.http://www.moe.edu.cn/srcsite/A06/s7053/201510/t20151020_214366.html.

［6］谢维和.非志无以成学［J］.人民教育,2017(9).

［7］(汉)郑玄.礼记［M］.中华书局,2015.

秉持顺天致性办学理念，落实立德树人根本任务

冯立新　邓曲啸　邹建军

党的十八大报告要求把立德树人作为教育的根本任务，充分凸显了道德教育的重要性和紧迫性，体现了《国家中长期教育改革和发展规划纲要（2010—2020年）》所倡导的德才兼备、以德为先的育人原则，它为教育改革和发展指明了方向，引发了广大教育工作者的关注和探讨，面对新形势和新任务，深圳大学师范学院附属坂田学校秉持顺天致性的办学理念，全力践行立德树人的根本要求。

一、顺天致性的教育蕴义

"顺天致性"出自柳宗元《种树郭橐驼传》的名句"能顺木之天，以致其性焉尔"。这篇文章讲郭橐驼是一个善于种树的人，但凡他种树没有不成活的，他把成功的原因归结于"不害其长而已，非有能硕茂之也；不抑耗其实而已，非有能早而蕃之也"。意思是说他的树之所以能够种好，仅仅是不妨害它们的生长罢了，不是有能力使它们长得高大茂盛；他种的树之所以能够结出丰硕的果实，仅仅是不抑制、不损耗它们的果实罢了，不是有能力使果实结得早而且多。这位种树者坦率而质朴的话语之所以能够成为至理名言，是因为它对教育有着深刻的启示作用，值得我们反复品味。

十年树木，百年树人，种树如此，教育又何尝不是这样呢？在

实际教学工作中，总会存在这样或那样的痼疾，戕害了学生的天性，违背了教育教学和学生身心发展的规律。顺天致性里的"天"是指自然，就是事物的客观规律，"顺天"意为按照客观规律办事，它道出了教育的手段和方式。"致性"就是让学生成为他自己，即让学生成为有鲜明个性、技能专长和自由发展的人，它是教育的目的。任务的动机和目的决定了行动的手段和方式，因此，在教育实践的过程中，我们既不能操之过急，禁锢学生的天性，又不能听之任之，放任自流。

顺天致性，静待花开，是我们的办学愿景。顺天，适应既顺，习以成性，行成德立，成其天性。"顺天"与"致性"是有机统一、存在必然联系的，"顺天"是"致性"的基础和保障，只有"顺天"，方可"致性"。"致性"是"顺天"的必然结果，不顺天，则"好烦其令，而卒以祸"。

简而言之，顺天致性就是顺应天性的教育，它揭示了因材施教，以致其性的教育本质，要求广大教育工作者尊重儿童的学习需求，按照个体身心发展的年龄特征和心理特点来教育儿童，不能太过或不及，更不能人为束缚或伤害儿童身心发展。天下万物的生长，必须顺应自然规律，今天我们重提顺天致性就是对教育本真的回归与遵循：我们做任何事情，都应"顺天致性"，教育自不例外，而且更应如此。

二、立德树人的丰富内涵

"立德树人"是当前教育界的一个高频词语和热门话题，对其内涵的正确把握，首先要弄清其语源学上的含义。在中国传统语汇中，"立德"与"树人"并非结合并用，而是独立存在，各有其意。"立德"最早出自《左传》："太上有立德，其次有立功，其次有立言，虽久不废，此之谓不朽。"《辞源》将"立德"之"立"解释为"树立"，《现代汉语词典》将"立德"释为"树立圣人之德"。"树人"语出《管子·权修》："一年之计，莫如树谷；十年之计，莫如树木；终身之计，莫如树人。"

将"立德"与"树人"并列提出，合二为一，成为一个学术命题始于 2007 年 8 月 31 日胡锦涛同志在全国优秀教师代表座谈会上接见全国优秀教师时发表的讲话。胡锦涛同志在这次讲话中明确提出："要坚持育人为本、德育为先，把立德树人作为教育的根本任务。"。2016 年 12 月 7 日，习近平同志在全国高校思想政治工作会议上又从"培养什么样的人、如何培养人以及为谁培养人这个根本问题"的高度对"立德树人"赋予了新的理论内涵，提出了更高的实践要求。他指出，"高校立身之本在于立德树人"，"要坚持把立德树人作为中心环节"，将"立德树人"的理论意蕴提升到了一个新的高度，这个要求并不局限于高校，还可面向全社会的德育体系和社会主义教育事业。2018 年，党的十八大报告明确指出："把立德树人作为教育的根本任务，培养德智体美全面发展的社会主义建设者和接班人。"至此，立德树人成为我国新时期课程改革的灵魂和教育发展的行动纲领。

"立德树人"所立的"德"，不仅仅是指道德品质和道德能力，还包括理想信念、人生价值追求和法律素养等，它是一个人世界观、人生观、价值观、道德观、法制观的集中反映。立德也并不局限于培养他人之德，否则其充其量只是树人中的一部分，在逻辑上不能与树人并列使用，要理解它的丰富内涵，可以从习近平同志在全国高校思想政治工作会议上的讲话来把握，他强调"加强师德师风建设，引导广大教师以德立身、以德立学、以德施教"，从这个意义上讲"立德"还要求教育者自身以德立世，并垂范他人。至于"树人"，意义则比较明确，即促进人的全面发展。"在基础教育阶段，所谓'树人'就是让每个学生都获得充分发展的机会和空间，个人潜能得以发挥。"

三、基于顺天致性的立德树人方略

虽然顺天致性与立德树人所提出的历史背景不同，但在教育视角上两者有交叉点和契合点，它们既是基本的教育观，也是重要的方法论。

我们既要继承古人的思想精髓，还要立足当下学校发展的实际情况和社会发展的新阶段，开拓教育新境界。在立德树人这一根本任务之下，我校以顺天致性为校训，构建了学校教育新体系。

(一)以德立身，坚持修己安人的树人导向

学为人师，行为世范。学生具有可塑性、依附性和向师性。教师是学生的榜样，是一面道德修养的镜子，每天生活在学生中间，他们的工作具有很强的示范性，他们的思想品德、言行举止、仪表作风对学生起着潜移默化的影响。这种职业特点决定了教师必须是道德高尚的人群，做学生道德的楷模，只有首先在道德上是合格的教师，才能成为学生健康成长的指导者和引路人。站三尺讲台，既为人师就需始终不忘初心，弘扬真善美，传递正能量，在生活中以德立身，树立应有的榜样；在工作中以德立学，充分发挥道德的辐射、引领、示范功能，时时处处做学生的表率，让真善美的种子在学生的心底落地生根，开花结果，积淀为成长的力量。

学高为师，身正为范。我校把每学期第一月定为师德师风建设月，组织全体教师集体学习教师职业道德规范，校长亲自授课，结合当下社会热点案例，剖析师德失范的危害，同时表彰我校优秀教师的身边事迹，增强价值判断，引导教师树立正确的教师观、学生观和教学观，要求全体教师必须以德立身，加强自身修养，恪守师道尊严，养成高尚的品德、良好的作风、文明的言行；维护好修己安人的育人导向，坚持言传和身教相统一，坚持潜心问道和关注社会相统一；还设立了党员先锋岗，要求党员教师带头践行社会主义核心价值观，用社会主义核心价值观来滋养学生的心灵，把自己人格美德、书香智慧无私地传递给学生，树立促学生成人成才的责任感和使命感。此外我校还定期举办教师职业道德宣誓、教书育人心得分享活动，以发挥正能量的引领作用，提高教师的政治思想素质，促进全员、全方位、全过程的师德养成，我校自开办以来，没有出现过任何师德失范事故，没有接到任何师德问题的投诉，教职员工爱岗敬业、关爱学生的风气渐浓，已成为一所政府放心、家长信赖的片区优质学校。

(二) 以生为本，构建多元树人的课程体系

一是开设门类齐全、覆盖全体的校本课程。新课改的学生观告诉我们，学生是完整的生命个体，是有独立意义的人，他们之间具有很大的个体差异性，因此教育必须尊重学生的个性特点，顺应他们的学习天性。为此，我校秉承"课程促进学生个性学习，成就学生的美好人生"的初衷，开设了多元树人的校本课程体系。在实施上，把课程的广泛性、多样性与选择性和灵活性结合起来。在内容上以学科、艺术、体育为基石，重新架构了学校课程体系。具体来说，就是文化课老师在原有主体课程的基础上，以激发学习兴趣、贴近生活实际为原则，增设学科拓展类校本选修课程，如：语文科组开设的"趣味国学""播音主持"，数学科组开设的"趣味数学""神奇魔方"，英语科组开设的"英语小剧场""英语国家文化博览"，道德与法制老师开设的"焦点关注"等。此外，为强化学生创新思维和动手能力，我们还外聘专业教师，在周三周四的四点半开设了诸如"创新发明机器人""剪纸""美食DIY""摄影俱乐部"等社团活动课程。70余种应有尽有、门类齐全的校本课程为学生的个性化学习和多元发展提供了丰富的养料，使学生在科学文化、健体审美方面都有自己喜欢的课程，不仅丰富了他们的学习生活，更熏陶了精神气质。

二是倡导小组合作、分层教学的课堂教学方式。在课堂教学的主阵地上，我们以生为本，把每一个学生都放在心上，即使统一教材，按同一教学进度，也要依据教学大纲和学生的具体情况实施不同要求的教学，既要促进学生全面发展，又要发展他们的个性特长。倡导各科教师采用小组合作、分层教学的方式进行任务型教学：以个性互补、智力互偿、情感互慰、活动互激为取向，按照成绩混编、性格各异、组内异质、组间同质的原则建立学习小组，开展合作学习。例如在某节阅读课

的读后活动中，英语老师布置的任务是根据课文内容制作保护动物的海报。A、B、C、D四位学生为一组，英语基础较弱，但信息技术较好的A同学负责课后从网络和图书馆中搜集相关信息；性格内向，但学习踏实的B同学负责用英语记录保护措施并参与研讨；让思维活跃、有绘画特长的C同学负责参与研讨和海报的绘画；而让成绩较好、口语流利、表达能力强的D同学负责到讲台前展示海报并解说。教师通过搭建的这些"脚手架"让不同层次、不同特质的学生主动内化教学要求，在学习的过程中不断获得积极的情感体验和自我意识。我们要求每一位科任老师做到因材施教，挖掘潜能，确保课堂教学各美其美，让学生学有所获，在建校短短五年多的时间里，学生的素质能力得到了全方位的发展，在各项竞赛中均取得优异的成绩。小学学业质量抽测中，语文、数学均为优秀。初中中考成绩年年提升，屡获佳绩，实现了低进高出的可喜变化，获得了2018年深圳市龙岗区教育局中考成绩进步奖。

三是开展丰富多彩、灵活多样的校园活动。学校本着"以活动辅德，以活动益智，以活动健身，以活动育心，以活动炼美，以活动促劳"的宗旨，开展了丰富多彩的校园文化活动。例如，为了继承、弘扬和发展中华优秀传统文化，我们根据学生的年龄特点开发了一系列仪式活动，如开笔礼、入队、入团仪式，少年礼，毕业礼，升旗仪式，扫墓仪式，开学、散学典礼，传统佳节庆祝仪式等。或神圣、庄严或激情洋溢的仪式活动大大地丰富了学生的生命体验，为学生的学生时代留下了难忘的回忆。还结合《中国学生发展核心素养（征求意见稿）》中的人文底蕴、科学精神、学会学习、健康生活、责任担当、实践创新六大素养开展了朗诵比赛、演讲竞赛、调查报告、小课题研究、动手制作、讲座、情感体验活动、模拟法庭、写倡议书、表演等系列年级特色活动，使学生的动手、表达、实践等综合能力得到提升。"生活就是最好的课堂"，学校每年有计划分步骤地组织校内外社会实践活动，如走进天安云谷创客基地、走进华为等，提升学生的科学素养和人文素养。"保护环境一起行动"的活动、重阳节慰问护理院老人的活动、"情满贵州，让爱暖冬"的捐助活动和"六一义卖"将款项捐助给有需要的人的活动，这些活动的举行培养了学生的环保意识和扶助弱者的美德。

四是搭建立体广阔、人人参与的学生自治平台。学校鼓励学生自我管理、自主发展，制定了学生自主管理班级制度、学生值日制度，推行具有特色的学生管理体系，凡是学生能够参与的，都让学生参与，能自己组织和管理的，放手给学生自己组织管理。如学校成立了学生会和少先队组织，组建值日生队伍，对日常的学生工作和学生行为进行管理，每天早上和中午学生到校进入教室进行管理考核，指导班内学生拿出书本，无声阅读；每次上学、放学全体学生以班为单位，在班干的带领和值日干部的检阅下，队列整齐、井然有序地进出校园已成为学校的一道风景线。学校还设立了开放书吧，实行图书馆午休自主管理的制度等。自主管理干部为学生文明礼仪的提升做出了突出贡献，尤其值得一提的是，学生会和大队委的构成均采用民主竞争的形式，通过笔试、才艺展示等环节评选出优秀学生担任学生干部。

（三）阳光评价，促成多样化成长的养成教育

我校确立以"朝阳气息，君子风范"为校风建设目标，积极营造养德启智、乐学明辨的教风学风。在评价观上，我们认为，多一个平台，多一个窗口；多一项活动，多一个舞台；多一把尺子，就会多一批人才。我们倡导用多把尺子来衡量学生，造就人才。为此，我校推行阳光评价制度，在过程性评价的基础上，根据学生在学习生活和集体活动中的具体表现为学生发放阳光卡，其类型包括：乐学卡、合作卡、朝阳卡、悦读卡、综合卡，其中综合卡包括了格物卡、体艺卡和创客卡。每一张阳光卡都是我校顺天致性、立德树人、多元育人办学思想的具体体现，如，乐学卡的"因学而乐"、合作卡的"同心合力"、朝阳卡的"朝阳气息"、悦读卡的"享受阅读"、格物卡的"格物致知"、体艺卡的"艺塑人生"、创客卡的"别具创新"，均受到学生的欢迎。

在评价方式上，主要有，即时性评价和阶段性评价相结合：班级有

好人好事，团体竞赛、重大活动优秀表现者可即时发卡，也可以一周、一月、一学期为单位，对学生进行阶段小结评价后再发卡；激励性评价和累积性评价相结合：对某些需要改进提升的学生，给他们定好一个能实现的目标，达到后予以发卡，而对优秀的学生，定好标准，学生完成了若干个优秀作品，即可发卡，如学生写5个高质量（字迹工整、语言优美、感悟深切）的读书笔记，即可领取一张悦读卡。每一张阳光卡的正面是学生自己设计绘制的Logo图案，背面都具有记录功能，包括：持卡人姓名、获卡原因、授卡老师签名和授卡时间。综合化的评价内容、多元化的评价主体、多样化的评价方式使孩子们爱上学，爱老师，爱同学；会生活，会学习，会做人，使祖国的花朵得到欣赏和养护，在校园里自主成长，美丽绽放，展现出了朝气蓬勃、充满活力的精神风貌。这种阳光评价的实施，已经成为学校养成教育的重要抓手，有效促进了学生良好文明礼仪和行为习惯的养成。

四、结语

顺天致性育英才，立德树人促发展。我们深大坂田人按照习总书记"以德立身、以德立学、以德施教"的要求，把每一个学生都放在心上，潜心教书，尽心育人，致力于把学校打造成为孩子们生命成长的活力源泉和幸福乐土。学校鼓励老师蹲下身来以一种关爱和对话的方式去"聆听""感受""发现""理解""欣赏"孩子们的独特之处，从多种视角来获得对孩子的教育理解，把孩子的天性养护和教育雕琢统一起来，帮助孩子认识到自己的与众不同和个人价值，唤起他们内在的成长动力，并为他们提供适合的教育，让每一个孩子都有梦想，让每一个孩子都有进步！

◎ 参考文献

[1] 本报评论部.把立德树人作为教育的根本任务[N].人民日报，2008-02-18(5).

[2] 陈刚. 教育理论[M]. 辽宁人民出版社,2005.

[3] 本刊记者. 深入学习贯彻党的十八大精神 把立德树人作为教育的根本任务——访党的十八大代表、教育部党组书记、部长袁贵仁[J]. 思想理论教育导刊,2013(1):3-8.

[4] 王爱蔷. 当代大学生道德行为文化建设研究[D]. 西北师范大学,2015.

[5] 杨叔子. 顺天致性,让学生成为他自己——《种树郭橐驼传》对教育的启示[J]. 江苏教育,2013(15):1-4.

[6] 张建宗. 改善普及教育与培养多元精英相结合[N]. 香港文汇报,2002-03-29(8).

[7] 赵新国. 论柳宗元的教育思想及影响[J]. 湖南师范大学教育科学学报,2009(2):21-23.

第二章

课程育人

什么是课程？《中国大百科全书》(教育卷)定义为：课程是指所有学科(教学科目)的总和(广义课程)。狭义课程指一门学科或一类活动，如：语文、数学、外语等。

"课程"一词，据专家考证，始见于唐、宋时期。唐代孔颖达为《诗经·小雅》作疏注说：维护课程，必君子监之，乃依法制。宋代朱熹在《朱子全书论学》中多次使用了"课程"一词，如"宽着期限、紧着课程""小立课程、大作功夫"等，其中"课程"一词就包含有学习的范围和进程的意思。

"课程"一词的英语为 curriculum，最早出现在英国教育家斯宾塞《什么知识最有价值》一书中，其词根源于拉丁语 Currere，意为"跑马道"，作为教育术语，转义为"一段教育过程"。从中世纪起，"课程"这一术语便一直指在学校时间表上对科目内容的安排。

历史上出现了几种课程理论，一种是分科课程论，主张分科教学。如中国的孔子将课程分为"诗、书、礼、乐"等科目，古希腊的亚里士多德和捷克的夸美纽斯均有分科教学主张，德国的赫尔巴特主张设置多方面的课程，以发展学生多方面的兴趣，奠定了知识中心论的课程理论。还有英国的斯宾塞的功利主义课程理论，奠定了分科课程的基本框架，这一课程理论影响深远，直到今天一直沿用，又称传统派。

另一种是活动课程论，它与分科课程论相对立。其代表人物是美国的杜威，他反对分科教学，主张课程的内容要适合儿童的需要和接受能力，要求以活动为中心组织教学。这一理论重视从儿童的心理出发，近年来受到较大的关注。

随着社会的发展和社会分工的日益精细化，学校课程也受到影响，课程要适应社会的发展，课程改革成为必然。现代课程又强调综合课程，即将两门或两门以上的学科设置为一门课程。课程的涵义也越来越泛化与扩展，成为学校育人的重要内容。

古代的课程教育理论是片面的、分散的、零碎的，如孔孟的"六艺",汉朝的四书五经,宋代的朱子论学,欧洲中世纪的"七艺"等。

杜威把课程定义为"课程即学习经验",是学生在教师的指导下通过发挥自身的积极作用所获得的学习经验。美国学者古德莱德认为存在五种不同的课程:理想的课程、正式的课程、领悟的课程、运作的课程、经验的课程。

真正现代意义上的课程理论是从1918年美国课程理论家博比特的专著《课程》的问世开始的,其成为课程专门研究领域诞生的标志。泰勒原理的问世和成熟,被普遍认为是课程理论成为独立学科的标志。泰勒被称为"现代课程理论之父",提出了课程开发的经典模式,即泰勒模式。

目前全世界各国都在进行课程改革,课程改革具有综合化、系统化、结构化的特点,重视学习能力和综合素养的发展,重视学生个性化需求,如日本佐藤学先生倡导"创建以学为中心的课程,把与对象物的接触与对话、与学生的接触与对话、和自我的接触与对话作为单元的单位而加以组织,支持每个学生的多元化个性的课堂革命"。

当代课程形态愈来愈多样化,从课程目标来看,可分为知识本位课程、儿童本位课程和社会本位课程;从课程的实施方式看,可分为学科课程和活动课程;从课程类型来看,可分为分科课程和综合课程;从课程的呈现方式来看,可分为显性课程和隐性课程;从课程的开发者来看,可分为国家课程、地方课程和校本课程。

课程是学校育人的重要载体和平台,学校通过课程的开发、实施、评价,实现国家育人的目标和要求。国家课程、地方课程和校本课程构成学校三级课程体系,国家课程和地方课程是义务教育阶段学校必须实施与完成的强制性课程、法定课程。学校要达成自己的教育理念,具有学校文化与特色,需要构建基于办学理念和办学目标的校本课程体系。校本课程的开发、实施、评价、资源和形态,是达成学校育人目标的重要环节。

一、校本课程建设方案

为了培养学生的核心素养,为每一个学生未来的发展奠定坚实的基础,促进教师个性化的专业发展,使学校能够根据自己的教育理念和校园文化,形成鲜明的办学特色,实现学校五年规划中提出的建设省市区高起点高质量品牌学校目标,学校必须给教育活动增强丰富性和个性化,构建完整校本课程体系,提升整体办学品质。为此,深圳大学师范学院附属坂田学校制定如下校本课程开发方案。

(一)课程目标

通过"养德启智、基奠人生"的校本课程的学习,培养具有阳光自信、关爱社会、参与社会的未来公民;具有宽广学识、自主创新、终身学习的能力;养成体格健全、情趣高雅的生活品位,具体目标如下。

(1)通过校本课程的开发和实施,发展教师专业水平,形成我校一支良好的校本课程开发和实施的教师队伍,形成我校校本课程开发与实施的科学管理队伍及评价体系。

(2)培养学生的兴趣爱好,发展个性特长,提高学生自主学习、自我完善的能力,拓展学生的知识领域,培养创新精神。

(3)培养学生科学素养、科学方法和实践能力。通过对科学精神的塑造,科学知识的获得,科学方法的实践,科学技术应用能力的训练,来培养学生科学的态度,科学的精神,创造思维的能力,探究与发现的能力,动手操作的能力和解决实践问题的能力。

(4)培养学生的团结合作意识,提高学生的思想品德修养和审美能力,陶冶情操,增进身心健康,促进情感和态度发展,塑造健全人格,使学生热爱学校生活,适应社会发展。

(二)课程开发的原则和策略

第一,全面性、选择性、时代性和系统性的四个原则。

全面性。校本课程开发要能够满足培养全面发展的人的需要，学习领域完整，课程门类和形式齐全。

选择性。课程设置要从学生兴趣、能力和特长出发，满足学生的个性化需求，具有多样性和选择性，给学生提供选择学习内容的空间，充分体现校本课程开发的终极追求。

时代性。课程设置能够在传承传统文化精髓的同时回应时代和未来需求，融纳信息技术，反映科学文化发展的最新成就，培养学生的创新能力。

系统性。学校课程设置必须坚持系统科学方法论，整体优化，形成完整的课程结构。作为一所九年一贯制学校，特别要注意校本课程开发的总体设计与考量。课程要按照学生认知水平，从低到高，循序渐进地围绕着主题设置，体现出学校的整体设计和思考，充分发挥课程的育人功能。

第二，校本课程开发的策略有三种：国家课程的校本化实施；校定课程的自主开发；德育活动的开展。

国家课程的校本化实施。国家课程是根据国家政治、经济、文化发展水平以及对新生代人才培养的目标及需求，而制定的课程目标、课程计划、课程内容及评价标准等，处于课程管理的领导地位，是自上而下贯彻执行的课程体系。国家课程的课程标准相对成熟，基本精神和原则针对一个年龄层学生群体中的共性来确定，因此我们应该忠实地执行国家课程标准，努力在实践中体现大纲及课程标准的精神和原则，同时不排除对细节的质疑。教师必须改变过去"忠实地、一丝不苟地执行新教材"的观念，直面本校学生的现实生活，考虑学生的需求，围绕学校校本课程开发的目标，寻找现有教材未曾涉及的领域，挖掘现有知识层面下更深层的适合学生且学生喜闻乐见的课程资源，促进学生更好地成长和发展；同时，帮助教师从一个消极的课程接受者转变为积极的课程决策者，提升教师的课程创造者意识及能力。为了使"养德启智、基奠人生"的课程目标在国家课程中得到校本化实施，学校制定了《国家课程校本化实施的指导意见》，将各学科能够渗透校本课程目标的章节和课程梳理出来，点明应该渗透的主要内容和教学方法建议，使校本课程开发和国家课程的教学有机地结合起来。

校定课程的自主开发。"校本课程"实质上就是"学本课程"，与学校提出的"顺天致性"出发点完全相同。这种课程应该凸显学生学习的主体地位，以学生兴趣为出发点，以学生的发展为依归，关注学生学习利益的实现。充分利用学校特有的课程资源，开发出具有学校特色的课程。

德育活动的开展。学校的德育工作应该纳入校本课程开发的整体思考中，构建符合校本课程开发总目标的德育体系，将德育工作的主题、班主任工作的重点、思品课的教学、综合实践活动的实施，以及学校大型活动的开展与校本课程开发结合起来，形成学校的德育工作特色。

(三)课程组织与框架

根据"养德启智、基奠人生"校本课程开发的总目标，我校将校本课程分为三大系列：养德课程、启智课程、健康生活课程(见下图)。课程的核心是人，全面发展的人是现代教育和未来教育面向的目标。

1. 教学建议

根据校本课程开发非学术性、培养学生兴趣性、展现学生个性和鼓励学生参与的特征，我校提出以下教学建议：

在国家课程教学中渗透"养德启智、基奠人生"校本课程的内容和特色。各学科组应制定出本学科教学中进行渗透的教学建议，找出适宜渗透的教学内容，在教学中进行有机渗透。

体现校本课程开发综合性的特征。教师在开发课程时，应注意学科间的融合，综合开发课程，避免开发成为单一的学科课程。例如：阅读类课程可以和音乐、美术类课程进行整合；英语可以和表演类课程整合等。

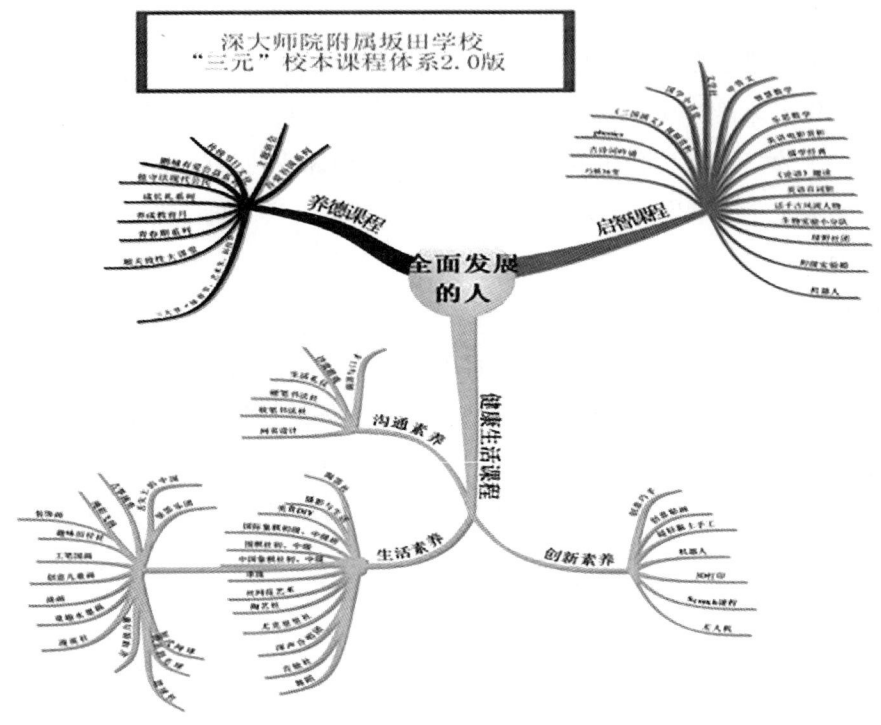

体现校本课程开发的活动性特征。教学中避免"一言堂",倡导"群英会",教学中应采用各种方式,如辩论、演讲、表演、游戏、制作等,让学生在活动中学习,在活动中成长。

2. 课程的评价

(1)评价原则

①以生为本原则。根据学生兴趣与需求,结合教师特长,积极挖掘资源,促进学生个性化发展。

②科学性、时代性原则。校本课程要贴近生活、贴近社会、科学合理、走进时代。

③特色化原则。围绕学校办学目标,立足本校文化传统,坚持科学

与人文相结合。

(2)评价内容

为了保证学校课程的开发质量，促进教师的专业发展，张扬学生的个性，彰显学校办学特色，校本课程评价内容由三个部分的核心评价要素组成，通过三方面的评价对校本课程进行全程质量管理和质量保障。

校本课程评价内容表

核心评价要素	评价指标	评价指标描述
课程实施	教学任务、内容	目标明确，体系完整，层次分明，学力分层
	教学策略	是否采用了与课程相适应的教学策略、操作方法
	教学资源	是否充分挖掘各种课程资源内在的潜力和深层次的价值
	教学环境	师生关系是否融洽、平等、合作；课堂气氛是否民主；学生是否有安全、亲切、归属感
	教学节奏	教学环节是否必要；呈现顺序是否恰当；能否因人因事而随时灵活调整既定安排
学生学习	学时成绩	学生上课出勤率低于60%无成绩，超过90%可计全勤
	课业成绩	平时上课听讲、学习的态度、作业的完成情况、学生在学习过程中的主体参与程度
	结业成绩	课程结业成绩评价，学生成果可通过实践操作、作品鉴定、竞赛、评比、考核、汇报活动等形式展示
	定性鉴定	参与学习的态度、积极性、参与状况，体会、收获、能力发展程度，继续学习的愿望、兴趣和热情
	总成绩	总成绩=学时成绩+课业成绩+结业成绩+定性鉴定，四个方面以一定的比例权重分配，最后可以用分数的形式呈现，也可以用优、良、中、差的等级的形式呈现

续表

核心评价要素	评价指标	评价指标描述
教师素质	教学态度	对课程教学的责任心，认真备课、精心组织教学，能根据课堂情境和学生反映而不断改变教学，教学计划得到认真执行
	教学实现	是否达到了《课程说明》(或《课程纲要》)所设定的课程教学目标，部分方面甚至超过了预设目标
	教学风格	在教学中展现出来的个性特征、精神气质、直觉灵性和个人魅力
	教学反思	能否通过反思发现教学过程中存在的问题；能否及时制定相应的改进措施来纠正偏差
	教学认可	学生对本门课程的满意程度：非常不满意、不满意、基本满意、满意、很满意

(3)评价方式

校本课程评价可采用教师自评、学生评价、同行评价、家长评价、第三方评价等多种评价形式，与学校课程领导委员会考核相结合进行，重点考查学生对课程的认可满意程度。具体可采取以下"四结合"的形式，即教师的评价与学生的自评、互评相结合；对小组的评价与对组内个人的评价相结合；对书面材料的评价与对学生口头报告、学习活动表现的评价相结合；定性评价与定量评价相结合等。如：在"课程实施"评价中，既要尊重学校课程领导委员会、同行的评价，也要倾听教师自评和学生评价；在"学生学习"的"定性鉴定"中，可采用学生自评、组内互评、教师评价的"三方会诊"的方式进行；在"教师素质"评价中，则要有教师、学生、同行、学校课程领导委员会甚至家长的共同参与。

评价可采用过程评价与终结评价相结合的方式进行。过程评价形式有：以课程质量满意度调查表、学生座谈会等形式不定期地了解学生对所选课程质量的评价，并及时反馈给学校课程领导委员会、课程开发开设老师，督促教师及时提高课程教学质量；终结评价形式为：期末时按照上述《校本课程评价内容表》来进行三面的评价。通过评价，引导教师努力提升校本课程的开发与执教能力，自觉优化校本课程内容，促进教师的专业发展。

(4) 课程的优化

学校课程领导委员会要将评价结果以书面形式反馈给校本课程开设教师，教师根据反馈情况，结合教学活动过程中的体会和反思，对已开设的课程进行必要的修改、补充和调整，使其教学目标、教学内容和教学方式更符合学校的育人目标，更贴近当代生活和学生实际，教学与活动方式更有效、更多元，考核方法更趋科学化、民主化。

学校要发挥校本课程学业成绩考核评价对学生素质发展的激励功能。考核评价的内容应侧重态度与能力，能力为重，知行统一。考核评价一般不采用考试的方式，减少量化，多进行分析性的评价。

(四) 课程的领导与管理

学校成立以校长为领导的校本课程开发领导小组，明确职责，落实任务。按照校本课程开发的基本要求，从课程的选择、教学的监控、评价的落实、课程的优化等方面对开发过程进行科学的指导和严格的管理，保障课程开发的有序与完善。

建立课程开发资源库，将各种课程的资源统一管理，实现共享，为教学提供丰富的课程资源。

二、精品校本课程巡礼

童趣水墨课程

(一) 课程理念

童趣水墨课程是儿童通过水墨语言来表达孩子的童真、童趣，以意行事、以趣求思的课程。我们称之为"儿童在宣纸上的精神游戏"。课程核心是用水墨来表达心中的意,而上升到"趣"的精神境界。其推手一方面是儿童本能,即儿童与生俱来就会画的本能;另一方面是玩的天性。我们引导孩子在玩中体验、玩中学、玩中悟。中华的文脉是推进课程深化的灵魂,我们遵循"尊重学生感受、渗透人文关怀、鼓励探索创新、多元评价促进"的理念,开发、实施了本课程。

(二)课程目标

学生以个人或小组合作的方式参与水墨实践活动,了解水墨画的基本知识,掌握水墨画的工具和基本技法。学会在体验、尝试、感受、理解等基础上进行自由表现;在探究、发现、借鉴、构想等基础上进行大胆创造;培养创新意识和探究精神,体验艺术实践的乐趣,获得持续的兴趣,形成美术核心素养。

通过水墨实践引导学生关注生活,关爱生命,以包容心态来理解多元的艺术和文化;珍视优秀传统文化,尊重创新,从而提升美术修养,培养和提高学生追求高级人生趣味和理想境界的能力。

(三)课程内容

课程共分五个单元,其中第一单元主题"水墨画我来了",包含"什么是水墨画"和"水墨画前的准备"两个课题。这一单元主要是学习前的准备单元,其目的是对水墨画的基本常识有一个初步的了解,激发学生学习水墨的兴趣;对水墨工具的使用流程有一定认识,养成规范的水墨工具操作习惯和收拾习惯。

第二单元主题为"跟着感觉走",包括四个课题:顽皮的点、固执多变的线、千姿百媚的面和点、线、面的聚会。本单元是对水墨的初步尝试阶段,设计的目的是让孩子在玩的过程中找到水墨语言的感觉,体会点、线、面的各种变化,最后设计复习课"点、线、面的聚会",让孩子综合运用水墨的基本语言点、线、面进行自由表现。

第三单元主题为"与大师同行",通过向大师学习,发现自己的特长，形成自己的绘画特色。

第四单元主题为"感受生活"。从身边可爱的小动物画起，引导学生从小处慢慢感知身边的生活，从小动物的可爱到小朋友的友谊，再升华到妈妈的爱。

第五单元主题为"感受中华文化经典"。实际是主题创作单元分了几个层次，从比较容易的古诗入画的主题(全命题式)，画个成语故事(半命题式)到"我们也来编个故事吧"(开放式命题)来逐步培养孩子的创造能力。

(四)课程形式

现场授课、临摹作画

(五)课程评价

课程注重教学过程的评价及教学总结阶段的展示性评价。开展多元评价，鼓励孩子发现美，激发学习的动力，启迪人生。

趣味国学

(一)课程理念

本课程着眼于中国优秀的传统文化，采用灵活有趣的授课方式，让学生全面了解传统文化精粹，增加民族自豪感，培养爱国情怀。

(二)课程目标

①讲国学小故事，厚植爱国情怀；
②诵经典诗文，体验文字意境；
③赏琴棋书画戏曲，陶冶审美情操；
④解读节日节气，享民俗乐趣，学古人智慧；
⑤学会待人接物，传承中华美德；

⑥博闻强识，塑造阳光品格。

(三)课程内容

国学不仅仅是"四书五经"等经典，也绝非《三字经》《百家姓》《千字文》等蒙书，书法、国画、戏剧、曲艺、节日、节气、民俗、礼仪、建筑、古琴、围棋、历史先贤、歇后语、成语、对联、绕口令等都属国学精粹。

①历史经典小故事，认识中国古代名人；
②经典古诗文；
③琴、棋、书、画、戏曲精华赏析；
④节日节气解读；
⑤了解各地民俗、中国建筑、传统美食等；
⑥了解汉字演变、汉字来历、汉字中的各种文字形式，如歇后语、成语、对联、绕口令等。

(四)课程形式

国学知识以故事演绎、音像课件、真人秀等生动有趣的形式，出现在我们的"趣味国学"课堂，给学生以现场感、趣味性和角色感。课堂环节含有"国学知识""国学诵读""国学应用"等多个连贯相生的环节，让学生在不知不觉中接受国学的润泽和滋养，提升综合素质和民族自豪感。

(五)课程评价

①学生现场展示：讲故事、表演、演讲等；
②分组挑战赛：抢答、必答等形式；
③学生写心得感受。

创意巧手

(一)课程理念

创意巧手课程是一门变废为宝的手工创作,是运用手的技能和使用简单的工具对材料进行加工与创造的造型活动。通过课程的学习,培养学生的观察力、想象力,增强学生的环保意识,锻炼学生的耐性和克服困难的坚强意志。

(二)课程目标

通过创意巧手课程的学习,学生能够学会并掌握手工艺术创作中的折、卷、剪贴、编织、缠、提等多种手工制作的基本表现方法、技巧,动手能力、探究合作能力不断提高,学会与他人沟通与合作,运用各种废旧材料及手工制作方法进行艺术创作。在学习手工制作的过程中,学生创新思维与动手能力得到提高,并养成耐心细致的良好习惯。

(三)课程内容

本课程内容共分16个主题,以人物、动物、日常用品为主,见下表。

瓶盖动物	果冻风铃	美丽的孔雀	向日葵花瓶
鸡蛋娃娃	光碟螃蟹	纸盘鱼	乌龟游泳
报纸花	可爱的猫头鹰	个性笔筒	圣诞老人
纸杯老鼠	纸盒房子	树枝相框	塑料瓶花篮

(四)课程形式

课堂授课,理论+现场动手操作。

(五)课程评价

过程性评价为主,终结性评价为作品展示。

美食 DIY

(一)课程理念

为使学生德智体美劳得以全面发展,提倡学生热爱劳动、珍惜劳动,热爱生活、珍惜生活、体验生活,培养学生动手、探究、体验的精神和能力,特开辟此课程。

(二)课程目标

①了解不同饮食的文化;
②学会不同美食食材的准备、烹饪流程及烹饪要求;
③学会品尝不同美食与鉴赏美食的方法;
④体验食物烹饪的劳动历程、珍惜劳动成果。

(三)课程内容

①百姓日常美食——包子馒头烹饪;
②小朋友的最爱——纸杯蛋糕的烹饪;
③动手做奶茶;
④日本人的日常美食——寿司卷;
⑤意大利面的制作;
⑥比萨饼的制作;
⑦火山土豆泥的制作;
⑧零食也疯狂——奶香小饼干;
⑨小鬼当家——蛋炒饭;
⑩古老的记忆——牛轧糖……

(四)课程形式

讲解与动手制作，现场烹饪；理论学习+实践操作。

(五)课程评价

烹饪课以培养学生的动手操作能力和生活能力为主，因而老师应以鼓励和赞许的态度为主，应更多地给与学生肯定和赞美，培养其兴趣和自我成功感。评价方式以学生日常表现和动手能力为主。同时在学期末学生可在家长的指导下通过网络评价的方式，选择对课程的喜爱和满意程度。

小学篮球社团

(一)课程理念

坚持一切从学生的终身发展需要出发，激发学生的篮球兴趣。培养学生终生的锻炼习惯，锤炼学生的精神品质及坚忍不拔的意志品格，促进学生在身体、心理等方面的健康发展。做到以球育人，以球育德。

(二)课程目标

通过篮球这项运动的学习，使学生掌握篮球的基础知识、基本技能和方法，增强体能；学会学习和锻炼，发展篮球实践和创新能力；体验运动的乐趣和成功的意义，养成体育锻炼的习惯；发展良好的心理品质、合作与交流能力；提高自觉维护健康的意识；基本形成健康的生活方式和积极进取、乐观开朗的人生观；树立团队意识，打造团队精神。

(三)课程内容

课程内容以篮球的基本技术：传、运、投为主，以简单及技战术配合为主。分为三个层次：

初级阶段：我们要求社团的每个学生都必须学会四种基本运球：①体前变向运球；②胯下变向运球；③背后变向运球；④转身变向运球。

四种传接球：①胸前传接球；②击地传接球；③头顶传接球；④单手传接球。

标准的投篮姿势：持球时养成3个90度，投篮时学会压腕拨指。

中级阶段：要求学生学会以多打少：①2打1；②3打2；③4打3；④5打4。

防守反击：2人长传快攻，3人8字长传快攻，5人不运球快攻。

高级阶段：①全场5人的2—2—1全场紧逼防守反击。

②2—3联防。

③45度角的双人包夹。

(四)课程形式

本社团的课程形式，前期以训练基本功为主，后期以家校合作共育学生的方式为主。平时重在基本技能和体能训练，定期开展比赛交流，提升对抗能力；教练还可利用周末的时间带学生和家长参加各类比赛，让学生以赛代练，提高自己的竞技水平。

(五)课程评价

1. 学生自评

学生自评需要评价自己的学习态度、学习进度、学习方式等。

2. 教师评价

教师评价需要从学生课堂上的表现、在赛场上的表现、学生行为与思想品德等方面做出评价。

3. 家长评价

家长需要对教师的教学方式和学生在家的练习情况做出评价。

第三章

以德育人

我们的教育要解决"为谁培养人""培养什么人"的问题，少年强，则国强，他们承载梦想，承载一代代中华盛世的梦想。优秀的传统文化，孕育着一代代优秀的中华儿女，让这片土地充满智慧、充满生机、充满活力。德育是我国全面发展教育的一个重要组成部分，对学生进行德育是学校的一项重要工作。学校德育包括三个组成部分：道德品质教育、政治教育和思想教育。德育对塑造学生品格、影响学生行为、确立学生态度、培养学生意志，树立学生正确的人生观、世界观和价值观具有重要作用，制约着一个人的发展方向。

对学生开展德育教育的途径多种多样。学校在实施德育教育中，除了专门的政治教育、思想品德教育课程以外，在各个学科教学中均渗透德育教育，同时通过班主任工作、团队活动、校外活动、劳动教育等实施德育教育。

传统教育更关注学生学业水平的高低，新时代义务教育更注重学生的素质提升，教育的目的是培养具有高尚的道德品质、社会责任感和公民意识的有为青年。因此，我校紧紧围绕"立德树人"，以让每一个孩子在活动中体验快乐、收获成功为工作目标，以抓好养成教育为核心任务，以培养具有民族情怀的现代国际公民为德育目标，不断创新工作思路，深化德育教育，全面推进素质教育。同时围绕"有教无类，因材施教，养德启智，奠基人生"的办学理念开设了70多门特色精品校本课程，每个学生都享有自由选课的机会，在乐声和色彩中提升审美、在田径场与球场上强健体魄、在创客实验室和无人机操作中体验科技的发展、在国学和围棋课堂感受传统文化的魅力……

立德树人课程体系的建设以课程为依托，其根本是培育有良好道德、有社会公德、有高尚品德的人。从广义来说，学校一切教育行为、教育活动、教育仪式、教育资源都是育人课程，都是德育课程，对学生进行品德教育，无时无刻不在发生着，它不分时间地点不拘泥于任何形式。学校提出"为人师亦为世范"，以德育人，首先就是师德的涵育。教师的一言一行、一举一动，影响着每一个幼小的心灵，引导每一个学生的成长。教师不仅是"经师""业师",更是"人师",重在教师自身的修养、品行、学识,说一千道一万,不如带头干,教师的身教胜于言传。每一个清晨,孩子踏进校门迎来老师一个大大的微笑和一句"早上好"、课堂上举手发言后老师一个肯定的眼神或者一句鼓励的话、老师自己不迟到不早退的榜样感染、升旗仪式上听着国歌看着国旗徐徐升起心中油然升起的爱国情、一次简单的集体包粽子活动让孩子感受传统美德的传承、为班级日常管理添彩的文明举止等等,这些看似细微之举其实皆是以德育人的过程以及最好的形式。学校教师们思考新时代的德育教育,年轻的黄静、冯婷老师不忘初心,争做"四有"好老师;单擎老师通过家国情怀教育,从小培养学生的强国梦想;中华传统节日是中华优秀传统文化的符号,蒋红斌、张虹、季亚娟老师充分发挥传统文化的魅力,让优秀传统文化浸润儿童心灵,让中华民族的优秀文化在儿童心中生根发芽;文艺老师用自己的爱心细心观察,转变学生的行为、塑造学生的品行;刘虎虎老师探讨在班级管理中,如何促进学生健康成长,这些做法均取得了良好的效果。

应对时代新挑战，书写教育新篇章
——争做深圳"四有"好老师

黄 静

教师是人类文明知识的传播者，是学生思想道德的启蒙者，是美好心灵的塑造者，新时代到来，教育由专制走向民主，由封闭走向开放，由专家研制走向教师开发，教师也应该适应新时期的教育变革，教师无疑对教学质量的发展起着重要的作用，新时代需要怎样的教师呢？

一、学习保人前进，做一名学习型教师

一日不学，即落后于时代矣，罔论以昨天的知识，来引导今天的教学，去应对明日的学生。教师应从多种方向去学习，保持学习的习惯。(1)学习对象：我们可以向名师学习优秀经验，向同事学习可贵技能，向学生学习知不足知教学需求。《学记》有云："学然后知不足，教然后知困。"教师与学生之间可以形成教学相长的关系，互促互进。(2)学习内容：从教学杂志上了解教学热点，学科新方向，学习他人优秀课例，结合自己班级情况进行调整。我是一名语文教师，我经常翻阅《小学语文教师》《小学语文教与学》等杂志，每次翻阅都有收获。一次我看到当期杂志讨论的主题是"主题学习"，自教材改版以来我就非常关注这个内容，听了两次讲座，一知半解，但是看了杂志中几位名师的讲解，感觉茅塞顿开，立刻着手开始研究本学期的课文并进行同主题整理。(3)学习理论：深入学习《教育学》《心理学》《教育心理学》，诚然理论离开

实践，寸步难行，但是不对教育理论有足够的了解与体会，教学之路难以走远走稳，甚至容易走弯路。我了解到13～18岁是学生认知自我、找到自我定位的关键时期，老师要给与学生适当的帮助。学习理论知识，让我知道很多时候学生不是不想学，而是做不到，大脑发育不成熟，我们布置教学任务应该符合学生的认知发展规律，学习内容适合学生，学习要求适合学生，这样学生才能更好地发挥自己的学习能力。

二、创新促人好思，做一名创新型教师

陶行知先生曾说："处处是创新之地，天天是创造之时，人人是创造之人。"教师不是为创新而创新，而是以自身创新促思考，以助培养创新型人才。教师可以从多种方式去创新：(1)在教学内容上创新，将生活引入课堂，打破学科壁垒，通过学科融合、单元主题式教学等方式来充实更新教学内容。(2)在教学模式上创新，可以利用翻转课堂实现将课堂还给学生的目的，还可以提前制作导学案或录制微课来让学生提前预习。(3)丰富创新评价方式，坚定地向发展性评价、过程式评价靠近，落实，使评价更规范、科学，更好地促进学生成长。

在教学上，除了上好语文课，我还建立了班级阅读系统以及口语交际三步促进系统，利用课外时间在微信上面打卡讲故事，讲自己看过的书，分享自己的所思所得，借以促进孩子阅读习惯的培养以及口语交际能力的提高。在系统的促进下，我班孩子在一年级下学期开始的时候平均阅读了12本课外书，一些同学还阅读了更多的书，也更加愿意在课堂上表达，分享自己看到的听到的。

三、反思使人成长，做一名反思型教师

教师应该成为反思型的教学实践者，对自己的教学工作不断反思，反思课堂的精彩之处，反思课堂的不足之处，反思自己的教学手段是否科学，反思自己的教学手段是否客观，大胆去质疑，从而最终实现理论与实践之间的对话、交融和转化。不吃老本，不摆资格，督促学生保持

旺盛的求知欲和探索欲。教学是一门有缺憾的艺术，作为教师来说，失误在所难免，失误并不可怕，但我们需要有一双善于发现失误的慧眼，尽量列出自己在本节课中的失误点，如果自己不能发现，可以请同仁多听自己的课，给自己多提一些建议，然后认真地加以反思，并分析造成这些失误的原因，前车之鉴，后车之师，尽量在今后的教学中最大限度地减少失误。比如我有一节课《鹅》，在上课过程中，我发现原来的引导方式让学生在仿写的效果上不佳，学生并没有掌握仿写的要点，我马上在备课本上进行记录，进行调整，随后再用新的方式给学生们讲一遍，而后再作更细致的调整，到另一个班时，我用最新的方式去教仿写就得到很好的反响，学生们基本写出了优秀的仿写句子。最后我在备课本上进行记录并总结。我的反思及调整对教学产生了良好的影响。

四、有爱温暖人心，做一名爱心型教师

我坚持"以心灵感受心灵，以心灵互换心灵，以心灵理解心灵"的教育真谛，用爱去点燃学生的心灵。之前班里有个孩子叫小峰，他是插班过来的，我发现小峰在班里从不跟别人说话，我上课提问，他不站起来也不说话，我下课找他聊天，他也把头扭过去，不理会我。我跟他妈妈了解情况，他妈妈说他上学期一个学期下来连同桌都不认识……后来我通过努力终于成功跟他搭上话，虽然基本上是我说得多，他只嗯嗯一下。

随着慢慢熟悉班级，他开始去招惹其他同学，对同学们动手动脚，但只要老师一批评他，他就会嚎啕大哭，甚至在地板上打滚，变本加厉地招惹其他人，把他水壶里的水倒进别人书包，吐别人满桌的口水。他也不听任何人的劝。后来我发现不能直接批评他，他一使坏，我就拉住他的手，慢慢地跟他讲为什么不能这样做，刚开始他也不搭理我，我坚持跟他聊，慢慢地他也会轻轻回我一声"好"。

只要他有一点点改变，我都会当着全班同学的面表扬他，在班里跟孩子们讲他的进步，时时夸奖他，后来我发现班里其他的孩子也喜欢跑

过来跟我说小峰的改变，他们也常常夸奖小峰，下课时也开始看到小峰跟同伴玩在一起，渐渐地，孩子们说小峰不欺负他们了，小峰也越来越配合其他老师的课了。我的努力，相信其他老师也能做到，关键是要我们拿出真心和耐力。

在这个新时代，每个教师都有自己的教育梦，都希望能迎着时代的浪潮随势而上。2014年第30个教师节前夕，习近平总书记考察北京师范大学时发表重要讲话，勉励广大师生做有理想信念、有道德情操、有扎实学识、有仁爱之心的"四有"好老师。我也以能成为深圳"四有"好教师为目标，做学习型教师，反思型教师……

教育之路漫漫，吾将上下求其索！

不忘初心，立德树人

冯 婷

一个学生遇到好老师是人生的幸运，一个学校拥有好老师是学校的光荣，一个民族源源不断涌现出一批又一批好老师则是民族的希望。国家繁荣、民族振兴、教育发展，都需要大力培养一大批好老师，由此可见好老师的存在对社会发展具有多么重要的意义。当你选择成为一名教师，踏上了三尺讲台时，也就意味着踏上了艰巨而漫长的"育人之旅"。

习近平总书记在视察北京师范大学时倡导广大教师要争做"四有"好老师。法国著名作家雨果说："花的事业是尊贵的，果实的事业是甜美的，让我们做叶的事业吧，因为叶的事业是平凡而谦逊的。"是的，做一名合格的教师需要有一颗像绿叶般默默无闻，时刻衬托着娇艳鲜花的无私奉献的初心，但光有这份"初心"还不够，作为专业的教育者，教师还应该有扎实的专业理论知识、过硬的教育教学技能和崇高的职业道德素养。俗话说："百年大计，教育为本；教育大计，教师为本；教师大计，师德为本。"随着社会主义现代化建设步伐的加快，实现中华民族伟大复兴的"中国梦"落到我们每一个华夏儿女的肩上，新时代的发展也必然使得社会更加关注人民教师的师德师风建设，对教师的职业道德素养也更多了一份严格要求。而所谓师德，就是对教师的道德要求，指教师在教学活动中应遵守的道德规范和应具备的道德品质；师风，是教师这个行业的风尚风气。遵纪守法，爱岗敬业，关爱学生，教书育人，为人师表……这些都是师德师风的最基本要求与体现，其中我觉得"关爱学生"和"为人师表"是当今教师的师德师风建设中尤为重要的两条。

没有"爱"的教育是没有生命的教育，也是没有未来的教育。每个孩子都是具有独立主观能动性的个体，他们渴望情感的关注与被爱，而不是被视为流水线上冷冰冰的产品。作为教师，我们影响着的是许许多多的孩子以及孩子背后一个又一个家庭，我们教学生知识，教他们做人做事的道理，看到学生在教师的帮助下茁壮成长，我明白没有任何一份职业，比教师更能影响人的一生。做老师就要像陶行知先生说的那样"捧一颗真心来，不带半根草去"。正是因为有了这份对教育的爱，对学生的爱，才促使我以更高标准要求自己，通过积极参加各类专业技能培训，努力钻研教材，不断提升自己的教育能力，为学生呈现更精彩的课堂；正是因为有了这份对教育的爱，对学生的爱，才使我在处理问题时对孩子多一份耐心，多一份关心，同时也多一份责任心。

除了关爱学生以外，以身作则、为人师表也是对教师道德的重要要求。教师是以教育学生为职责的，尤其是教师的言行举止、道德品质对学生的教育影响远胜于文化知识的传授。老师就是学生道德修养的镜子，教师要想起到引导学生发展的作用，促使学生成人成才，其自身首先就应成为他所要求学生成为的那种人。孔子说："其身正，不令而行；其身不正，虽令不从。"车尔尼雪夫斯基认为："教师把学生造成一种什么人，自己就应当是这种人。"说的都是教师榜样示范的重要性。

在我带过的班级中，曾有一个让我印象非常深刻的学生，他叫邓泽羿，当时八岁，是班上典型的"后进生"，一上课就睡觉，甚至早读课都睡着。但生活中的他又是一个阳光活泼、大大咧咧、乐于助人的男孩，只是一谈学习，他就马上变得沉闷、忧郁，说话也变得唯唯诺诺，判若两人，班上倒数的名次的确让他很自卑。他父母分居，母亲常年不在他身边，和爸爸、爷爷、奶奶住在一起。爸爸上班忙，妈妈不在身边，缺少母爱，爷爷、奶奶也不懂小孩的教育。让我最难受的是母亲节主题班会那天，当同学们上台分享自己与妈妈的故事时，邓泽羿趴在桌上哭了，无论我怎么安慰他，他都不肯抬起头。虽然他没有哭出声音，但他抽动的身体更让我觉得这个孩子可怜。从那以后我明白邓泽羿是个内心敏感的男孩，他渴望他人的关爱，但爸爸"棒棍教育"式的爱，让他很排斥。主观上他是很想把成绩搞好的，但糟糕的家庭环境对他有极大的消极影响，当他在学习上碰到困难挫折时，没有可求助的人，长此以往，对学习也就失去了信心，再无人关注的话就会恶性循环下去。我很想帮助这个"缺爱"的孩子。

针对邓泽羿的情况，光严厉要求是没有用的，我应该多方面地给予他关爱，走进他内心，与他做朋友，帮助他解决生活、学习上的困难，这种以柔带刚的方法才能激发他自主学习的动力。

于是我以关心他的生活为突破口，利用课余时间和他聊天，询问他的生活情况，了解他的兴趣爱好。在他生日的那天我给他写祝福贺卡，在他铅笔不见的时候，我送给他一支崭新的铅笔，并在笔上贴张小纸条写着"主人，请不要再把我弄丢了"……渐渐地邓泽羿特别喜欢与我交流分享，一有什么秘密就悄悄跟我讲，还把自己好吃好喝的东西拿来和我分享。我问他为什么对老师这么好呀？他说老师有时像他的朋友，有时又像是他妈妈，老师喜欢他，他也喜欢老师。当我俩的关系密切了，我再谈他的学习问题就事半功倍。我给他定目标，作业中的疑难地方，利用课余时间给他辅导，课后我还单独给他布置一些巩固作业，他也欣然接受。当他学习上犯懒，作业马虎应付时我没有当众批评他，中午人比较少时，我把他喊到一边，我先表扬了他近阶段的进步，聊聊家常，气氛轻松活跃了，我再把他的作业本打开，然后把别的同学做得认真、工整的作业本翻开，放在他面前，他收住了笑容，脸一下红了，低着头说："老师，我……我又偷懒起来了。"不必我再多说了，那一刻，孩子发自内心地去改变自己了。

长期的关注，我发现邓泽羿上课发言更积极，思维更集中了，有时还拿课外书籍上的习题向我求教，虽然考试成绩没有一下提升上来，但学习的兴趣却越来越浓厚，畏难情绪没有了，人也自信了，态度改变了，进步也只是时间的问题了。

在学习上初尝成功喜悦之后，我把精力集中到解开邓泽羿心结上来。我经常跟他爸爸沟通，提醒父亲多关爱儿子的学习和生活，还跟他远在广州的妈妈打电话。与各科老师多沟通，与全班同学沟通，来营造正面引导的良好氛围，让他一心扑在学习上，果然期末考试他是全班进步最大的人，让全班同学对他刮目相看。再次与邓泽羿聊学习时，他不再吞吞吐吐了，脸上露出灿烂的笑容，这是我至今珍藏于脑海中最美的画面。

邓泽羿的转变，让我再次感受到爱在教育过程中的力量。"关爱学生"、"为人师表"不是响亮的口号，它是教师义不容辞的责任，是应实打实付诸的行动。好老师，是用爱培育爱、激发爱、传播爱，把自己的温暖和情感倾注到每一个学生身上，用欣赏增强学生的信心，用信任树立学生的自尊，让每一个学生都健康成长，享受被认可的喜悦，滋润学生的心田，达到春风化雨、润物无声的境界。孩子需要这样的好老师，教育需要这样的好老师。

到现在，我还记得儿时唱过的宋祖英的那首《长大后我就成了你》，歌词里这样写道："小时候我以为你很美丽，领着一群小鸟飞来飞去……长大后我就成了你，才知道那个讲台，举起的是别人，奉献的是自己。"现在我想说长大后我真的成了"你"——教师，这平凡而又不凡的职业，教书育人，任重道远，"你"注定要奉献，也注定要崇高，但唯有"不忘初心，立德树人"，方能路在脚下，眼望前方。

千秋家国梦，少年当自强
——浅论初中历史课堂中的家国情怀教育

单 擎

一、家国情怀的涵义

《礼记·大学》有云："身修而后家齐，家齐而后国治，国治而后天下平。"自西周宗法制始，血缘关系成为构建社会关系的重要纽带，家、国两字紧密相连，并在历史的长河中逐渐融合，"家是最小的国，国是千万家"。从霍去病"匈奴未灭，何以家为"到志愿军"抗美援朝、保家卫国"，从杜甫"安得广厦千万间，大庇天下寒士俱欢颜"到林则徐"苟利国家生死以，岂因祸福避趋之"，从孙中山先生"天下为公"到周恩来总理"为中华之崛起而读书"，家国天下的概念构建了中国人传承千年的理想与追求，成为中国传统文化中不可或缺的核心因素。

二、家国情怀教育的必要性

1. 实现"中国梦"的需要

21世纪以来，中国逐步进入小康社会，中华民族迎来再一次的崛起。2012年11月，习近平总书记提出"中国梦"，并指出，"实现中华民族伟大复兴，就是中华民族近代以来最伟大梦想"，而实现中国梦的具体表现是"国家富强、民族振兴、人民幸福"。在"中国梦"重要思想的指引下，2014年教育部颁布《完善中华优秀传统文化教育指导纲要》，要求在教育中要"完善中华优秀传统文化教育的精神，落实立德树人根本任务"，并提出"开展以天下兴亡、匹夫有责为重点的家国情怀教育"。

2. 新课程改革的需要

为适应国家建设的新形势，2011年，教育部重新制定《义务教育历史课程标准》，设定课程的三维目标，在情感态度与价值观部分明确指出，要在历史教学中"增强民族自信心和自豪感"和"初步形成对国家、民族的认同感，增强历史责任感"。2017年新颁布的《普通高中历史课程标准》，对"唯物史观、时空观念、史料实证、历史解释、家国情怀"等五大历史学科核心素养作出明确要求，提出：家国情怀是学习和探究历史应具有的人文追求，体现了对国家富强、人民幸福的情感，以及对国家的高度认同感、归属感、责任感和使命感。学习和探究历史应具有价值关怀，要充满人文情怀并关注现实问题，以服务于国家强盛、民族自强和人类社会的进步为使命。

3. 学生自身成长发展的需要

当今社会高速发展，物质文明丰富，部分年轻人在物欲横流之下，迷失了对理想的追求，个人主义、享乐主义盛行，国家、集体的概念似乎成为落后的代名词，追求自我、实现自我成为年轻人流行的标签。网络信息发达，青少年在了解多姿多彩的世界的同时，也不可避免地受到一些负面信息的干扰。面对这些不良信息，如何使学生形成正确的人生观、世界观与价值观就显得尤为重要，也成为初中历史学科的主要教学任务。

基于上述原因，在初中历史课堂中对学生进行潜移默化的家国情怀教育，是国家、社会、学生个体发展的必然要求，在课堂教学中应加以重视，着重引导。

三、在历史课堂中实现家国情怀教育的途径

历史是一门人文学科，人文性与思想性是它的基本特性，与更注重实践性和实用性的理工学科相比，在"立德树人"方面具有得天独厚的条件。因此，历史学科在培养学生的爱国情感和家国情怀方面责任重大，责无旁贷。

课堂时间有限，要在一节 40 分钟到 45 分钟的课堂上完成对三维目标的培养，尤其是在完成知识与能力、过程与方法的目标培养后还要进行情感态度和价值观的升华，就必须提前作好准备。我认为，想要找到培养家国情怀教育的行之有效的教学方法，教师可从以下几点入手：

1. 以学生为本

很多人文学科类课程在授课过程中往往采用以讲授法为主的方式，即使在新课改已开展一定年限的今天，老师们为了节省课堂时间，仍会将大部分时间分配给自己进行知识讲授，而使学生被动接纳知识，学生作为学习的主体，常常被忽略。这种做法恰恰倒置了本末，使学生丧失了对历史学习的兴趣，自然也无法在心灵深处产生家国天下的情感共鸣。因此，在教学方法的设计上，需采用自主学习和合作探究相结合的方式，基础知识部分可安排学生在自习中完成，小组成员互相协作并检查学习成果，而对每课的重、难点则设置问题，引导学生经过课堂讨论，并对思路进行归纳、整理，得以解决。学生的主体地位必须贯穿于课堂的始终。

2. 巧妙创设情境

历史不应该是冷冰冰的文字，历史书中字里行间是一个个有血有肉有温度的人，是他们创造了世界文明中丰富多彩的历史，学生在历史学习上不应该是被动了解，而是要主动去感知历史。家国情怀要从情感态度与价值观的课程目标中体现，"设身处地、感同身受"是实现这一目

标的重要手段。如在文成公主入藏、郑成功收复台湾、左宗棠收复新疆、甲午战争、香港澳门的回归等课中，应通过故事讲授、影片观看、课本剧表演、模拟辩论赛等多种方式使学生了解国家统一和民族团结，树立维护祖国统一和民族团结的正确观念。

3. 挖掘可利用的课程资源

书本是开展教学的第一资源，却不是唯一资源，有限的课堂时间往往使师生只关注课本的文字部分，而引用的文献、图表、配图、注释等信息则在无意中被忽视，因此不能深入了解课文的内容。如在八年级上册抗日战争这一单元中，台儿庄战役、武汉会战、长沙会战和百团大战等事件中，除了文字描述外，引用的中日军队伤亡人数对比、中日武器装备对比等图表更能体现出中国军民全民族抗战的决心和抗战初期艰苦卓绝的环境，以此使学生感受中国人民面对民族危亡，众志成城的爱国情感。除此之外，还可在其他学科中挖掘可利用的资源，如政治学科中的马克思主义，语文学科中的《七律·长征》等毛主席诗词，都可作为历史学习的补充资料，互相协作，升华情感。

4. 巧用现实资源

读万卷书不如行万里路，学生在课堂中学到的知识毕竟有限，课堂之外，拥有更广阔的空间，可利用社会实践、周末、假期，安排学生出游，发现身边的历史，这也是对课堂教育必要的补充。绵延万里的长城象征着中华民族勤劳勇敢；北京圆明园的遗址述说着那段屈辱的历史；南京江东门的大屠杀遇难同胞纪念馆记录了日本侵略者的罪恶；莲花山的邓小平像见证了深圳"敢为天下先"的精神。这些文物，记录了华夏五千年来的悲欢离合，荣辱哀乐，是学习历史最真实的"课本"。

5. 提升教师自身素质

学高为师，身正为范，老师的言传身教对学生的情感态度形成具有重大作用，爱国守法作为教师职业道德的第一条守则，更是每一位教师必须终身尊奉的人生信条。无论何时何地，看到国旗国徽，听见国歌响起，立刻放下手中的工作端正站好行礼致意，看到危害国家集体利益的言论行为立刻反驳阻止，是不是比空泛无味的说教更能使学生信服？所以，教师应坚定爱国信念，不断提升自身的道德修养和职业素质，在日常生活中，"润物细无声"地对学生进行家国情怀的教育。

四、结语

青少年是国之根本，国之未来，少年智则国智，少年强则国强，在青少年人生观、价值观形成的关键时期，初中历史围绕学科核心知识开展教育教学，将家国情怀根植于学生心间，使学生牢记：爱国不分年龄、不分先后；报国不是工作，而是信仰，培养初中生的民族自尊心和自信心，努力践行社会主义核心价值观，为"中国梦"的实现贡献力量，作为历史科目老师，这既是我们的一项工作，更是一份沉甸甸的责任，我们理应为此付出全部的努力。

中国传统节日的小学道德教育意蕴及实现路径

蒋红斌　张　虹

从远古走来，每个传统节日都沉淀了深厚的文化底蕴，凝结着积极的民族精神和情感。节日的本意不仅是纪念，更在于传承其精神，学校将传统节日蕴含的民族传统美德，与学生的思想品德教育和班级管理结合起来，对青少年进行了各种形式的道德教育。儿童的道德发展是一个从他律过渡到自律的过程，小学阶段正是这一转化过程的关键期。涂尔干指出，小学阶段是道德教育最佳的时机，进入了学龄期，还没有打好道德的基础，那么这种基础就永远也打不好了。鉴于此，教育工作者有必要关注小学生的道德发展特点，抓住关键期，通过与学生的积极互动来促进他们道德的发展。充分发掘并实现中国传统节日的道德教育意蕴，就是其中一项非常重要的工作。

一、中国传统节日的小学道德教育意蕴

在众多的传统节日中，春节、清明节、端午节、中秋节和重阳节最具有影响力。对小学生而言，这些节日至少具有以下的道德教育意蕴。

1. 唤起精忠报国的爱国情怀

中国传统节日中，屈原、介子推是爱国教育的典范。屈原是伟大的爱国主义诗人，他痛惜当时政治的腐朽，投身自溺于汨罗江。后人为纪

念哀思，荡舟江河上，将粽子丢入河中，避免鱼虾吃食屈原的躯体，演变为今天的龙舟竞赛和吃粽子的习俗。清明扫墓起源于介子推，他不惜牺牲性命谏言君王，所体现的忠、义、孝的精神，也成为爱国主义的一面旗帜。

有研究表明，小学一年级到三年级、三年级到五年级之间是爱国主义情感发展最快的时期。在小学德育中，如果能利用传统节日周期性的特点和喜闻乐见的活动形式，抓住学生道德发展的关键期，结合这些节日组织相应的活动，学生在连续不断地瞻仰、缅怀这些伟大人物的过程中，既能寄托哀思，更可唤起他们的爱国主义情怀。

2. 渗透孝敬长辈的人伦教育

"百善孝为先"，以"孝"为核心的人伦道德是中国传统文化的一大特点。几乎所有的传统节日，都体现着孝道的文化与传承，每个节日都是培养学生孝行的良好契机。如重阳节登高、吃重阳糕点等，有敬老和祝贺长寿的意蕴。特别是自1989年国家将重阳节专门设为"敬老日"以来，这一节日更加凸显出"无伦之孝，推家至国；以孝齐家，以孝治国，达至和谐大同"的情怀。此外，清明禁火寒食、扫墓，逢年过节与家人团聚一堂，既体现着尊老敬祖的人伦教育，实质上也塑造了一种尊老爱幼的社会秩序。

尊敬长辈、孝行天下的德行需从小养成。在小学德育中，教师可以通过让学生了解节日背后流传的故事、独特的习俗及意蕴，参与全民性的节日活动等方式，培养学生的认同感，在潜移默化中渗透孝敬长辈的人伦教育。

3. 树立慎终追远的感恩意识

我国人民素有"饮水思源、慎终追远"的传统美德，不少节日都蕴含着感恩的教育意蕴。春节时，人们通过互相祝福、互赠礼物来表达对父母的养育之恩、老师的教导之恩、朋友的关爱之恩的感激；清明祭祖先，通过虔诚叩拜来寄托哀思，民族的亲情在此处汇聚，会产生强烈的归属感和认同感。

目前小学的感恩教育，虽会引导学生进行一些情感体验，但实际的践履却较少，感恩教育在小学阶段还存在一定程度的缺失。节日特定的文化环境，如春节的贺年祝福，清明的扫墓祭祖，都表达着对亲朋好友、先祖的感恩之情，若能引导学生在切身参与中加强体验，无疑能培养他们慎终追远的感恩意识，促进感恩行为的发展。

4. 追求团圆美满的和睦教育

传统节日贵人伦、重亲情，几乎每个节日都有回归家庭的特点，是维系社会人际关系的重要情感纽带。除夕吃年夜饭、守岁祈福，共享阖家团圆的幸福；春节时邻里间的拜访，是亲友联络的好时机，加强了血缘亲情，也维系了人际关系的和谐；清明同族人一齐祭祖；端午节又称"女儿节"，妇女回娘家，女婿看望岳父母；中秋时家人共同赏月；重阳节注重孝敬长辈，这些活动都密切了亲族间的联系。

节日活动体现的团圆、和睦的情感，为学生的成长营造了一种安定祥和的社会氛围，学生参与其中，节日蕴含的团圆美满的和睦教育也能感同身受，有助于预防和改善当下人际关系冷漠的社会现象。

5. 培养强身健体的体育精神

体育教育是小学素质教育的重要组成部分，也是个人健康成长与发展的重要保障。清明、端午节都蕴含着强身健体的体育精神，体现了古老的养生理念和健康的生活方式，竞技中蕴含着交流协作，对体育教育教学起着借鉴作用。清明适宜户外活动，北宋时期，就有水上竞标、拔河、蹴鞠等表演；端午节的赛龙舟从最初的祈求平安，慢慢演变成一种体育竞技项目，在老一辈的情怀里，甚至有"情愿荒芜一年田，不愿划输一年船"的说法，使得赛龙舟积极向上的竞争气氛感染了在场每一个人；重阳佳节登高远眺也是一项重要活动。赛龙舟、登高、蹴鞠等既是一种竞技,也有助于娱乐健身,推广这些活动,小学生在耳濡目染的过程中,既增强锻炼身体的意识,又有切身参与的机会。

6. 激发乐观向上的进取精神

节日是日常生活的调节点,也是调节心理的精神慰问品。春回大地,万象更新,春节是新生、欢乐的节日,大人小孩都穿新衣戴新帽,开门鸣放爆竹,既为驱除不祥,也预示着来年"一元复始,万象更新",把烦恼与霉运留在旧的年月里,在新的岁月中追寻新的希望。北方端午节讲究在煮粽子的锅里放上鸡蛋、鸭蛋,孩子带到学校去碰鸡蛋,象征着滚运,祈求转运。重阳节有登高、吃重阳糕的习俗,因为"糕"与"高"字谐音,也是人们一种心理上的祈求,愿寿命高升,也是期望人生境界步步高升,洋溢着乐观向上的精神态度。

学生从小就应树立远大的理想和乐观向上的态度,学校应充分利用节日中蕴含的道德意蕴,让学生在回顾春节辞旧迎新的习俗,重阳登高——步步高升的韵味时,再次深入理解其中蕴含的真谛,培养他们勇于进取的乐观情怀。

二、当前小学德育中传统节日道德教育存在不足

节日精神是组织仪式活动和凝聚群体的心理保障,在年复一年的节日庆典中,学生重温忠贞爱国、团圆美满、孝亲感恩、强身健体、乐观向上的节日精神,其知情意行等得到全方位的调动参与,道德感也随之上升。但在实际的小学德育中,中国传统节日蕴含的道德教育意蕴却尚未得到应有的发挥。

1. 对传统节日道德教育资源开发利用不够

在小学阶段,我国传统文化的教育主要由思想品德和语文这两门课程来承担。思品课是系统性的道德教育课程,语文教学利用课文中丰富的道德教育因素,也能充分发挥陶冶学生情操的作用。考察发现,无论

是思品课教材还是语文教材，关于传统节日的知识都不够充分。以人教版教材为例，思品课教科书分为《品德与生活》《品德与社会》，12册教科书共计44单元，154小节。其中，关于中国传统节日的只有两个小节，即一年级上册第十三课《欢欢喜喜过春节》和二年级上册第八课《中秋与重阳》。在人教版小学语文12册教科书中，共计349篇课文，有关节日的课文只有两篇，分别是三年级上册的第九课《九月九日忆山东兄弟》和六年级下册第六课《北京的春节》。可见，这两门课程中不仅节日内容偏少，涉及的传统节日也并不完全，只有春节、中秋节、重阳节。

本来就不多的传统节日内容，其童趣性还需要教师去发挥，内容的时代感也需要教师去把握。对教材内容的分析发现，为了达到对学生道德教育的目的，部分选文的情感和观点偏向于成人，容易使学生对教材产生消极抵触情绪。同时，教材对传统节日的描绘大都还停留在比较久远的年代。如《北京的春节》一文，呈现的还是20世纪老北京过春节的景象，只言片语也难以让学生感受到老北京特有的年味。学生平时接触得少，个体的经验感悟不深，这就要求教师立足生活，在组织教学环节时注重与当下时代生活的联系。

在现实教育中，教师对传统节日道德意蕴内容的挖掘还存在缺失的现象。不少教师缺乏这方面的意识，或者本身对传统节日的精神内涵缺乏体悟，对其所蕴含的连贯独特的情感和特定的时空生命价值理解得不够，难以挖掘其深蕴的道德教育意蕴，导致这部分教育资源的闲置。

2. 对传统节日道德教育渗透的行动乏力

这首先表现在渗透道德意蕴的教学方法单一古板。每一种教学方法，在学校教育中都蕴含着道德的因素。传统节日蕴含的教育意蕴，超越了单纯的理性与规范性的知识，更多的是一种潜移默化，理应采取灵活多样的教学方式。但目前课堂教学中，教师多以知识的形态和说教的方式进行教学，忽视了特定情境的道德体验，轻视学生感受感悟的过程。学生虽然学习了"遥知兄弟登高处，遍插茱萸少一人"，但对重阳节佩戴茱萸的缘由、饮菊花酒的原因却毫无概念；虽知道了要学会感恩，但受到的同样只是口头的告诫，并不能真正产生知恩、感恩之情。

其次表现在组织的传统节日教育活动创新性不足。节日是通过仪式庆祝活动来显示其特殊性的存在，赋予生活一种民族集体记忆的人文节奏。节日的仪式和庆祝方式，是学生信仰和情感能顺利表达的关键，也是进行教育的载体。但目前活动不丰富、形式不新颖也是阻碍节日教育的一大难题。中秋赏月的活动，在明朝以前具有轻松浪漫诗意的风格，许多地方举办大型的游艺活动，还有灯会、夜市、游园等。此后活动减少，娱乐方式单调，以家庭聚会为主，沿袭至今。因此，丰富、创新传统节日的形式，是促使学生在真切的情感体验中，以新的方式挖掘个体深层的内心真谛的重要方式。

最重要的是，渗透传统节日道德意蕴的过程忽视了学生的道德发展水平。传统节日以一种宏大叙事的方式，让身处其中的每一个体，都能参与节日庆典，体验节日氛围。但有些教师开展实际教学时缺乏针对性，忽视学生的年龄特点，难以调动个体兴趣。通过对几所小学不同班级的观察了解，不少教师直接使用从网上搜集的教案，关于中秋节主题班会的教学设计，虽是针对多个年级，但开展的活动环节却存在明显的雷同。

3. 缺少对传统节日道德教育环境的创设

道德需要让学生在鲜活的生活体验中，通过环境不断的暗示、示范和引导而自主建构。目前的情形是，学校普遍缺少对传统节日中道德意蕴环境的营造和活动的开展。一方面是教室环境的布置存在缺失。通常，学校组织布置教室主要集中在开学、六一儿童节。在临近中国传统节日之际，最多只是组织学生出相关主题的黑板报而已。另一方面，校园里以学生的人际交往为内容的环境创设不足，参加学校的某些德育活动时人数受到限制。如不少学校虽然组织了清明扫墓活动，但只选取部分优秀学生参加，这些活动也就成了小部分优等生的福利。此外，舆论的引导也存在缺失。节日是集体性的记忆和群众性的参与，共同营造浓厚的节日氛围，才能焕发出生命的活力。

需要强调的是，节日的道德教育注重家庭伦理和公民情怀，讲求亲近自然，和睦共处。因此，学校需要主动建立与家庭、社会的联系，发挥德育网络的作用。但从学校层面来看，教育工作者普遍缺乏对资源的开发利用意识，德育活动围绕上级要求开展，活动组织和安排上缺乏活动设计的主动性和创造性，未能主动建立与家庭、社会的联系。不少家长也时常忽略了引导孩子对节日知识的积累体悟和道德的身体力行，在节假日里或选择休息，或利用难得的假期外出旅游。社区对传统节日的宣传和活动的开展同样较缺乏，淡化了节日习俗的活动。

三、中国传统节日道德教育意蕴的实现路径

1. 注重内容的组织与补充

因为多元文化的冲击，不少人心里滋生出民族自卑感、历史虚无感，许多学生对我国传统伦理道德文化更是知之甚少，开展传统伦理道德教育势在必行。

在小学教材中，传统节日的相关选文内容上存在局限性，这就要求教师在组织教学内容时要适当补充相关知识，如讲解《九月九日忆山东兄弟》"每逢佳节倍思亲"的诗句时，可引导学生思考，"每逢佳节"仅指重阳节吗？我们还有哪些传统节日？为什么会"倍思亲"？这样的问题设计，既拓展了学生思路，也可引发学生领悟节日的道德意蕴。节日错落有致地分布于一年四季中，可在特定的时间召开主题班会，选择、列举代表民族文化的实例进行交流展示。

同时，在内容的组织上注重童趣性，尝试以儿童的视角，去理解、感悟传统节日。教师应多以生活事件为素材组织课堂教学，体现生活的逻辑，让学生通过课堂交流，描述自己过节的情境和心情，在属于自己的个体经验中生发出道德的萌芽。

2. 重视课堂教学中的渗透

课堂教学是实现教育目的的主要途径，也是渗透传承道德的重要场地。首先，深入挖掘道德意蕴的内涵。这要求教师增强传承节日精神的意识，积累整理相关知识，提炼并围绕节日的德育主题，挖掘出具体的德育内容。特别注意各节日及其内部间的有机联系，形成系统全面的节日道德教育内容体系。

其次，重视情感体验及情感发展。情感教育是道德教育的重要依托，良好的情感形成于童年期，小学教师可以通过创设教育情境，激发学生情绪体验。利用多媒体具体形象地呈现节日独特的情景，美妙悦耳的声音，充满视觉冲击的生动画面，为学生理解、感悟节日创造条件。也可通过挖掘节日的符号、象征物，引导学生欣赏年画、对联等，打破情感障碍，体悟其隐喻、借喻功能，来感受其中的抽象事理和情感蕴意。

再次，采用多样的教学方法。低年级重视游戏法，寓教于乐。如中秋主题班会组织猜灯谜的教学环节，既丰富了活动形式也促使学生在游戏中生发情感。高年级采用课堂讨论法，变单向灌输为双向互动，如就"春节是否燃放鞭炮"这一话题进行讨论，学生各抒己见，在交流中体会春节的真谛，懂得改变的是形式，不变的是精髓。同时，结合传统节日蕴含的德育知识，用生动的语言讲述动人的传说，更能让学生感受到其精神魅力。

最后，了解学生的身心发展水平，遵循学生的道德发展水平和规律进行道德教育渗透。如低年级处于孩子定向阶段，若教育者向学生提出正确的行为方式，学生就会诚实地遵守，教师可通过营造节日氛围，加以鲜活的案例方式正确引导学生；中年级的学生要求其进一步了解节日的文化内涵，积累相关古诗文；高年级则要求学生探讨与传统节日有关的话题，培养批判探究精神，提高创新意识。

3. 注重课堂外的"践履"

通过潜移默化、耳濡目染等途径，创设良好的道德教育环境，可取得良好的教育效果。教师可利用节俗产物和象征物来布置校园环境，烘托节日气氛，使环境发挥出应有的节日教育功能。如在教学《欢欢喜喜过春节》时，除了黑板报的宣传外，师生可结合节庆特色，在教室走廊张贴对联、窗花，挂中国结等，也可分送共享节日饮食。学生置身于"年味儿"十足的氛围中，激发了他们参与的兴趣，也能感受到传统春节喜气洋洋的民俗风味。

课堂外的践履也离不开学生家庭和社区的力量。传统节日能有效地协调家庭关系、社会关系，开发利用节日德育资源时，要形成学校、家庭、社会"三位一体"的道德教育合力。学校可在节前与家长沟通，支持家长做好儿童的第一任道德教师，指导家长有目的地开展活动。同时，要鼓励家长支持学校教育，主动为学生参与传统节日活动提供教育资源。

在节日来临之际，社区应依托其宣传平台，向社区居民介绍中国传统节日来源、习俗等小知识，给学生了解节日民俗文化、传统道德的机会，让学生能将理性知识与感性情感相结合，积极自主地思考、理解和领悟节日道德意蕴，不断积累道德经验，实现道德发展。

（本文发表于《湖南第一师范学院学报》2016年第4期）

转变一个孩子，从了解他开始

文 艺

作为一名教师，我们的责任是为每一位学生开垦出一片他们得以成长的沃土。只要我们用"心"执着地去面对学生，了解他们，帮助他们，他们一定能在这片沃土上开花。从教 20 年了，我努力地、用心地对待我教过的每一个孩子，我也收获了很多，有的孩子学习进步了，有的坏习惯改变了，有的爱上学习了，有的更懂得宽容与友善了……在这一过程中，我逐渐意识到，要真正转变一个孩子，需要从了解他开始。

孤独男孩的背后

有一年带一年级，我接手了一个新班级，有一个叫吴希（化名）的孩子见面第一天就给我留下了深刻的印象——目中无人，总是一副毫不在乎、自以为是的样子。所以，一开始我就认为他是一个不懂礼貌、没有一点纪律性的孩子。

基于孩子的这种情况，我和孩子的妈妈进行了一次长谈，在谈话中我了解到，吴希今年七岁多了，已上过一年级，在一年级下学期妈妈发现孩子的问题后让他休学了，后来又转入我校再读一年级。孩子之所以变成现在这个样子，得从他上幼儿园说起。那时妈妈忙没时间管孩子，于是全权交给了老师，而且妈妈当时的想法是只要孩子在幼儿园过得快乐就好，于是老师也放任自流，孩子想怎样就怎样，如：上课不进教室，在外面玩小蚂蚁、观察太阳、找蚯蚓等。上了一年级后，孩子还是我行我素，不遵守纪律，常常是作业不完成，上课课都上完了书本还没有拿出来，考试更是从没有答过试卷！加上他有些胖，总是一副懒洋洋的样子，所以孩子没少受批评。老师对他有着强烈的不满，连班上的孩子也奚落他、排斥他。讲到这，妈妈掉泪了，然后给我讲了几个让她非常伤心的例子：一次是她去学校接他，吴希因为没有完成作业被老师留下来了，但固执的他还是始终不肯写一个字，老师一气之下扔了他的学习用具，当妈妈赶到的时候，孩子正低着头捡他的学习用品，而此时老师又说了这样一句话："吴希，班上如果没有你该多好！"接下来，其他老师也向妈妈反映情况，妈妈这才开始重视，于是来班旁听，每天辅导孩子做作业。还有一次，妈妈陪他完成了一次出色的英语作业，课堂上，老师也特意拿出来展示表扬，可当老师一提到吴希的名字时，全班孩子发出了一阵嘘声，这让原本一直坚持的妈妈一下子触动了，原来孩子在班上受到的是这样的"待遇"。于是，妈妈毅然决定让孩子休学了！休学后，妈妈给孩子报了文化训练班，孩子在一次与老师谈话时，画了一幅画，内容是：一个孩子在墙根下站着，在他的对面站着一排孩子，每个孩子向前冲去撞击站在墙根的孩子。画完后，孩子告诉老师，那个站在墙根下的就是他自己，那一排孩子就是班上的同学。孩子的话深深刺痛了妈妈，让她热泪盈眶。最后，妈妈对我说："文老师，其实吴希心地很善良的，他知道对人好，知道感激，真的，孩子就拜托您了！"

因材施教

有了这次谈话以后，我开始试着慢慢走近吴希。因初到一个班级，孩子们相互并不是很了解，因此他跟同学们相处还不错，转学没有给孩子留下什么阴影。一段时间下来，吴希的缺点慢慢显露出来了：学习上，上课注意力的确不集中，但遇到他不知道的东西、感兴趣的知识他表现得非常积极，而且思维活跃，回答问题积极，尤其在数学方面，显露出了超常的思维，而缺点就是动作慢、纪律散漫，有时实在着急我也会批评几句，但慢慢地我发现：当你严厉批评他时，他总是一副满不在乎的样子，而你如果同他慢慢讲道理却总能讲通。在了解了他这些特点后，我知道对他该怎样做了：一、课堂上尽量调动他的积极性，对他精彩的发言及时给予肯定，树立他在同学们心中的形象——聪明、爱动脑。二、当吴希懒散不积极参与活动时尽量不严厉批评，而是抽出时间来给他讲道理，开导他。三、让同学们遇到问题主动向他请教，小组同学也常常帮助他，让他融入集体中。四、与数学、英语老师沟通交流，合力帮助吴希成长。

当小组长的故事

一天，又是语文展示课，Lion 组的组长因病请假了，我临时让吴希当代理组长，当我宣布让他来当组长时，他很惊喜，但他还是小心翼翼地问我："我可以吗？""当然，老师相信你能行的。"我向他投去信任的目光。吴希果真负责起来，开始认真履行角色，他们组今天展示的内容是分角色朗读课文，课文《美丽的小路》中有个角色是兔姑娘，当时该组的同学都不愿扮演兔姑娘，这时身为组长的吴希勇敢地担任了这个角色，当他们组展示时，因为是男孩子扮兔姑娘，同学们都忍不住笑了！这时，吴希有些委屈地说："大家都不愿意扮演兔姑娘，总不能没人演吧，那我们组不是不能展示了吗？"刚说完，教室里响起了一阵热烈的掌声，我趁机说道："吴希小朋友真是太伟大了，Lion 组应该为有这样的组员而感到骄傲，如果他有时不遵守纪律，那我们就想办法来帮助他，相信他一定会给 Lion 组增光添彩的！"这时我发现，吴希的脸上已没有了委屈。我的信任与肯定让他自信起来，接下来的语文课他更积极了。

一个肠仔包

吴希小朋友因为有些胖，所以我会控制他的食量，这天学校吃肠仔包，这是孩子们都喜欢的课间餐，他吃完一个后还想再吃一个，我制止了他，提醒他还有许多同学没吃。他有些不高兴了，过了一会，他又来看了看，见袋里还有，又向我提出还想吃一个，这一次我更坚决地说："不行，一人就一个！"话音刚落，他转身就走出了教室，我知道他开始要脾气了，赶紧跟了出去，结果发现他朝校门口走去，好在保安拦住了他，他只得回到了班上，正好上课铃声响了，我拦住了他，并用缓和的语气说："怎么了，生老师气了，那我们聊聊吧！"我把他带到了教室外，心平气和地同他聊起来。

"我要出去买包子，你不是不给我吃吗，可是门卫叔叔不让我出去！"

"那是，你们是不能独自出校门的，不安全呀！"

"为什么只给我吃一个呀？"

"每个人就一个呀，如果我给你吃了那别人吃什么？"

"哦，是不是我交两份的钱就可以吃两个呀，那我明天叫我妈妈再交一份！"

"那也不行，我们只收一份的钱！知道老师为什么不给你吃吗？"

"不知道！"

"你看，老师最近发现你脖子上的肉都鼓起来了，都要翻开才看得见了，你说，你是不是又长胖了！"

"反正都这样了，我饿呀！"

"你知道胖子的危害是什么吗？老师给你讲个胖子的故事吧。"于是，我耐心地同他讲起了一个胖子的故事，他听得很认真，听完后，他问我："文老师，那我现在该怎么办呀？"我告诉他："从现在开始，我们每餐都少吃点，让我们的胃慢慢缩小，以后就是吃少点也不会觉得饿了，慢慢地就能瘦下来！"听完后，他眼里闪着泪光说："真的，那我就尽量少吃点吧！"

这件事过后，他回家就同家人说，他要每天少吃点，让胃缩小点，在学校他打饭也只是打一次，不会再去添了。同时，他和我走得更近了，开心不开心的事常常和我分享，胖嘟嘟的脸上也常常挂着笑容。

特别的作业

仅仅是吃得少一点对减肥还是没有什么效果，于是他妈妈告诉我打算让他去游泳。可是因为他做作业喜欢拖拖拉拉，妈妈担心他作业完成不了。我一想，孩子聪明，学东西快，我可以有针对性地布置个性化作业。于是，我特意找了个时间很神秘地对他说："我听说你现在每天晚上都要游泳，是吗？"

"是的，可是好累呀，游完泳回来还要做作业！"

"老师很支持你去游泳，这样好不好，我给你单独布置作业，比其他同学的要少哟！"

"真的！"吴希的眼里冒着光，高兴地看着我。

"老师说到做到，从今天开始怎么样？"

"好，我一定完成作业！"

于是，从那天开始，我和数、英两科老师商量好，每天放学后让孩子来找老师，老师单独给他布置作业，并和他拉钩：这是老师们和你之间的小秘密哟！

时间过得真快，很快就到了学期末，吴希懒散的行为虽然还时有发生，但他几乎没有作业未完成现象，几次考试成绩都非常优异，而且他现在已是同学们心中的小小数学家啦！

看见孩子的转变，妈妈感动极了，拉着我的手说："文老师，当初让吴希转学很多人是质疑我的，现在看到孩子的进步还有什么可说的呢！能遇上您是我家小希的福气，虽然多读了一个一年级，但我觉得一点也不亏，孩子的自信找回来了，这就是我想要的，谢谢您！"

转变一个孩子，从了解他开始！如果当初我凭着第一印象，看到这么多不良品质的他，就一味地批评指责训斥，那一定是没有效果的。虽然教育他要比别的孩子花费更多的时间和精力，但在了解了他的性格和学习情况后，总能找到合适的解决办法，这也就是孔子所说的因材施教吧！

教师生涯总能遇见这样、那样的学生，教师的教育引导也深深地影响着这样、那样的学生，虽然有着那么多的不一样、那么多的伤脑筋、那么多的不知所措却不愿放弃，这就是人生，我要深入地去了解每一位学生，我愿意为每一位学生开垦出一片属于他们成长的沃土！

让中华传统节日的灵魂滋润学生心灵的土壤

季亚娟

曾几何时，西洋风在中国大地上流行，似乎西洋风呼吸起来才是最畅美的。在有些国人心中，西方的月亮永远比中国的月亮圆。在大中小学校园中，青少年学生痴迷于起洋名、说洋话、过洋节，中华传统节日遇冷，无人问津，谈起各种洋节头头是道，问起传统节日哑口无言。

面对传统节日的窘况，我们该做些什么？

一、教师要从思想上认识到传统节日是中华魂的一部分

教师要认识到传统节日是中华魂的一部分。一个没有灵魂的国家，她的路能走多远呢？如果教师自己对传统节日都不重视，又有什么资格要求学生重视。只有教师自己认识到传统节日的重要地位，进而才会去传播、去传承、去创新我们的传统节日。中华传统节日的形成，是我们民族历史文化长期积淀凝聚的结果，是中华魂的一部分，因此，我们教师一定要高度重视中国的传统节日。

二、教师要用体验式的教学方式让传统节日大放异彩

反思我们以往传授传统节日文化教育的失败，一个最重要的原因，并不是我们的传统节日文化不优秀，而是我们教师没有把传统节日文化的魅力淋漓尽致地烙印在学生的心灵上，没有让学生在内心情感上产生

对传统节日文化的认同感、自豪感。要解决这个问题，我认为最佳的途径就是采用体验式的教学方式。宋代的大词人陆游有云："纸上得来终觉浅，绝知此事要躬行。"纸上谈兵永远没有实战的体验来得深刻，这是一个无须辩驳的真理。

以 2017 年我校中秋节活动为例，此次活动我们以弘扬中秋传统文化为主旨，为了实现这个目的，我们突破了传统的说教的教学方式，采用体验式的教学方式，结果收到了奇效。自此，我对体验式教学情有独钟，将体验式教学作为弘扬中华传统节日文化的最有效的途径之一。考虑到小学生活泼好动的年龄特征，我们在教学活动的设计上，以学生为主体，充分调动学生的主观能动性。中秋佳节之际，我们组织学生开展手工制作灯笼的活动。学生在灯笼上写上关于中秋节的谚语、俗语、灯谜、歇后语、祝福语等。在手工材料的选择上，我们尽可能地选择一些带有中秋节传统元素的材料。学生拿到材料之后，回家和爸爸妈妈在中秋之夜完成灯笼的制作。制作完成之后，家长们用微信拍摄孩子们拿着制作完的灯笼说中秋祝福语的视频，并发到班级家长微信群里。此次活动，不仅锻炼了学生的动手能力、设计能力，增进了孩子和父母之间的感情，更重要的是在孩子的幼小心灵中留下了一辈子都难以忘却的美好回忆。在整个制作过程中，孩子们体验到了家人团圆的美好，体验到了成功的快乐，体验到了制作过程的乐趣，更体验到了我们中秋节文化的内涵和灵魂。活动的过程，就是传统文化对孩子精神的洗礼过程，就是传统文化对孩子心灵土壤的滋润过程，就是孩子对优秀传统文化最好的吸收过程。

由此可见，体验式教学方式在弘扬中华传统节日文化方面是可行的，是有效的，是创新的。

三、教师要开发并做亮传统节日的校本课程

教师应该在各种兴趣活动开展的基础上，根据本校和本区域的实际情况，开发并做亮传统节日的校本课程。丰富多彩的传统节日校本课程

的开发，可以让学生们有更多的选择机会，获得更多的成功体验。

总之，要想学生不忘本，不忘记自己的祖宗，要想使我们的祖先能够安息，教师，作为民族文化的传承人，就要把弘扬中华传统节日文化当做特别重要的历史使命来完成，把学生心灵的土壤用传统节日文化滋润得更加肥沃，并结出累累硕果。

拒绝平庸
——用班级教育思想引领班级管理

刘虎虎

长期以来,班主任工作琐碎繁杂,如老黄牛般辛勤耕耘,淹没在琐事之中而难以自拔,缺乏对班级管理的长远规划。班级管理需要系统的工作方法,没有指引,举目茫茫,必然迷失。要走出这种零敲碎打的班级工作格局,需要转变教育思路,让班级管理走向专业化,对班级进行长远而系统的规划,并提炼班级教育思想,以促成学生精神的成长。

一、追求班级管理的专业化

长期以来,班级管理只是作为学校其他教育活动的附属工作,班级管理思想也多是心得体会式的经验总结,呈碎片化的状态,不具备专业的品质。与其他学科教学活动相比,班级管理对学校培养新人这一重任的目标更鲜明,作用更直接,因此,班级管理需要进入具有专业智慧与专业品质的境界。

1. 教师的再学习

教育要有前瞻性和预见性。艾默生说:"我们是什么,我们便只能看见什么。"进入21世纪,世界正以前所未有的速度迅猛发展,我们置身其中而始料未及。学校教育从根本上讲是要培育一代新人,而培育新人本质上是在培养其精神与视界,但很多时候我们是"用昨天的知识,教今天的孩子过明天的生活"。长期以来，班主任的成长除了自身不断的摸索实践外，大多数情况下是依靠和借鉴其他资深班主任的丰富经验来提升自己，而这些经验多半是零碎的、感性的，未能上升为具有普遍指导意义的理论层次，只是个人过往经验的总结，只能采用古老的手工作坊中那种师传徒承的方式进行迁移，这不利于年轻班主任的快速成长，更不利于培养具有国际视野的新一代学生。作为班级管理的舵手和学生人生导师的班主任必须重新学习，不断改变自己，不仅要钻研教育学，用科学的思想理论来指导自己的工作，把班主任这一综合性强事务杂的工作做得具有专业性，更要以顾亭林"昔日之得，不足以为矜，今日之成，不容以自限"的精神自励，以此给学生开拓一个更开阔的视野，带学生进入更高的境界。如当下我们提倡的"自由"、"平等"、"公正"、"法治"这些理念就应该融入我们的校园生活中，在正确认识与理解这些元素的基础上，开发出能促进学生发展的新空间，并与学生一起成为走向成功的生命共同体。

2. 提炼班级教育思想

常言道，你的世界源于你的视界。深邃的境界源于宏阔的视界，超越的境界根植于拓展的视界，故一个班主任的教育思想、精神修养决定了班级的个性。思想境界源于读万卷书与行万里路，源于对现实感知的理性升华与内心体验。视界宽了，才能将路途中沉淀的悟性转化为思想，才能不断理解当下的学生，才能从战略的高度去思量班级的发展。正所谓，天下之理无穷，行者有疆思无涯，教书育人就是不断思考着并前行的一个永恒的未来时态。

在日常的课堂教学中，我们常常会记得研读教材、分析课标、设计教学，而学情、学生的最近发展情况却是我们最容易忽略的，在班级管理中更是如此。学生的真实情感我们常常会忽略不计或置之不理，而是想当然地用我们自己的思维方式去理解学生，对学生居高临下，以至于我们经常感慨学生越来越难管理，一代不如一代，甚至将这种现象归结为道德水准下滑，认为"现在的学生素质没有那时的学生素质高，现在的学生缺乏远大理想，缺乏吃苦精神，甚至根本没有信仰"[1]。这种现象出现的原因是因为我们没有用发展的眼光去看待新一代的学生。进入新时期，社会日新月异，复杂多变，"学校教育面对这种复杂局面需做更深入的工作，充分利用其中合理的因素，帮助学生辨析各种现象，形成独立见解，提高思想境界，主动开拓生活，而不应固守过时的理想标准来约束新一代人的生活步伐"。[2] 所以我们不能穿新鞋走老路，要走进学生的内心世界，更要引导学生自己了解自己，了解自己的需求，让学生化被动为主动。我们成年人要用新的思想、新的观念、新的眼光看待天真烂漫的孩子，这是作为班主任应有的专业智慧。

用科学思想统摄班级管理，鞭策自己努力思考，与时俱进，用自己提炼的班级教育思想去指导班级管理，理解学生，这样才能站在更高的层次上引领学生发展。如此，班主任工作将会左右逢源，并能在班级管理中彰显大家风范，教师也会更享受自己的工作。

3. 用思想引领方法，确立班级发展的长远规划

接手一个新的班级时，要对班级作全面细致的了解，用真心、爱心与班主任的专业智慧去研究学生的方方面面，尤其是了解他们最真实的生活与成长需求，并用心体会学生的精神世界，如此方能走进他们的生活，掌握到班级的最近发展情况。在全面理解了学生之后，在班级现有的发展水平基础上，教师应统筹兼顾，制订班级的长远发展计划，立足学生的成长需要来开展班级工作，并用培养一代新人、促成学生精神生命发展的要求来指引班级前进。如此，教师在班级开展的工作才会有效，并对班级今后的发展方向有新的思考，而不至于在班级出现问题时方寸大乱，迷失方向。

二、明确班级管理的主题——促成学生健康成长

当前我国教育一直在提倡素质教育，素质教育主要是指人的人文素

质教育。学生的健康成长除了要求学校高度重视人文学科之外，班主任的班级管理更是责无旁贷。

1. "把学生当成人"

"把学生当成人"，就是要眼中有学生，相信学生，关注全体学生的发展，把学生作为班级管理中的发展主体，有了这样的考量，教师就会从每一个学生的角度来思虑班级的管理与发展。

古人讲"和而不同"，在以往的班级管理中，我们更多的是注重班级整体的整齐划一，单纯地追求班级整体的"和"，很多时候我们忽视了每一个学生个体的发展，并以牺牲个体为代价来追求整齐划一。这样的班级管理是不利于培养学生个性与可持续性发展的。班级管理要遵循孩子的天性法则，顺天致性，理解学生每一个阶段的成长需要，这样学生也会更加明确自己的努力方向，班级也会在个体得到发展的同时，成为学生共同成长、"和而不同"的精神家园。

2. 学会选择，学会理解

众所周知，当代学生的心智发展速度快，学生个性强，但同时也缺乏自主性，习惯于被安排，这是我们进行班级管理的最大困难。因此，我们要面对并了解学生的真实情况，让学生把自己的真实想法说出来，以及这样想的依据是什么。班主任只有在全面了解学生的基础上，才能引领学生的成长，有的放矢。

你的选择决定你的精彩。在对学生的基本情况有了全面把握后，班主任可以根据学生的兴趣爱好开展工作，并让学生敞开心扉，学会选择，主动地投入到班级的日常管理当中，把自我的追求融入校园生活中，而不是一味地被强加被安排，这样学生才会渴望走进学校，才会自在地追求未来。如班主任可以根据学生的兴趣特长，设置多个岗位并给予吸引人的名称，让学生进行自我选择，如负责教室电灯的叫"阿拉丁"，负责教室窗帘的叫"一帘幽梦"等，这样的名称比较符合学生的心理特征，从而调动学生的积极性，学生也干劲十足，不亦乐乎！如此，学生在具体的岗位上既为班级作了贡献，促进了自我的成长，提高了解决问题的能力，又学会了选择，更学会了推己及人，学会了理解——理解自己，理解他人，最终达到理解世界的境界。

3. 班级管理的主题要化为具体的行动

明确了班级管理是培养学生的人文精神，促成学生精神生命的成长的主题之后，还要将这些教育思想内化到班级的各项活动中，并使其具体化。

中小学阶段有学生守则，这是教育部门从宏观上制定的对中小学生的统一要求。因为条文过于抽象，很多时候这个守则挂在教室成为一纸空文。教师应适应学生的年龄特征，开发出与学生守则要求一致而又具体可行的行动项目。北京四中赵利剑老师走访西方的一些学校后，将自己所看到的学生守则翻译成中文，他的《学生一日常规》是这样写的：

与他人相处的十种好方法
(1) 尽可能地帮助别人
(2) 真诚、诚实待人
(3) 三思而行
(4) 礼貌待人
(5) 使用温和的语言
(6) 倾听别人
(7) 想想别人的感觉
(8) 控制你的脾气
(9) 分享
(10) 公平地工作和游戏
三个"R"：
(1) 我们通过以下的行为展示我们的责任(Responsibility)：

准时到校准备学习;用积极的方式解决困难或寻求成人的帮助;带合适的用具来学校;穿合适的衣服。

(2)我们通过以下的行为展示我们的尊重(Respect):

倾听他人;按别人首次告诉我们的去做;尊重自己、他人和财产。

(3)我们通过以下的行为展示我们的理性(Rational):

控制我们的声音、行为和情绪。

赵利剑老师指出,这些学生守则,没有空洞的口号,没有大而化之的目标,只有一些具体的行动。从小被以这种方式教育出来的孩子,长大后,还有必要为他们的行为发愁吗?还有必要为他们不能很好地和他人相处担心吗?还有必要为他们不能融入社会而苦恼吗?[3]

总之,只要我们用真诚的心去认真研究学生,把培育一代新人、促成学生的精神成长作为我们教育的奋斗目标,不断提升我们的视界与境界,敢于"壮士割腕",勇于更新教育理念,我们的教育将会大有可为。

◎ 参考文献

[1] 陈会昌. 当代青少年:充满矛盾的一代[J]. 河南教育,1998(3).

[2] 李伟胜. 班级管理[M]. 上海:华东师范大学出版社,2014.

[3] 赵利剑. 历史:一堂人文课[M]. 北京:教育科学出版社,2012.

第四章

以文化人

学校文化是学校发展的灵魂，是凝聚人心，展示学校形象，提高学校文化文明程度的重要体现，它对学生的人生观、价值观产生潜移默化的作用，它可以提升学校的办学品位，它也是一所学校办学综合实力的反映，是学校建设的重要组成部分。在校园文化建设中必须最大化发挥校园文化的重要作用，使其成为学校发展新的增长点。在学校美好的文化氛围中，爱、关心、精神、气质和人格魅力，可以替代千言万语，超越千山万水，这就是"文化场"的魅力。

物质文化，行为文化，制度文化，三位一体形成学校的精神文化，而学校就是一个育人的"文化场"，一旦这种"文化场"形成之后，教育便会达到不育自育的效果。

一、学校文化的形象——学校物质文化

学校物质文化秉承三项原则：物象化原则：校园物质环境不是外在于人的，相反折射着人的价值追求，彰显出特定的文化意味；立意高雅原则：校园建设要充分关注它的文化内涵，把教育性和艺术性高度地结合起来；个性化原则：优秀的物质文化是具有鲜明个性、体现对人的成长规律的尊重的文化。

我校将班级文化与校园文化有机结合，建设特征鲜明的物质文化。充分发挥班级文化的聚合优势，实现优秀班级文化和学校校园文化的相互融合，更好地丰富学校文化内涵，多方面、全方位地借助校园文化理念，提升校园文化精神，努力创设校园文化氛围，为师生的职业道德的养成和健康成人成才创造有利的软硬环境和条件，让以"六一儿童节"、"科技文化艺术节"等为代表的校园文化活动和以校运会等为代表的校园文化赛事更具影响力。

二、学校文化的落实——学校行为文化

(一)体现在课程教学上的行为文化

学生有充分的课程选择权，天性和禀赋发展不受限制。教学基于知

识而超越知识，发展能力、增长智慧、健全人格。

师生彼此人格平等，相互珍重和珍惜。课堂充满活力、激情和智慧。

(二)体现在学校人际关系上的行为文化

(1)上下关系：人本情怀，相互尊重，真诚关心，公正对待。

主要标志：愿望得到重视，行动得到支持，才能得到发挥，成果得到肯定。

(2)同伴关系：崇尚宽容、学会妥协、学会等待。

(3)师生关系：人格平等、尊师爱生、和谐相融、教学相长。

(三)体现在校园活动中的行为文化

教研活动是教师的文化共同体。

组织优化：拥有共同的专业语言，共享教育教学资源，成为学习型组织。

质量提升：拒绝平庸，造就教师卓越。与同伴互动，与学者对话，与大师进行思想碰撞，涵养教育的精、气、神。高质量的教研活动是教师活力的源泉。

模式创新：涌现出教研鉴赏、教研沙龙、教研考察、教学研修等教研文化行为模式。

校内课程是学生的文化共同体。

为规范实施国家课程，规范课程建设，按照相关要求，我校开齐开足国家课程和地方课程，包括规定的语文、数学、英语、科学、思想品德、信息、音乐、体育、美术等课程。同时，严格落实国家有关阳光体育的规定，让其进入课程表，定计划、定时、定人、定内容、定反馈；创新阳光体育活动形式。

现围绕我校学校精神和校园环境两个方面来阐述学校文化。

三、学校精神

（一）办学宗旨、办学理念与校训

学校提出了"把每一个学生都放在心上"的办学宗旨，既朴实又真正体现了"以人为本"的理念。"每一个"，是全员教育，义务教育是全民教育，与我国素质教育面向全体的性质相一致；"每一个学生"，是生本教育，聚焦每一个学生的成长、需求来办学；"都放在心上"，是爱心教育，教师要敬业守责，悉心施教，用心工作，全心全意走进学生的内心世界。"把每一个学生都放在心上"的办学宗旨追求的是公平教育，与美国的"不让一个学生掉队"、英国的"每一个孩子都很重要"、法国的"让每一个孩子成功"等教育理念的内涵相似。只有把每一个孩子放在心上，才能"让我校每一个学生既成人又成才"。学校办学宗旨中涵盖了全员教育、生本教育、爱心教育与公平教育要义。

确立了"有教无类，因材施教，养德启智，奠基人生"的办学理念。"有教无类"、"因材施教"，来自中华民族儒家鼻祖孔子的教育教学思想，符合我国现代推进的素质教育面向全体的本质，展示国际基础教育注重人的思维品质差异性的哲学观念，也是深圳大学、深大师范学院、深大附中的办学理念，体现了集团化办学的一脉相承。"养德启智"，符合立德树人、开发多元智能等现代教育思想以及又红又专的社会主义教育方针。"奠基人生"，学校为学生幸福人生、终身学习奠基，符合义务教育、基础教育规律。同时，办学理念与办学宗旨相互联系，"有教无类"的教学理念，正是践行党中央公平教育的思想，无论学生家庭贫富，无论学生户籍出生，学校一视同仁；无论学生智力是否存在差异，无论学生学习基础如何，教师均公平相待。"因材施教"既是教学原则，也是教育原则，针对不同学生的兴趣爱好、智力差异、性别差异、基础差异，实施不同的教学方法，开展不同的教育策略，既是个性化教育，也是特色化教育。"把每一个学生都放在心上"，意为尊重不同个体的差异，尊重不同个体的需求，为其终身发展着想，为其未来发展奠基，是为"基奠人生"。

学校以"顺天致性"为校训。"顺天致性"源自唐代文学家柳宗元，他写有一篇《种树郭橐驼传》，文中记载的是长安一位非常善于种树的人，有人向他请教种树的秘诀时，他说："橐驼非能使木寿且孳也，能顺木之天，以致其性焉尔。凡植木之性，其本欲舒，其培欲平，其土欲故，其筑欲密。"

文章中谈的是种树的事情，却讲出育人的道理。顺天致性：顺天，适应既顺，习以成性，行成德立，成其天性，形成一定的性格、习惯。天下万物的生长，都有自身的发展规律，必须顺应自然规律，否则徒劳无益。育人和种树的道理是一样的，育人同样要顺应人的发展规律，人的成长、成才有其内在规律，儿童的发展具有阶段性和过程性，不可拔苗助长，更不可急于求成，需要耐心浇灌和培育，而不能凭着主观愿望和情感肆意干预和灌输，但又不可放任自流，提供发展的良好环境和动力是必要的。教育者只能按照儿童身心发展的年龄特征和心理特征进行教育，即"顺木之天，以致其性"。"顺天致性"，还是尊重教育规律的表现，教育有其内在规律和发展规律，顺天致性，既是对人的尊重，也是对教育的尊重，还是对科学的尊重。

"顺天致性"校训，探索天性教育，即天然教育（生态教育），顺应天性、回归自然、天人合一的教育。天性：人与事物内在的自然属性、固有的本质特征。顺天致性，顺应人与事物的本真，达到最佳程度的发展与成长。学校立德树人、以智慧人、健美育人，顺天致性，是人本教育、绿色教育、本真教育、生命教育、激励教育的有机结合。

在"以人为本"科学发展观引领下，学校努力践行"把每一个学生都放在心上"的主导理念，遵循"顺天致性"的校训，倡导"朝阳气息，君子风范"的校风，展示"养德启智，以爱育才"的教风，呈现"乐学明辨，勤思笃行"的学风。

(二)校风：朝阳气息，君子风范

1. 朝阳气息，体现以下维度

其一，学校的发展趋势，蒸蒸日上，富有蓬勃的朝气。

其二，表现在学生身上，让他们个个都像"早上八九点钟的太阳"，充满活力，怀揣美的梦想，活跃在课堂，活跃在操场，活跃在校园，活跃在社区。

其三，我们学校的教工队伍也如一轮朝阳，在教改的地平线，喷薄而出。在他们身上我们能看到夸父追日的忘我步伐，也能看到他们力求上进，充满勃勃生机。

2. 君子风范，分成以下三个层次

第一层次：行为习惯。要求每一个孩子在老师们的培养下，个个逐步养成良好的行为习惯，包括学习习惯、生活习惯及以《中小学生守则》为准则的行为规范。

第二层次：文明礼仪。要求每一个孩子都能继承和发扬我们礼仪之邦的优良传统，同时用现代文明来促进他们高雅素养的形成，还在适当的时机引进国际礼仪，为他们将来的发展做一个别人不做或很少有人做的行为奠基。

第三层次：君子胸怀。是否胸怀豁达也是作为君子的又一标杆。要求每一个孩子在老师的长期而细心的引领下，在杰出人物的影响下，在人际关系的交往中，逐步放宽胸怀，既能从容面对成功与挫折，又能大度地面对人生中的是是非非，走出坦荡人生。

(三)教风：养德启智，以爱育才

"养德"强调对学生的尊重与爱，养是过程，德是目标，启是方法，爱是行动。养是通过自然环境、社会环境、家庭环境、人文气息、日常生活、人际交往的共育，每一天、每一月、每一年的积累而得，不能拔苗助长，需要静待花开的耐心，需要精浇细施的爱心，还需要日复一日、年复一年的恒心。通过教师的行动，科学多样的教学方法，耐心、细心、持之以恒培养学生。学校以养成教育为抓手，注重培养学生的良好品德，坚持心理辅导以呵护心灵，帮助学生树立信心，体验被关怀的温暖，养成良好的行为习惯，为以后的学习与生活奠定基础。"启智"是学校敦促教师做好知识与技能积累，激发潜能，为学生发展提供智力支持。通过各类活动，思考尝试优化教学过程，启迪智慧，使学生的认知与情感同步发展。"以爱育才"是教师对学生的爱和理解，可以使学生感到温暖、关怀。没有爱就没有教育，爱可以成就教育。爱是师德之魂，爱是师生交往中的黏合剂，爱生之心是教育的前提，是教育力量之所在。

(1) 养德启智。每一位教者要有高尚的师德修养，首先必须敬岗爱业，把每一位学生放在心上；同时重视自己的知识再积累，把自己人格美德、书香智慧无私地传递给学生。

(2) 以爱育才。"爱"是教师职业幸福感的"根基"，"才"是指学生在老师的教诲下要成为"人才"。教师要提高"育"的水平，必须有爱的情怀。因而，提升老师的专业素养，一要有面向全体学生大爱无疆的境界；二要靠教研组的群策群力；三要靠学校高度重视及提供机会与条件，以促进所有教师在以爱育才中持续得到成长。

(四) 学风：乐学明辨，勤思笃行

"乐学"即以学为乐，寓学于乐，乐在学中。乐学是学习的动力。只有乐学，才能把学习看成一种乐趣、追求和责任，一种通向智慧的快乐的人生旅途。学校教育不只是传授知识，更是提高师生学习能力的平台。"学习乐园"是我们的办学目标之一，我们不但要让学生在校园快乐学习，也要让每一位老师为了提升教学才华，也在校园里快乐学习，体现学校"书香"愿景。学风不仅是学生学习的风气，也是教职员工学习的风气。乐学明辨，勤思笃行，鼓励师生员工乃至家长在快乐中学习、在探究中学习、在勤奋中学习、在行动中学习。

四、校园环境

至圣先师孔子雕像

走进深圳大学师范学院附属坂田学校的大门，宽阔的广场上，绿树环绕中，首先映入眼帘的是温和、慈祥的孔子雕像。

孔子，是儒家学说创始人，我国古代伟大的思想家和教育家，世界著名的文化名人之一。孔子一生中大部分时间在从事传道、授业、解惑的教育工作。他创造了卓有成效的教育、教学方法，重视学生的个体差异，因材施教；创造了一整套正确的学习原则，如学而时习之、知之为知之、不知为不知；形成了一套比较系统的教学内容体系，按照"德行""言语""政事""文学"四科进行教育；提出了一系列时至今日仍有深远影响的教育思想，如"有教无类"等。

孔子还是一位古文献整理者，他删"诗、书"，定"礼、乐"，赞"周易"，修"春秋"，为中华传统优秀文化留下了鸿篇巨制。

我校以"有教无类，因材施教，养德启智，基奠人生"作为办学理念，就在于继承、弘扬、发展孔子的教育思想，尊重学生天性和个性，尊重学生的个体差异，培养学生"好学、乐学、明学"的优良品质。每天清晨，当学生们进入校园的那一刻，迎面即是孔圣人，他似乎微笑着向每一个学生问候，勉励孩子们勤学上进，不负韶光。

文化石

石块在中国传统文化中意义深远。石块，厚实而稳重，意味脚踏实地、勤劳实干，任凭风吹雨打，时光流转，依旧屹立不倒，风范永存。

深大师范学院附属坂田学校的校门口就立有一块"顺天致性"的巨石，这是我校的校训，也是办学思想的核心，它提醒着每天走进校园的老师们，在教学中要遵循教育规律，遵循人性的规律，不揠苗助长，不违背人的天性，顺势而为，发现和成全孩子的长处和兴趣点，让他们找到自己的人生方向，为他们未来的人生发展奠基。

校园内则立有"静""净""竞"三块文化石，所谓"静"，指的是遇事冷静，上课安静，静心思考，静以致学。所谓"净"，指的是窗明几净，语言干净，身净得体，心净无芜。所谓"竞"，指的是你追我竞，奋勇竞先，竞以求进，竞以求精。这三块文化石就是无言的老师，在潜移默化中滋养学生的品性，让莘莘学子懂得要自觉排除干扰，远离浮躁，摈弃功利，静下心来学习，从而达到学会自律、学会做人的目的。

教学楼之间还有一块题为"开卷有益"的文化石，书犹药也，善读之，可以医愚。读书养气，读书启智。这样一方彩石，在默默地启迪着深大坂田学子们要以书为友，在书中汲取有益的养分，在书香的熏染下茁壮成长。

无边界图书馆

"读经典书，做儒雅人"是深大坂田人一直追求的育人理想。为了让孩子们能够腹有诗书气自华，学校建设了宽敞明亮的图书馆，学生可以随时来这里借阅书籍，图书馆还提供了各式各样的场景，供不同需要的学生使用。当学生有兴致时，可以坐在椅子上认真品读，累了、困了，则可以席地而坐、倚墙休息；也可以找个无人的角落，躺在地板上。中午，不回家的同学，可以在图书馆看书，做作业，午休。除此之外，教室的每一个角落、几个教学楼里的过道，大厅里，都摆放了一些书架和桌椅，书架上陈列了很多书籍，这样学生随时随地都可以有书可读、有书可选，大屏幕上滚动播放着中华经典诗词，光风霁月廊里精雕细镂着一些彩画，走廊墙壁上悬挂着名人名言和文化故事，整个校园变成了一个开放的无边界大型图书馆，浓郁的书香在不知不觉中浸润着孩子们的心灵。

四季耕耘农场

当你登上深大坂田学校教学楼的楼顶,一定会大吃一惊,映入眼帘的是挂满枝头的青瓜、饱满的玉米、碧绿的青菜、爬满藤架的百香果、一畦畦的稻谷、含苞欲放的棉花,还有不远处的风向标、温度计、湿度计、小型的气象观察站,真是一派田园风光的景象。角落里,还整齐堆放着锄头、镰刀、浇水壶等农具。你没有看错,这里就是城市中的乡村,校园的田园风光——"四季耕耘农场"。

深圳是全国第一个消灭了农村建制的城市,一轮又一轮的城市化和工业化改造,让生活在深圳的孩子们越来越远离乡村,越来越多的学生缺乏对农业生产的认知。但大自然养育了我们,农业是人类的衣食之源、生存之本,人与自然的关联不应该被钢筋水泥截断,我们也不想让深大坂田学校培养出来的学子们都是四体不勤五谷不分的人,因此,学校充分利用有限空间,开辟了这片"世外桃源",为学生开设了"四季耕耘课程"。

在这里,学生既可以体验、学习种植及收割,也可以充分利用资源,将在课本中的所学加以实践。生物课,学生观察植物的生长,了解各种植物的特征和生活习性;数学课,学生根据田地的面积,计算出可以种植的玉米、土豆等的数量;美术课,学生可以在这里写生。每个月每个班级,都会到"四季耕耘农场"开展一次实践课程,不同学科,也可以根据需要,带领学生进行体验学习。借由这方自然的小天地,"四季耕耘课程"成为一门名副其实的综合课程。

第五章

以智启人

智能，主要是指智力，是学生在学校学习时所表现出的智力和能力的总称。

智力一直是心理学重要的研究领域。对智力的研究，皮亚杰提出了图式理论，斯皮尔曼提出了"二因素说"，即普遍因素（G）和特殊因素（S），吉尔福特的三维智力结构模型，则认为智力为操作（思维方法）×内容（思维对象）×产物所构成的三维空间结构。

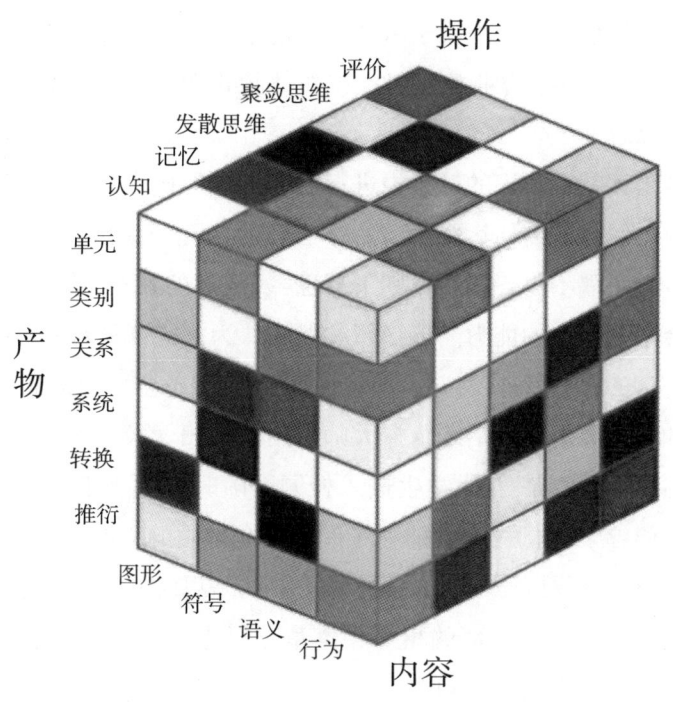

智力三维空间结构图

1981年，美国心理学家斯腾伯格和波维尔提出了三元智力理论，即智力成分亚理论、智力经验亚理论、智力情境亚理论。

在众多的智力理论中，美国心理学家加登纳的多元智力理论引起人们的广泛重视，他列出了8种智力成分：语言智力、逻辑数学智力、人际智力、自我认知智力、音乐智力、身体运动智力、空间智力、自然认知智力。

智育包括获得知识和形成科学世界观，发展认识能力和创造能力，培养脑力劳动。对学生智力的培养，就在于提高学生认识，挖掘人自身的潜力，激发内在活力，增强学生思考问题、解决问题的能力。发展学生的智力和创造才能，要靠高质量的教学，只有提高教学质量才能提高教育质量，保证人才质量，教学成了对学生进行全面发展教育、把他们培养成为合格人才的基本途径。提升质量，需要变革教学方式，转变学习方式。学校倡导开展项目学习法，促进学科间的融合；尝试开展探究性学习，培养学生科学探究精神；提供体验式学习，让学生在不同场景中体验与反思。

智育是在掌握知识的过程中进行的。思维是智力与能力的核心。对学生智力的培养，需要运用适当的方法，因此孔子提出"不愤不启，不悱不发，举一隅不以三隅反，则不复也"。强调的就是"启发"学生去思考，学会举一反三的能力。苏霍姆林斯基认为，阅读是对学习困难的学生进行智育的重要手段，学习困难的学生读书越多，他的思考就越清晰，他的智慧力量就越活跃。深大师院附属坂田学校打造"书香校园"，建立"无边界图书馆"，让学生进入校园，随时可以坐下来，享受阅读的乐趣，倡导学生"读经典书"，让阅读浸润学生的心灵。

以智启人不局限于学科知识，更重要的是思维品质、合作意识、创新能力和核心素养等方面的培养，本章通过老师们在学科教学中的思考，探讨以智启人的途径和方法。

初中英语阅读教学中的思维品质培养

李经国

思维是阅读的本质与核心。有人认为真正的阅读必须伴随思维的活动,甚至有学者指出,"教会学生思考,就是教育的全部",因为思维品质是最贴近学生核心素养个性发展的维度。

一、思维品质简介

"思维品质"这一概念最早源于苏联的心理学界,到20世纪60年代开始引入中国。

著名学者林崇德认为思维品质是思维发生和发展中的个性差异,也可以叫做思维的智力品质。因此,思维品质具有深刻性、敏捷性、批判性和创造性等特征。陈艳君和刘德军指出,思维品质表现为一个人的思维在学习过程中,以辨析、分类、概括、推断、分析等方式呈现并体现其在逻辑性、批判性、创造性等方面的水平和特点。

思维品质包括低层次思维能力和高层次思维能力。低层次思维能力,包括跟读、复述、背诵等记忆类;高层次思维能力,包括批判性思维、创造性思维等。

二、问题与弊端

基础教育,尤其是小学、初中的英语阅读教学中,对学生开展思维品质的培养仍然有待提高。教学中,英语教师更多关注语言知识的传授，语言能力的提高，学习策略的培养。Waters 认为中小学教师通常主要是以教授语法等涉及语言系统的内容，而较少涉及思维的训练。文秋芳与周燕持有近似的看法，他们认为目前的外语教学普遍过分强调语言的交际功能，弱化语言的信息功能和思维功能。陈则航和王蔷通过对中小学英语教学观察，发现不少教师在阅读教学中缺失了重要的一环，既思维的培养。

因此，在当前的中小学英语教学中，把思维品质作为英语课程目标的单独一个维度，既是适应课程改革的需要，也是对英语教学实践的一种引领。因为我们目前过分强调了学生的知识世界，而缺少关注学生的内心世界。

三、实践与案例

在初中英语阅读教学中，笔者一直关注学生思维品质的培养，尝试促进学生思维品质的发展。

1. 通过思维辨别：区分事实与观点

在谈到思维的时候，"推理"是我们在日常生活中使用较多的一个词，它是思维的一个重要的智力维度。阅读教学中，基于获得语言信息的推理无处不在。在推理过程中，信息来源是通过事实、数据或经验支持的。推理的依据与根源是要辨别阅读文本中的事实与观点（facts and opinions），这是培养学生思维品质的基本方式。

在学习上海教育出版社版（以下简称上教版）义务教育教材《英语》8B, Unit 6 *Head to Head* 时，笔者让学生尝试区分哪些是事实，哪些是观点。

首先，让学生明白什么是事实与观点。

opinions: views, what the writer thinks, believes

facts: true statements; true things; that can be seen, can be heard

接下来，从文章中找出一些信息，让学生判断哪些是事实，哪些是观点。

Facts or Opinions?

Keeping a pet makes you happy.

A pet needs food to eat.

A pet needs a bed to sleep on.

Pets have bad smell.

Raising a pet makes a person patient and kind.

Raising a pet costs lots of money.

这个活动也可以改变一下形式，让学生从文本信息中找寻事实（facts）。如在学习上教版 8B *Aliens Arrive* 一文时，有位教师设计了如下的活动：

Find out the facts that Tina and her family are not human beings.

Find out the facts that Tina and her family are similar to human beings.

学生通过散落在文本中的事实，进而推理出文本中的 Tina 与家人竟然不是我们"人类"，同时也通过文本中的各种事实信息的辨别，比较 Tina 和人类的相似之处。

通过在文本中收集、辨别、判断事实与观点的信息，学生会认识到观点通过事实支撑，才会更有说服力。

2. 通过思维发现：培养学生提出问题

"提出问题是批判性思维的重要内容。"在英语课堂教学中，最常见的情形就是教师向学生提出问题，由学生回答，以此引导学生思考，培养学生的思维能力。在笔者的课堂上，我改变了这种方式，阅读教学中，不仅仅有教师的发问，还有学生问、学生答。儿童是天生的好问者，鼓励他们提出好的问题，是思维培养的有效策略。

学生在提出问题的过程中，会对文本进行深入阅读理解，他们可能会提出一些浅层问题，也可能提出一些让老师意想不到的深层问题。提出问题的过程，是一个主动思考，对文本开展反思的过程。

让学生问出恰当的问题，需要经过长时间的训练和培养。为此，我引导学生把问题分为两大类：浅层问题，即一些事实信息类，可以在阅读文本中直接搜索到的信息，它们能帮助学生巩固对文本的理解和认知，这类问题基本属于封闭性问题；还有一类就是深层问题，这是一些基于文本信息，但需要经过思考，给出不同的观点意见或态度的问题，答案往往是非确定性的。这类问题大部分是开放性问题，也有半封闭性问题，属于高层次思维问题。

在明确这两大类问题的基础上，我努力培养学生英语提问的技巧和策略。如帮助学生树立 5W1H 提问法：who, what, where, when, why, how；在此基础上，增加 Do/Does/Did? Is/Are/Was/Were? Will/Can/May 等问题。

下面的问题来源于笔者教完上教版 7B *Electricity* 一文后，学生提出的一些问题(问题未作任何修改)：

①Does anyone want anything? 这个句子的肯定回答是什么？是 Yes, I do 吗？

② The chemicals inside produce electricity. 学生原问：How do chemicals produce electricity?

③在句子 You can't buy electricity in packets like sweets 中，为什么上下文其他句子中是 Daisy 或者 She 而这里不是 She 呢？（附上下文：I was able to trick Daisy at last. You can't buy electricity in packets like sweets! She'll look foolish.）

④为什么在 Can you get me a packet of electricity, please? 中用 a packet of electricity 而 You can't buy electricity in packets... 中用复数？

⑤在 Can you get me a packet of electricity, please? 中能否用 give 替换 get?

学生对文本的思考，是不是让我们刮目相看呢？学生的问题，更能直接呈现出他们的思维特征和方式。

3. 通过思维总结：提高归纳与概括的能力

总结，是以尽可能简洁精炼的语言，一种新的但是有效的方式再次陈述文章的核心内容。通过训练与学习，可以培养学生总结的能力。英语阅读教学中，在对文本和文章理解的基础上，用简洁清晰的语言，归纳概括文章的内容与观点，是一次思维建构的过程。学生在归纳概括中，要对文本准确理解与把握，进而重构语言，才能达成目标。

阅读一本书、一篇文章、一个段落后，我习惯让学生用一两句话归纳书或文章的内容；用不超过几个词的方式归纳段落的大意。一两句话或几个词的归纳方式，需要语言的高度凝练与准确表达，需要学生高超的概括能力。这种语言的凝练与概括，是在对文本的信息综合、分析、比较基础上，运用自己的语言与思维整合而成的。它能训练学生提取语言信息和转换语言结构的能力，提高逻辑思维中的分析和综合能力。

在学完下面这段文字后，笔者让学生用不超过 5 个词的方式总结这一段。

Damin usually sets off in the late afternoon and gets the cormorants ready for work. First, he ties a piece of grass around their necks to stop them from eating big fish. Then when Damin's boat reaches the right place in the river, he pushes them into the river. Damin uses several ways to attract fish. During the day, he jumps up and down on his boat. After dark, he hangs a light on a post at the front of the boat. The cormorants bring the fish back to the boat. The fish are then taken and thrown into a big basket by Damin. No nets are required for this type of fishing.

学生通过关键词 First, then, after dark 等总结归纳出 How Damin Works。也有学生用 How Damin catches fish 总结该段。

总结既可以针对一个段落，也可以是一篇文章，还可以是一本书。阅读过程中的总结无处不在，学生的总结能力培养好了，阅读教学会更轻松、更有效。

4. 通过思维改变：培养积极主动的态度

英语课堂上，经常听到学生说：I don't know, It's too hard。在心理学上，把这样的语言解读为"消极心理语言"。通过英语阅读教学培养学生的积极心理，可以培养他们的思维方式，促进品格发展。这一点，与立德树人的教育理念不谋而合。

龚亚夫提倡把认知思维目标作为基础英语教育的三大目标之一，他认为学生积极的态度与性格也属于一个人的认知思维范围。

背诵作为阅读教学中一种常见的巩固方式为许多教师所运用。实际上，当初中生在接触背诵英语文章时，经常说：太长了，我背不了。我记忆力很差，背不熟。笔者倡导学生换个不同的说法：我们可以尝试，看看自己是否能完成多少，我们是否可以挑战自己的记忆力。这样的效果很明显，一些从未背过英语文章的学生告诉我：没想到我竟然能背熟了！不同的语言背后，是不同的思维方式。这仅仅是一个小小的行为，但背后反映的是学生愿意改变的态度，愿意克服自己害怕的心理。英语学习中，多培养学生积极的思维方式，会有效促进他们的学习兴趣。

（本文获2017年中国教育学会年度论文二等奖，广东省教育学会外语教学专业委员会论文一等奖。原文发表于2016年第9期《教学月刊·中学版》。）

◎ 参考文献

[1] RICHARD PAUL, LINDA ELDER. 批判性思维工具（第三版）[M]. 侯玉波，姜佟琳，译. 北京：机械工业出版社，2013.

[2] RICK WORMELI. 50种教与学的总结技巧[M]. 池春燕，彭坚，译. 北京：中国轻工业出版社，2006.

[3] ROBERT J. STERNBERG, LOUISE SPEAR-SWERLING. 思维教学[M]. 赵海燕，译. 北京：中国轻工业出版社，2008.

［4］陈艳君，刘德军. 基于英语学科核心素养的本土英语教学理论建构研究［J］. 课程·教材·教法，2016（3）：50-57.

［5］龚亚夫. 论基础英语教育的多元目标［J］. 课程·教材·教法，2012（11）：26-34.

［6］龚亚夫. 英语教育新论：多元目标英语课程［M］. 北京：高等教育出版社，2015.

［7］黄远振，兰春寿. 初中英语深层阅读教学模式研究［J］. 中小学外语教学（中学版），2015（2）：11-15.

［8］林崇德. 学习与发展［M］. 北京：北京师范大学出版社，2003.

［9］［英］苏·考利. 教会学生思考（第二版）［M］. 徐卫红，译. 北京：教育科学出版社. 2010

［10］文秋芳，周燕. 述评外语专业学生思维能力的发展［J］. 外语学刊，2006（5）：76-80.

［11］朱武兰. 问题与改进：阅读教学中思维的发展与提升——基于高中语文阅读教学片段的分析［J］. 课程·教材·教法，2016（2）：87-92.

"分组联动，合作学习"在英语课堂中的运用与思考

邹建军

一、引言

小组合作学习是 1970 年代末兴起于美国的一种教学理论与策略。它是按学生的学业成绩、能力水平（活动能力、交往能力、认知能力、学习能力）或个别特点等各种不同因素合理搭配（4~6 人）分为若干个小组，学生在小组或团队中必须完成共同的任务，并以小组总体表现或完成的情况来作为奖励依据。小组合作学习目前受到世界许多国家的欢迎，这种教学理论与策略体系富有创意和实效。近几年，通过不断研究，不断实践，我校摸索出一套行之有效的教学方法——分组联动，合作学习，笔者在教学实践中加以运用，发现小组合作学习能较好地发挥学生的主体作用，让学生在合作学习中乐学会学，各施所长，取得了较好的教学效果。

二、研究方法

（一）研究对象

实验选取笔者所教的两个自然班共 85 人为研究对象，其中实验班 42 人，对照班 43 人，两个班使用同样教材，每周均为 5 个课时的课堂

教学时间。笔者从2012年10月份(初一上学期)的期中考试之后开始在实验班推行小组合作学习,而对照班只是按以往的常态课进行教学。因此可以把初一上学期英语期中考试的成绩作为前测数据输入SPSS系统中进行独立样本的t检验,以确认两个班的学生在实验前的英语学业水平上是否存在差异。从表1和表2的分析结果可以看出,实验班和对照班的平均分分别是49.591分和51.239分,实验班略低于对照班,但差别不大。从表2可以看出t=-0.352,Sig.=0.726,显著性检验的值大于0.05,说明两个班的学生英语水平没有明显差异。

表1　　　　　　　　　　**Group Statistics**

	Class	N	Mean	Std. Deviation	Std. Error Mean
score	E	42	49.591	22.0600	3.3257
	C	43	51.239	21.8657	3.2964

表2　　　　　　　　　　**Independent Samples Test**

		Levene's Test for Equality of Variances		t-test for Equality of Means						
		F	Sig.	t	df	Sig. (2-tailed)	Mean Difference	Std. Error Difference	95% Confidence Interval of the Difference	
									Lower	Upper
Score	Equal variances assumed	0.178	0.675	-0.352	86	0.726	-1.6477	4.6825	-10.9563	7.6609
	Equal variances not assumed			-0.352	85.993	0.726	-1.6477	4.6825	-10.9563	7.6609

(二)测量方法

本次实验采用实验前测、实验后测的成绩作为实验数据,应用

SPSS软件对实验所得数据采用t检验进行显著性分析,探究在初中英语课堂教学中开展小组合作学习对提高学生英语学业水平有无显著作用,并据此得出结论。

三、教学案例

分组之前,对实验班学生的英语学习情况进行全面了解与分析,了解他们英语知识究竟掌握多少,实际运用能力有多高,他们的学习态度、学习习惯、学习方法如何,以满足 Guskey 所提出的小组合作学习所相互依赖(Positive Interdependence)、交互作用(Promotive Interaction)、个体责任(Individual Accountability)、合作技能(Social Skills)和集体加工(Group Processing)的五个基本要素,在此基础上按组间同质、组内异质的原则进行分组,使每个组都有不同层次的学生,各学习小组实力均等。每组推选一名英语水平较高、实际能力较强且有一定组织能力的组员担任组长,起到联络、监督和指导作用。笔者以深圳地区使用的沪教版《英语(七年级下册)》Unit 2 Reading:*France is calling*(Period 2)为例展开说明。

Step 1　Warming-up

在课前,老师先在黑板上画一个表格,写上每个小组的序号、组名和得分,并向学生声明,答对一个问题可得一分,老师会实时记录,课堂结束后得分最高的小组的每个成员将获得一份奖品。课堂以猜谜游戏开始,我让一个小组的4个同学走上讲台,每人发一张纸条,要求用一句话描述"France"(课文主题),其他小组根据他们的描述来猜词。

S1:It is a big country in the world.

S2:It is famous for its wine.

S3:It is in Europe.

S4:People in this country are very romantic.

……

S8:France.

猜谜游戏能够激发学生的好奇心，让学生在轻松愉悦的氛围中较快地进入学习状态，并顺势将对话深入，导入本课的话题。

Step 2　Lead in

T：Yes, you got it. Today we will learn something about France (show the tittle of the text), as we all know France is a big country with many beautiful places such as Eiffel Tower, Champs-Elysees and French Alpse (show corresponding pictures). France is calling, do you want to visit France?

S：Yes.

Step 3　Vocabulary

T：Ok, let's watch a video about France and tell me what can you see in the video?

Play a video Clip about France.

T：Now, tell me what did you see in the video.

S1：Eiffel Tower

S2：Champs-Elysees

S3：French Alpse

S4：Europe

……

单词学习中先让学生观看一部关于课文主题的视频剪切，让学生说出在视频中看到的几处景点(课文要点和生词)，并将它们写在黑板上，让学生齐读，记忆，加深印象，清除阅读障碍。接下来进行小组 PK，当堂检测记忆效果。

T：Have you remembered them?

S：Yes!

T：Ok, let's have a sharp eye game to test it. The Chinese meanings or the pictures of the words on the TV will go very quickly. You should speak it out as soon as possible and I want to two group to PK with each other, and the group who can speak most words will be the winner. Who would like to have a try?

One group raise hands

T: Great, you are very brave, and who like to play against with them?

Another group raise hands

T: Ok, ready? Go.

根据图片或中文说出英文单词，这是最简单不过的问题，但醉翁之意不在酒，这个活动是想借此消除学生的紧张情绪，让学生得到激励和成功体验，在小组合作和竞争中调动参与课堂的积极性。

这是一堂阅读课，文本处理是重头戏，笔者采取分层处理、逐步推进的策略来处理文本。阅读分三步，第一步预读，让学生根据课文图片和标题预测文本内容，第二步是审读，通过略读、查读和细读三小步来加以实施；第三步是课堂的高潮和精彩部分——延伸阅读。三个步骤有不同的教学任务，活动设计由浅入深，前后步骤相辅相成。

Step 4　Pre-reading

Prediction: Show some pictures and the title from the reading passage and ask the students:

①What will you write about in a passage with the title "France is calling"?

②Look at the title and the pictures and guess what the passage is about?

预读中的文本内容和故事情节猜测，没有统一标准，各小组也毫无顾忌，各抒己见。这样做的好处也显而易见，既培养了他们的发散思维和想象能力，又保持了思维的活跃性和连贯性，为各个学生提供使用语言能力的机会，起到共同提升的作用。在学生讨论的过程中，笔者巡视各小组，做好各小组的过程评价及讨论气氛的引导。

Step 5 Reading

(1) Skimming

略读部分指导学生通过对语篇结构和中心句的把握来得出文章大意和段落结构。

a. Get the general idea of the passage: Fill blanks:

This passage is mainly about <u>France</u>. It is a country with many beautiful places, and three places are introduced, they are Paris, the <u>capital</u> of France, the <u>centre</u> of France. There are many vineyard, and it is very famous for its wine, and the <u>south</u> of France, it is very famous for its beautiful beaches. <u>France</u> has something for everyone, so why not visit it this year?

b. Get the structure of the passage: Fill mind-map with the same words above

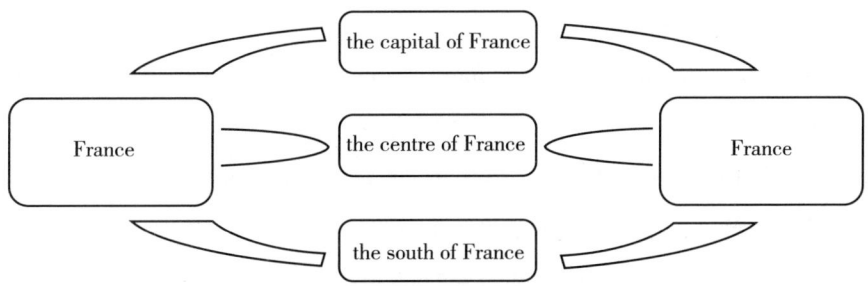

T: Look at this mind-map, can your tell me what is the structure of the text, general- detail, detail- general, or general- detail- general? and which paragraphs are the detailed parts?

S: General- detail- general, paragraph 2, paragraph 3 and paragraph 4 are detailed parts.

(2) Scanning

Look for some detailed information.

T: Ok, to get more details, read paragraph 2 at first, then fill in following table:

About the capital of France			
City name	Paris		
Famous places of interest	the Eiffel Tower		
	the Louvre Museum	see	works of ort
Most famous street	the Chomps-Elysees		shops
			department stores

查读环节中则主要是让学生在掌握文章大意和篇章结构的基础上，进一步要求学生抓住关键信息，对文章进行抽象概括。这是以表格文填空的形式来体现的。学生对文本内容的理解在这个环节得到了进一步巩固和升华。

(3) Careful reading

Read paragraph three and four, discuss and answer the following questions.

①What do French farmers grow in the centre of France?

②What do they use these grapes for?

③What is the south of France famous for?

④Where can tourists go in France for a summer holiday? Where for a winter holiday?

在细读环节，要求学生逐字逐句认真阅读课本，手脑并用，在课文中划出涉及问题的相关内容，寻找依据，组织讨论。在小组讨论阶段，教师参与小组学习，对小组学习的过程作必要的指导、调控。鼓励学生对讨论中产生的想法与结论(无论正确与否)多问为什么，并在学生充分发言的基础上，对他们的答案进行概括、升华，使学生每弄清一个问题时能真正有所得。

Step 6　Post reading: Role-play

Work in pairs, imagine that one of you is a tourist. You want to know about France and visit it this year. Your partner is a travel agent. He will tell something about France. Make up a dialogue to act it out.

在最后一个教学环节,笔者让学生来做主人:设置与课文和学生实际相关的交际情境,让学生分组练习,进行角色扮演,加深对语言形式和意义的理解,从而使"言语技能"到"运用语言进行交际"的发展成为可能。

四、结果与分析

(一)前测与后测的平均分比较

笔者通过这种"分组联动,合作学习"教学实验,在实验后以2014年7月(初二下学期)的期末考试成绩作为后测数据,笔者运用SPSS16.0对两个班级的前后测成绩进行了处理,求出了平均分、标准差和相关系数,来检验实验效果。

表3　　　　　　　实验班与对照班前测与后测统计结果

	均值	人数	标准差	标准误
实验班前测	49.591	42	22.0600	3.3257
实验班后测	55.345	42	21.2441	3.4264
对照班前测	51.239	43	21.8657	3.2964
对照班后测	50.262	43	21.8374	3.1953

表3的数据信息表明,在前测总分100分的情况下,实验班的平均分为49.591,对照班为51.239,对照班略高于实验班。实验班的标准差高于对照班的标准差。实验班的前测均分略低于对照班,但差距不大,总的来说,两班的成绩水平基本一致,符合实验要求。而在后测

中，实验班平均分为 55.345，对照班为 50.262，均值之间出现了较为显著的差异，实验班的成绩均值明显高于对照班。

(二) 前测与后测配对 T 检验结果

表 4　　　　　　　　前测与后测配对 t 检验结果

组别	Paired Differences				t	df	Sig. (2-tailed)
	Mean	Std. Deviation	Std. Error Mean	95% Confidence Interval of the Difference			
实验班前测	49.5915	22.0600	21.8374	±0.578	4.491	42	0.031
实验班后测	5.345	21.2441	3.4264	±0.509			
对照班前测	51.239	21.8657	3.2964	±1.035	0.211	43	0.833
对照班后测	50.262	21.8374	3.1953	±0.968			

实验班成绩在前测和后测经双侧配对 t 检验的结果为 0.031，小于 0.05，说明差异具有显著性意义，实验效果明显。所以此次"分组联动，合作学习"的实践明显提高了学生的学业成绩。对照班在前测和后测经双侧配对 t 检验的结果为 0.833，大于 0.05，差异无显著性意义。

由此可见，实验班学生学业成绩的提高离不开小组活动在课堂上的积极作用，通过进一步分析问卷和访谈，笔者发现：

1. 分组教学能激发学生学习英语的主动性和积极性

以教师为中心的课堂教学模式转变为以学生为中心、以小组为中心的教学模式，使学生成为学习的主体，他们在近似自然的语言环境中运用语言进行交际，从而达到语言学习的目的，形成一种合作学习的精神和意识。小组活动活泼了课堂气氛，是学生较喜爱的教学方式。在小组活动中教师把教学要求转化为学生自己的愿望,给学生提供参与实践的机会,活跃课堂气氛。同时,学生们为了在课堂上更好地掌握知识和有更好的表现,他们在课前、课后就有兴趣去积极准备,大大激发了学习英语的兴趣。在小组成员不断合作交流的过程中,学生逐渐认识到学习是相互的、平等的,既克服了有些优生不愿跟自己差的同学进行操练的心理,又克服了有些后进生怕犯错而不敢用英语进行交际的毛病,从而充分调动了学生学习的主动性和积极性。

2. 分组教学能提高差生的英语成绩,较好地解决两极分化的问题

英语课是语言课,许多知识的掌握和能力的培养不是靠老师教出来的,而是靠学生练出来的,小组活动加快了教学的节奏,加强了训练密度和广度。英语老师可以通过不同的分组方式,有节奏地让学生自主练习,使学习活动成为共同的活动,从而形成优生带差生、差生促优生的良好学风,利于激发学生的内部活力,这样不论学生成绩好与坏,人人都参与,学生在活动中都被一种积极的情感支配,将大大激发参与课堂教学的热情,能逐渐缩小学生之间英语水平的差距。

五、思考与建议

在新课程改革中,小组合作学习是一种重要的教学方式。在各类的公开课上,都能看到开展小组活动的场面。但是在实施的过程中,往往只有形式而无实质,只看重形式而不注重效果,小组合作成为一种装饰。外语教学必须从学生学习外语的实际需要出发,多点灵活性。我们要立足于自己的教学实践和科学实验,走自己的路,并遵循实践、理论、认识、再认识的理论与实践相结合的原则,探讨外语教学的规律。

"分组联动,合作学习"是合作学习理论下的一种灵活、动态的学习方式,它的不定因素很多,因此教师只有对活动内容不断地推陈出新才能使小组活动永远吸引学生。此外,英语教学方法有许多,其他教学方法可以和小组合作学习的模式进行整合,只有把教师的主导作用和学生的主体作用有效地结合起来才能让小组合作发挥最大的效用，为此教师应努力探究，不断提高小组合作学习的实效性。

（本文发表于辽宁省教育厅教科培中心主办的《中小学教学研究》2015年第7期，并获得2015年广东教育学会外语教学专业委员会论文二等奖。）

◎ 参考文献

[1] 关幼影. 小组合作学习的误区[J]. 北京教育研究，2002(2).

[2] 涂英. 初中英语教学中小组合作学习的实践与探讨[D]. 华东师范大学，2010.

[3] 王金龙. 网络环境下合作学习理论概述[J]. 西南科技大学高教研究，2004(4).

[4] 王淑芳. 浅谈英语学习中的合作学习[J]. 中国教育教学论坛，2007，(2).

[5] 文涛. 论有效的课堂小组合作学习[J]. 教育理论与实践，2002(2).

[6] 章兼中. 外语教育学[M]. 杭州：浙江教育出版社，1999.

小学数学创造力课程研究
——在绘本想象中提升学生的创造力

王 纯

新课标指出:"作为促进学生全面发展教育的重要组成部分,数学教育既要使学生掌握现代生活和学习中所需要的数学知识与技能,更要发挥数学在培养人的思维能力和创新能力方面的不可替代的作用。"与这句话相对应的,新课标里还有这样的阐述:"数学在提高人的推理能力、抽象能力、想象力和创造力等方面有着独特的作用。"由此可见,作为人类最古老的文化之一的数学,其在思维能力与创造能力方面的独特学科教育特质。

小学阶段是我们系统学习数学知识的开端,此阶段的数学学习有利于培养学生丰富的数学兴趣,养成良好的学习习惯,发展全面的数学素养,是一个人思维能力与创造能力发展的关键期,我们的数学课堂要为培养孩子们的思维能力与创造能力打下坚实的基础。

学生在学习数学之时,往往会认为数学太过抽象、枯燥、无趣,在这样的学习心理下,学生会认为数学是很难学的科目。作为教师,如果能将数学知识的学习与故事相融合,寓教于乐,为学生提供一种在阅读、观察与思辨过程中学好数学的方法,这就可以充分调动学生的学习积极性与主动性,促使学生创造力的发展。

一、在绘本故事中享受数学学习的过程

儿童生性好动,而故事可以有效地让儿童集中注意力。抓住儿童天

生就喜欢听故事的特点,在数学课堂上以生动的故事将孩子们认为抽象、枯燥、无趣的数学知识呈现给学生,让孩子在轻松愉快的氛围中理解数学,相信那些讨厌数学的学生也会慢慢喜欢上数学,在绘本故事中享受数学学习的过程。

【案例1】在《蜘蛛和糖果店》趣味情境中开启数学学习

①师:今天我要给大家讲一个有趣的故事叫《蜘蛛和糖果店》。

②学生听故事,根据线索预测不同人物喜欢的糖。

师提问:你们同意蜘蛛的猜测吗?从哪里可以看出咪咪喜欢吃棒棒糖?都记录了什么?

③东东来买糖,蜘蛛出示了东东的买糖记录。

师提问:东东来过几次糖果店?买过什么糖?这次他可能会买什么糖?

④洋洋来买糖,蜘蛛出示洋洋的买糖记录。

师提问:洋洋买过几种糖?他怎么来过5次,只买了4种糖?这次可能会买什么糖?

小结:怎样才能猜出以后来的客人可能会喜欢什么糖?

⑤菲菲来到了糖果店,蜘蛛出示菲菲的买糖记录。

师提问:菲菲为什么一次买香蕉口香糖,一次买果冻?你认为菲菲这次买哪种糖的可能性更大?她下次来会买什么糖?

⑥老奶奶来到糖果店,蜘蛛出示老奶奶的买糖记录。

师提问:老奶奶可能会买什么糖?为什么?有其他的可能吗?

小结:我们觉得很有可能的结果,也会发生意外。

在这个绘本中,以蜘蛛猜测顾客来糖果店买什么糖的故事情景为主线,引起孩子听故事的兴趣,让孩子带着"蜘蛛到底有没有这个本领"的疑问或者说是好奇心来听课,有效地将孩子的学习变成了其主动探究的过程。

二、在绘本故事中发现数学之美

数学课堂上以绘本讲数学，有助于辅助数学课堂教学，在绘本故事这种相对"柔软"的方式下，让学生的"具体形象思维"与"抽象的数学知识"之间架起一座桥梁，给孩子传递数学的概念、思维，在绘本故事中发现数学之美。

【案例2】在《乱七八糟的魔女之城》赏图中感悟数学之美

①带着学生一起观察绘本封面。

②听故事，找规律。

王子说："公主殿下，我去了乱七八糟魔女之城后就迷失回来的方向。只有经过北边的规则之城才能到达乱七八糟魔女之城。快用你的智慧和勇气救救我吧。"

……

③找桥上卡片的规律。

④找到墙砖的规律（小组合作）。

《乱七八糟的魔女之城》绘本故事中，王国里的房子和树是按照一定的规律排序的，王国的冰激凌、魔女的头饰也都是按照颜色来进行规律排序的。绘本正是通过这些"有序"才将"乱七八糟"一词凸显出来，让学生深深地感受到了"有规律是美，无规律是乱"这种深邃的思想，在这样的绘本情境中让学生发现与感悟数学之美。

三、在绘本故事中精彩创生

日本松居直先生认为，我们呈现的绘本，只是"绘本的入口"，真正的绘本是孩子阅读时自己创造出来的那一本。在数学绘本故事里，往往会在故事中或者故事结尾有很多可以给人以想象的情节与空间。作为教师，在用绘本教学时，也要善于抓住绘本中的这些资源，在课堂结束时，让学生根据本节课所学的内容与绘本情节，展开绘本续写或者是绘画创作，让学生在绘本故事中精彩创生。

【案例3】 在《有趣的乘法》趣味情境后创作

①师（点击课件）：瞧，大清早，大公鸡大声地叫起来。

公鸡："喔喔喔，喔喔喔，喔喔喔，喔喔喔。"

②师：一只小喜鹊被惊醒了，不高兴了。

小喜鹊说："这么冷的天，谁在叫啊，真烦人。"

喜鹊妈妈说："孩子，该起床啦，公鸡也是为大家好，告诉我们天亮了。其实，他的叫声不但优美动听，还包含了一些有趣的数学知识呢！"

③师：小喜鹊特别喜欢数学，一听妈妈这样说，就不再嚷嚷了。她仔细听了公鸡的叫声，果然有规律，高兴地叫起来。

小喜鹊："我明白了，我明白了，公鸡每次叫3个喔字，一共叫了12个喔字，4×3＝12嘛！我也会。"

④师：小朋友们，你能用五彩的画笔将刚才讲的故事按照自己的想法画下来吗？加油，你一定能行。

在《有趣的乘法》这个案例中，教师利用孩子们喜欢的动物形象与故事情节，将抽象的乘法知识穿插在故事里，能让孩子们在轻松、快乐的情境下学习知识，学生接受信息处理信息的能力显著提升。在故事结尾，再布置一个动手画的实践作业，可以有效地让学生发散思维进行创作。孩子的创作就是这么开始的。

总之，让学生在绘本故事情境中开始数学学习之旅，有效地转变了以严肃面孔呈现在儿童面前的传统数学学习方式，能让孩子们享受数学学习的过程，在绘本中发现数学之美、精彩创生。这极大地提升了学生学习数学的积极性与热情，促使学生创造力得以发展。

浅谈小学数学简约课堂的构建

王 栋

作为"理性化身、思维体操"的数学,其教学过程就是化繁为简,中心就是以简御繁,从内而外地简化以解决生活中不断变化的问题。

"简约"不是简单的压缩和简化,而是一种更深广的丰富,是寓丰富于简单之中。它不仅表达了形式上的简洁和清晰,而且深刻地体现了教学内容、教学方法和思维训练的内容,使之易于理解,使学生能够有更多的时间和空间来构建自我知识体系。著名教师华英龙对这个简单的教学得出结论:这是一个由薄到厚再由厚到薄、由多而少、由繁到简、由浅入深再深入浅出的教学问题,这也是一个返璞归真的过程。简约教学使小学数学课程教学简约而不简单,简化课堂,使教学方法更加生动有效。

一、简明自然的教学目标与教学内容

我们知道,数学教材由于篇幅的限制,往往以精炼、浓缩的编排方式来呈现丰富的数学内容。教师作为教材的开发者、教学的组织者,应尽力发挥自身的主导作用,结合学生的心理规律和认识背景,通过对教材的再加工,将简单、静态、结果性的教材内容,设计成为丰富、生动、过程化的教学内容,让学生在经历数学知识发生、发展、形成的"再创造"活动中,获取广泛的数学活动经验,进而促进自身的发展。

听过这样一节公开课"找最小公倍数",教师在导入时,使用了淘气和笑笑暑假上培训班的情境。淘气每隔三天上一次，笑笑每隔五天上一次，哪天他们两个可以同时去上培训班？此情境对于学生来说有很多疑点，淘气和笑笑从哪天开始上培训班？每隔三天、五天要怎么判断？这样的过程会耗费很长的时间，无疑是将本节课的教学内容复杂化。

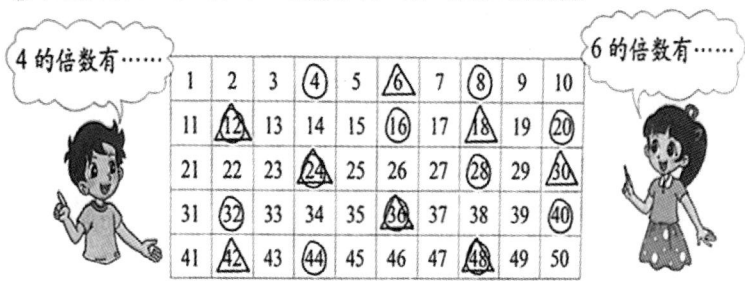

本节课完全可以这样处理，在学生刚刚学了找倍数的基础上，上课时直接让学生圈一圈4、6的倍数，使用教材的内容就可以很自然地过渡到接下来的教学当中。

可见，教学内容的导入应当简洁明了。有很多教师为了让学生对某一知识点的每一个方面都有所了解，绞尽脑汁去搜集许多资料，从而设计出过密的教学环节，让短短40分钟的课堂没有任何主干，没有相对的重点，学生学习效果并不佳。因此，作为教育者我们要用心地去研究教材，并且简化教学内容，做到"少而精"，力求使每一个选材和内容都有其自身的典型性和针对性，从而能在课堂上发挥最大的效益。

二、简化生动的教学过程与教学环节

不管是教学还是学习，本身是一个令人快乐的过程，作为教师我们应当做到寓教于乐，从而让每个学生都在一个快乐的环境中完成他们的课堂学习。数学教育本身是一门理性化的教学，是有一些枯燥的，作为教师在教学过程中，如果不能够改变过去那种一成不变的教学方式，那对于学生的学习和教师自身的教学都会产生不利影响，所以教师在进行课堂教学设计的时候，应当明确每个教学环节的教学内容和教学目标，以促进学生进行相关的学习和探索，进一步掌握课堂的数学知识。

在上《字母表示数》时，我设计了三个教学环节：

魔镜激趣，引入课题。以魔镜为情境，先是让学生观察镜子里的数与原来的数，初步感知数与数之间的关系。接着让学生自己任意输入数字发现镜子里的数与原来的数之间的关系，并让学生体会数字是输不完的，发现可以用字母表示数以及数量关系。同时，让学生互相介绍魔镜的魔法，并通过两种方式的介绍与对比，让学生明白用字母表示数的意义。这种教学方式既活跃了课堂氛围，又激发了学生学习的兴趣。

魔法升级，加强认知。继续施展魔镜的第二个魔法，让学生理解字母不仅可以表示乘法的数量关系，还可以表示加法的数量关系。通过同一个情境，突破本节课的重难点。

联系生活，深化认识。在设计练习时，从学生的需要出发，针对不同学生，我设计了数青蛙游戏、公共汽车上的数学问题等不同类型的习题，使学生能更好地把握学习的重点，灵活运用所学知识解决问题。

公共汽车的速度是平均每时 40 千米。
0.3 时后，它行驶了（12）千米。
t 时后，它行驶了（40×t）千米。

公共汽车上原来有 35 人，到了水库车站下去 x 人，没有人上车。现在车上有（35−x）人

  这样，遵循学生学习数学的认知规律，通过对教材的创造性再加工、再设计，使教学过程和环节变得丰富、生动，更加有利于学生主动进行观察、猜测、推理与交流等数学活动。这种课堂教学环节所进行的简约化，不仅促进学生在课堂知识学习中的积极性，而且提高了学生的学习能力和解决问题的能力。

三、简明易启的教学方式和教学方法

  新课程理念告诉我们，数学教学是数学活动的教学。简明易启的教学方式应结合课堂教学的主要内容和不同学生发展的需要，因材施教，合理、恰当地运用教学方法来促使学生思考，从而提高课堂的教学效果。

  例如，在上《体积与容积》这一课时的教学活动中，我设计了层层深入的三个活动。

体积的认识。使用学生身边的铅笔盒、水杯、颜料盒等资源，使学生认识到物体不仅占有空间，还有大小之分。

比较体积的方法。借助烧杯、番茄、红薯等丰富的材料，组织学生通过小组合作学习，在交流、实验、演示中比较三种不同物体的体积大小。

容积的认识。在理解容器的基础上，引导学生对容积的认识。通过比较两个体积相近的水杯哪个盛的水多，引导学生思考盛水的多少关键看什么，体会容器内部空间大，容纳的水才会多，感知具体概念。然后通过研究可乐瓶标识的"净含量550ml"的意义，理解所能容纳就是最多能容纳，然后通过直观演示的方法，让学生知道什么是容积。

三个活动中，我力图通过实物引入、实物操作、实物实验，引导学生通过观察、操作，手、眼、脑、口并用，运用多种感官参与学习，丰富学生的感性认识，建立有关体积和容积的正确表象，从而切实掌握所学知识，并在活动中发展学生的空间观念。

在数学课堂上如何有效地引导学生有目的并且有计划地学习知识就是简约课堂所追求的重点。学生是课堂的主体，要想提高课堂教学的效果，我们就必须采取多种办法让学生处于"热爱学习、同伴互助、积极探索"的氛围中。简约课堂要的就是每一个学生"少教多学、少听多思"，而不光只是作为一个观看者。

因此，在构建简约化的课堂过程中，我们采用简约的教学方式，精简课堂教学内容，把数学的严谨和理性的学科魅力展现给学生，提高学生对数学的学习兴趣和热情，优化小学数学简约教学模式，促进小学数学教学的全面发展。这就要充分发挥教师的教学智慧，努力把课堂设计成动态性的数学活动，这也是新课程对新型教师的根本要求。

如何利用课堂提升学生的语文核心素养

李秀梅

从牙牙学语，到垂垂暮老，语文陪伴着每一个人。但是，每个人的语文素养，却相去甚远，甚至不能同日而语。小学语文课堂，对一个人语文素养的培养至关重要。

《全日制义务教育课程标准》指出："一个人的语文素养包括他的语文能力、语文积累、语文知识、学习方法和习惯以及认识能力和人文素养……"语文素养涵盖的面很广，不能仅仅靠几节语文课一蹴而就！那我们语文课堂的重中之重是什么？

——是语文核心素养的培养！

核心素养，是指每个学生必须具备的，对个人终身发展和社会发展非常重要的各种能力，如阅读能力、思维能力、表达能力、写作能力、鉴赏能力，也包括学生的个人修养、人文情怀、社会责任感……语文老师要利用好语文课堂这个主阵地，培养发展学生的核心素养。

一、培养学生未来发展的关键能力

1. 培养阅读感悟能力

好的文章必然有精美的语言。精美的语言往往选词讲究，内涵丰富，感情真挚，想象力奇特，能够发人深思。一个成功的老师，不是把这一切的美讲给学生听，而应该是引领学生去理解、体会、品味、想象、感悟……美的东西在心中生根发芽，必然散发出无穷的魔力，让学生变得聪明、灵动，领悟力变强，阅读能力自然提高。

有些文章就适合这样美美地读，美美地悟，美美地想……

"曲曲折折的荷塘上面，弥望的是田田的叶子。叶子出水很高，像亭亭的舞女的裙；层层的叶子中间，零星地点缀着些白花，有袅娜地开着的，有羞涩地打着朵儿的……"闭上眼，一幅超脱尘世的《荷塘月色图》浮现脑海。这样的课文很多，如《秋天的雨》《美丽的小兴安岭》《匆匆》等等。

2. 提高口头表达能力

"出口成章"是我们对口才好的人的溢美之词，游说六国的苏秦，舌战群儒的诸葛亮，自古便备受推崇。美国总统的竞选也让我们看到了"口才"的魅力。但是，我们也经常看到职场上笨嘴拙舌的应聘者，不能把内心的想法准确表达出来。敢于表达、善于表达，这也是我们语文核心素养的重要组成部分。充分利用每单元的口语交际训练说话的技巧，每节课都要设计一些巧妙的问题让学生说得完整，说得精彩，说出自信，说出智慧。

3. 拥有分析鉴赏能力

每个孩子的大脑都要经历从具体形象思维向抽象逻辑思维的过渡，语文课堂是促进这种转变的重要阵地。每一篇文章都有触发学生思维火花的训练点，称职的老师就要从课文中挖掘这些点，设计出精妙的问题，点燃学生思维的火花，让课堂绽放出灿烂的智慧之光。

如学习《金色的草地》一文，老师可以抓住"多么可爱的草地！多么有趣的蒲公英！"一句，让学生把握全文内容，想象草地的可爱、蒲公英的有趣，体会比喻、拟人、设问等修辞的妙用，还可以从写作角度了解中心句的用处。一个问题便涵盖全文内容，让学生在听说读写中培养出分析鉴赏能力。

语文课堂要培养学生独立思考的习惯，能找出优美的词句，体会语言文字运用之美；能发现各种修辞手法，品味景之妙，情之浓；能嗅到作者在文中透出的气息，让文气与自己情感相融合，领悟文章传达出来的人文内涵。总之，借助课文，可以提升我们语文核心素养的厚度与广度。

4. 具备观察写作能力

初学写作，每个孩子都会心生畏惧，如果老师不能帮助学生将这种畏惧感尽快消灭，学生就会丧失对作文的兴趣。如何让学生作文有话可说？如何让学生乐于拿起笔来记录生活？如何借助语文课堂让学生的写作素材变得丰富多彩？

有人说好作文不是老师教出来的，但是，我认为，一个优秀的语文老师能引导学生学会观察自然、观察身边形形色色的人物、观察生活；能帮助学生发掘大脑中有趣的、感人的、值得反思的种种记忆；能教会学生恰当地运用各种写作的手法，完成一篇篇得意之作。一堂堂语文课如"润物细无声"般滋润，何愁学生的写作能力不悄悄生根发芽？一个优秀的老师能让学生爱上写作文。

《奇怪的大石头》一文，故事情节简单，学生一读就懂，词句也无特别精彩之处可品，但是这篇文章却是"我的发现"类作文的优秀范文。这堂课就可以变成一节作文指导课。

利用语文课学会观察生活，记录生活，思考生活，学会各种写作手法，学会表现生命中的精彩，当所见、所做、所想、所感都可以变成作文，写作也便成了一件快乐的事。

二、借助语文课堂，提升学生的个人修养

我们是人类美好品德的传承者，是社会人文精神的传播者。诚实守信、尊老爱幼、勇敢顽强、勤劳善良……语文课不是思品课，但是透过一篇篇文辞兼美的文章，我们能让学生体会到人类最美的情感，这些美

好的情感会浸润学生心灵，让每一颗心更纯洁、细腻、柔软。"劝君更尽一杯酒，西出阳关无故人"中依依难舍的友情，《我不能失信》中"信守承诺"的纯真之情，《奇怪的大石头》里勤于思考、坚持探究的科学精神……会引起学生修养的提升。

语文课堂可以熏陶、浸润、感染学生，人类美好的情操在不知不觉中烙刻在学生的骨子里，成为他们终生恪守的品德，五千年的人类文明在这里生根传承。

三、借助语文课堂，激发创新精神

在创新精神深入人心的今天，作为老师，我们的课堂要别具一格，要敢于尝试。当然，我们不能仅仅着眼于课堂创新，更要放开视野，大胆创新语文课程。毕竟，仅仅依靠几册语文课本，是很难提升学生的语文核心素养的。

课外阅读、群文阅读、单元主题阅读……先行者们在积极地不断地探索，各种创新的课堂精彩纷呈，质疑的声音挡不住创新者的步伐。"路是人走出来的"，磕磕绊绊，但充满希望。本学期，我们紧跟区教研室的步伐，大胆尝试"单元主题教学"，课内、课外双管齐下，虽然在备课的环节会花更多时间，耗更多精力，但是，创新总能带给人惊喜。

"身教胜过言传"，老师的创新精神是培养学生创新精神的最佳教材。摒弃陈旧的教学思想，把最新的教学理念引进课堂，老师的智慧必定会让课堂熠熠生辉，富有创新精神的老师必定能培养出富有创新精神的学生。

三尺讲台，地方不大，意义深远！每位老师终其一生在这里耕耘，但愿从我们的课堂走出去的每个孩子都具有深厚的语文素养。

核心素养视野下的小学语文作文教学

隆拾梅

在日益重视学生核心素养发展的今天，语文教学还能像以前那样教吗？传统的作文教学还能否适应时代的发展？陶行知先生曾经说过："千教万教教人求真，千学万学学做真人"，里面的"真"就是"真知、真本领、真道德"，这与我们所提倡的核心素养的六大方面：人文底蕴、科学精神、学会学习、健康生活、责任担当、实践创新不谋而合。真理总是经得起时间考验的，我们语文教学中的作文教学既要着眼于学科本质即人文性和工具性的统一，又要从本质出发重视培养学生的核心素养。

一、追根溯源，回归本质，正确认识作文教学

写作，一个涉及复杂的认知活动的过程，写作过程中涉及许多相互影响、相互作用的活动，例如：材料的提取、重组、写作、修改等。因此作文教学不能仅仅只关注学生纸上的文字，而应从整个写作过程进行指导，重视日常积累，让学生有话可说，有内容可写，有感想可发。语文课程标准指出积累主要来源于两个方面：课内外阅读和生活实际。

（一）重视阅读

"读书破万卷，下笔如有神"，教书不仅要重教更要重视学生的"读"。语文字词句篇的积累是建造写作这座大厦的根基，但单纯靠语

文课本上的知识是远远不够的，因此我们要让学生走进书的海洋，沐浴人类的智慧，养成阅读的习惯，爱上阅读。我们可以课文为中心开展同主题的课外书阅读或者作者的系列作品阅读，也可以给学生充分的自由，让学生选择自己喜欢的书读再进行引导或者根据学生的兴趣推荐适合他们阅读的书籍、报纸杂志，将其带进教室，师生来共读一本书。只有具备了一定的阅读量才能让学生厚积薄发，进而使学生的人文底蕴进一步得到提高。

(二)联系实际

生活中点点滴滴的小事情都可以成为我们写作的素材，因此我们要引导学生去观察生活，体验生活，感悟生活。鼓励学生以自己的思维触角对外界予以深切的关注和体验，使学生写出的文字饱含自己的生命情思和独特的韵味。如每当传统节日到来之时，让学生跟随家长走出家门、走进社会去了解节日起源，感受节日风俗，体会传统风俗，然后撰写成文。写景作文时，直接带着学生走出教室，来到校园里，让他们亲身感受周围的美景，甚至还可以带领学生一起唱起应景的歌曲，吟诵相应的诗歌，这样一个短暂的旅途既可以给学生带来真实的经历，又可以带来美的享受，使学生"我手写我心"，笔端不自觉地流淌出美的思想、美的文字、美的旋律。

二、创设氛围，激发写作兴趣

学生害怕写作文、不愿意写作文，究其原因就是因为缺乏兴趣。兴趣是推动学生学习和进步的内驱力，只有学生的学习兴趣得到了有效的激发，才能使他们产生想写作的欲望，使他们的写作能力得到提升。

(一)及时鼓励

传统的作文教学缺少对学生个性、品质、思想的培养，对学生的内在思想重视不够，对学生个性成长过程中需要的心理体验重视不够，一旦学生在某一篇作文中提出自己独特的想法总是会被老师否定,长期得不到肯定的情况下必然会使学生丧失表达自己想法的意愿。因此教学过程中要及时肯定和鼓励学生偶尔迸发出来的个性想法。

(二)寓教于乐

好动爱玩是孩子的天性。作文教学如果单纯给学生讲解写作的格式、套路势必会让学生觉得枯燥乏味,自然提不起兴趣。我们要将作文教学从传统的"你说我听"中解放出来,关注学生认知水平,多创设一些生动有趣、富有想象力的游戏和活动,来提高学生课堂的参与度,让学生在参与的过程中学习作文,让学生在游戏的过程中领悟。如学习细节描写,可以在课堂上设计"哑剧对对碰"的活动,让学生仅通过动作和表情来表演指定的故事,其他观看者通过自己的语言把观察到的东西描述出来。

三、培养创新写作能力

教学评价是教学过程中的重要环节,传统的作文教学评价内容和方法都较为单一,几乎都是学生写完作文然后统一由教师来进行评改打分。我们需要让学生参与到评价中来。如我们可以举办一场作文展览会,把每一位学生的习作展览出来,让学生来做评委,将他们的想法和感受写下来并贴在相应的作文旁,然后再开展一场交流会听取各种反馈。这样在倾听他人的意见和表达自己思想的过程中擦出智慧的火花,进而提高了自己的独立思维能力。

写作是学生核心素养的综合体现。教师应正确认识写作教学的本质,积极创新教学方法,将写作教学与核心素养紧密联系起来,在培养学生写作能力的同时提高学生的核心素养和综合能力。

数学思想在数学学习与
人才培养中的功能研究

姬梁飞

一、人的全面发展学说与数学教育

马克思在《1844年经济学哲学手稿》中最早提出了人的全面发展学说，1867年《资本论》的诞生使得人的全面发展学说趋于成熟。人的全面发展学说对我国教育思想影响很大，我国教育方针的制定、教育理论基础及素质教育理论的渊源均来自人的全面发展学说成果。马克思在《资本论》中阐述了人的充分、和谐、自由、全面发展，其中包括了人的素质、能力、交往、需求、社会活动等整体的发展。他强调：人的发展不是片面的，人在个性与社会性以及智慧与体能等方面都需得到充分、自由、普遍的发展。马克思关于人的本性与教育所持的观点是：要改变一般人的本性，使之获得一定的技能和技巧，成为发达的和专门的劳动力，就要有一定的教育或训练。马克思认为：人的全面发展是社会活动的主要目标，同时社会的进步也推动着人的全面发展。我国正积极创造人的全面发展的现实条件，而且教育活动的宗旨就是促进人的全面发展。改造不合理的教育活动与教育体制，深化素质教育思想，这是当前教育健康发展的诉求。在推进人的全面发展的过程中，数学教育改革举足轻重。数学教育是培养国家建设性人才的重要途径，是传承人类数学文明的主要渠道。其中，数学思想和方法是关于数学知识及规律的理性认识，具有高度的抽象性与概括性，源于人类对数学知识和规律的提炼与升华，经过反复验证，证明其具有正确性，具有应用的可操作性与普遍性等特征。它是在数学发展过程中积淀下来的宝贵财富，是人类解决繁杂问题、协调与优化各种社会关系的一种工具。

二、数学价值取向是教育改革的一个重要方向

为了贯彻《中共中央国务院关于深化教育改革全面推进素质教育的决定》的指导精神，2001年6月，教育部印发了《基础教育课程改革纲要(试行)》。该文件的宗旨是转变教与学的方式，推进基础教育课程改革，构建素质教育所要求的新教育课程体系。它是21世纪以来为了促进人的全面发展，我国针对基础教育课程改革而印发的第一份指导性文件。该文件还提出：要关注学生的兴趣和经验，改变课程实施过程中过于机械训练、死记硬背的现状，倡导学生乐于参与、主动参与。2010年6月，中央政治局审议通过了《国家中长期教育改革和发展规划纲要(2010—2020年)》。该文件指出：衡量教育质量的根本标准是促进人的全面发展和适应社会需要。教育改革发展的战略主题是坚持以人为本、全面实施素质教育。自中华人民共和国成立以来我国已进行了八次课程改革，其中第八次课程改革的理论基础是20世纪80年代美国加德纳所创立的多元智能理论和建构主义学习理论。新课程改革强调：教师要转变角色，教师是促进学生学习的引导者、课程建设的研发者、教育教学的研究者、学生活动的参与者、社区教育的合作者。因此，积极探索教育改革新背景下高中数学课堂教学的新方式是一件刻不容缓的事情。教师应了解每一位学生的兴趣爱好、学习能力等，从而确定最利于学生学习的教学方法与策略。数学价值包括工具价值、艺术价值、思维价值以及创新价值。数学价值就是用数学语言和数学思想方法，通过近似、抽象、替代、建模等方式，把现实世界中错综复杂的问题转化为合理的数学结构，采用数学理论方法来优化参数，从而达到预期目标。同时，数学思想也是人类探索新知的先导，在人类文明发展进程中，自然科学、社会科学等领域的许多重要理论就源于或鉴于数学思想，所以，数学价值取向是教育改革的一个重要方向。

三、数学思想在数学学习中的作用

1. 最近发展区与支架式教学

苏联教育家维果斯基将人的发展水平分为两种：一种是目前已有的水平，另一种是潜在的或者即将要达到的水平。这两种水平之间的差异便是维果斯基所提出的最近发展区。这个理论的重要意义在于，学生在完全掌握某些知识技能的基础上可以通过跨越最近发展区并最终实现更高水平的发展。作为教育者，不能仅仅看到学生的已有水平，更应该重视学生在发展过程中或处于形成阶段的发展水平。因为学生是学习的主体，他们的身心正处于迅速发展阶段，是一群具有能动性与创造力的教育对象。因此，教育者要根据学生这一时期的发展状态（可塑性或可能性），为他们创造发展的条件。学生潜在的发展水平只有在一定条件与环境的作用下才能最终转变为现实。同时，最近发展区不仅指已经形成的发展水平与即将要达到的水平之间的区域，而且其对后者的发展水平有着重要的制约作用。在数学学习中，数学思想和方法便是学生跨越那些仍处于形成状态或正处于发展水平的一座桥梁。它是连接两种水平的一根纽带，是提升学生系统发展与心理水平的一个阶梯，是打破学生学习屏障的一把利器。维果斯基还提出了支架式教学，他把学生的知识体系看做一座建筑物，把学生不断积累知识的过程看做构建这座建筑物的过程，把教学看做这座建筑物搭建过程中不可或缺的脚手架。因此，良好的教学能帮助学生构建知识体系，增长他们的能力，而"脚手架"的搭建则需要根据学生的最近发展区来确定。

2. 建构主义学习理论

建构主义学习理论强调知识学习的动态性，知识的获取是在一定情景下借助一定途径不断进行建构的过程。知识体系的形成是不断学习、建构的过程，并不是通过简单地输入、储存、提取或者机械地积累就能达到的。所以，在数学学习中，学生已有的知识经验、能力水平、心理结构都会影响知识体系的构建，如何在新旧知识的转换、概括、分类、整合过程中形成真正的知识才是教师需要关注的重点。

3. 认知—结构学习理论

认知—结构学习理论是由美国著名教育心理学家布鲁纳提出的。他认为，学习的过程包括获得、转化、评价三个环节，学习的目的是通过发现学习的方式来达成的。根据布鲁纳的学习理论，在数学学习中有一个非常重要的环节，即将数学这门学科本身的基本结构按照学生的心理结构转换成学生脑海中的认知结构。布鲁纳认为："不论我们选教什么学科，务必使学生理解该学科的基本结构。"这是在运用知识方面的最低要求，这样才有助于学生解决课外问题和在课内训练中遇到的问题。依据数学学科的本身特点，它的知识、技能、方法等体系及结构是由一系列的基本数学概念、基本数学原理和基本数学思想方法编织、连接而成的。因此，教育者务必深刻地研究数学学科的知识结构和基本框架，理解某一学段中的课程结构，只有这样才能有的放矢地构建学生的数学认知结构。教育者还要在教学中结合学生的心理特点、已有知识水平、学习基本思路等特征，积极主动地帮助学生构建其认知结构。构建学生的数学认知结构是数学课堂教学的重心。依据数学学科特点与学生心理结构，教师可以采用发展性课堂教学方式，利用动机原则、程序原则、强化原则、结构原则等组织自己的日常教学活动。学生只有把所学的知识和技能进行内化或再创造，才能将新知识融入自己的认知结构中，并最终完全理解它，这个阶段的学习过程是最有效率的。数学知识体系具备一种结构化的特征，而这种特征又恰巧与人的结构化认知活动相吻合。换句话说，在人类发展过程中，人类逐渐形成的认知活动呈现出一种结构化特征，人类创造的数学概念体系、知识体系也呈现出这种结构化特征。人类在进化过程中创造了数学这门学科，所以数学本身的知识系统结构就先天地与人的认知结构特征相吻合。这种巧妙的吻合使得结构化思想在数学教学过程中的推行和渗透成为可能。从事基础教育改革研究多年的教育专家叶澜教授认为："基础教育教学策略的诸多特征中最为根本的特征便是'学结构、用结构'。"

4. 奥苏贝尔的有意义学习理论

美国著名认知教育心理学家奥苏贝尔提出了有意义学习理论。他认为："学习是由一系列的符号所代表的新知识通过与学习者头脑中已有的恰当的观念、概念、知识等因素建立起的一种实质的或非人为的联系。"在数学学习中，只有深刻理解数学的精髓和思想，才能有效辨别新旧知识的结构性，才能结合已有知识的固定点来提供新知识的增长点，才能够有较高的概括总结与分类整合的能力，才能清晰地将新知识的结构、新学习的任务与头脑中的原有概念、知识有机地且系统地融合起来。这个过程不仅是理解新旧知识的过程，也是学习者的一种自觉、自主、有选择的学习过程。这个过程不但给学习者提供了学习的条件、手段，而且也增添了学习乐趣，增长了学习者的创造力，促进了学习者的自由成长。

5. 学习迁移理论

从学习迁移理论概念的提出到理论的完善，许多心理学家都付出了大量心血，如沃尔夫、桑代克、贾德等。他们认为："习得的知识经验会对学习其他知识或完成活动有着一定的影响，一种学习会对另外一种学习产生影响。"上文归结了五种高中数学学习的相关理论，这些理论都可以应用到数学教学过程中，它们对数学知识和技能的学习、行为规范以及态度的培养都有着重大意义。在数学中习得的一般原理、思想方法、策略技能、情感态度、价值观等都会对将来的学习或问题的处理产生重要影响。如果把数学中的一般原理、数学方法、策略技能、情感态度等加以内化、重组、创造，并运用到学习过程和处理问题中，那才是真正的、有意义的数学教育。数学思想是数学学习过程中的"骨骼"系统，在学生搭建知识体系的过程中尤为重要。

四、数学思想对人才培养的功能意义

拿破仑说："一个国家只有数学蓬勃发展，才能展现它国力的强大。数学的发展和至善和国家繁荣昌盛密切相关。"我国高考既是对高中生三年学业水平的一次测试，也是高中生进入大学的一个资格体现，更是一种公平、公正的人才选拔性考试。国家教育方针的制定、教育目标的确立、教育改革政策的实施都关乎国运，既关系到国民素质的全面提高，又承担着教育的百年大计，更寄托着亿万家庭对未来的美好期盼。因此，每年的高考命题都承载着重大的教育使命。高考是一种选拔人才的考试，又直接影响着民族的伟大复兴，是关系到一个国家能否迈进人力资源强国的不可忽略的因素。数学作为高考必考科目之一，自然也肩负着重大使命，数学思想对国家人才的培养具有重大意义。

1. 关于思想层面的分析

从思想层面上分析，数学思想对人的发展及数学教育有着积极意义。毋庸置疑，人的发展在很大程度上要靠教育，教育是促进、激发、培育人全面发展的一个重要途径。因此，数学教育在人的全面发展过程中占有极其重要的地位，提高人的数学素养是数学教育的核心价值，若要提高人的综合素质，那么培养人熟练地掌握数学思想方法就是一个很好的途径与渠道。2015年3月5日，国务院总理李克强在十二届全国人大第三次会议上提出了"大道至简，有权不可任性"，他又在2015年5月6日的国务院常务会议上进一步阐释："中国历史上，但凡一个时代的政治比较'简'，让老百姓休养生息，就会被后世称为'盛世'。而中国历史上的若干次重大改革，其主线都是'删繁就简'。"李克强总理的话很容易理解。李克强总理的施政理念如何落到实处，怎样细化到日常的具体事务中，这不仅是一个"理会"的话题，更是一个令人深思的"践行"问题。与此同时，数学是一门研究现实世界形式与数量关系的学科，它是协调社会现实生活中诸多关系以及处理各种具体事务过程中的一个不可替代的基本工具，其数学思想方法具备了"以简驭繁"的特质。从这方面来讲，李克强总理"删繁就简"的施政理念与数学思想"以简驭繁"的实践特质有着天然关联，它们既是不谋而合的思想碰撞，又是相互印证的完美组合。掌握数学思想方法，能够提高学生的认识能力，促进人的智力开发，引导人正确地认识人与自然、人与人以及人与社会之间的关系。在数学学习中向学生渗透与传导数学思想方法，能够增强学生驾驭知识的能力，提升分析与解决问题的本领。在人的思想层面上，数学思想方法能够健全、发展人的精神力量，促使人清醒地认识事物本质，学会用全面、严谨和辩证的眼光观察事物，有效防止思维的僵化性、片面性、静止性以及孤立性。譬如，分类讨论思想能培养人多视角地思考问题与解决问题，提升人的理性精神和反思能力，避免思维上的"一刀切"，促进人辩证地看待问题。数学建模思想是把现实问题转化为数学问题的一种思维方式，用数学思维来构造模型，既培养了人的直觉思维与想象能力，又提升了人的创造能力。拥有深厚文化底蕴的西方国家，那些有成就的思想家、哲学家和科学家都是理性人的化身。数学思想方法蕴含着理性的价值观，它是理性人的标配，它代表了数学本身的"普世价值"，更象征着民族气象，映射出一个国家在现代文明中能走多远。所以，数学思想的本质特征是发展人的精神力量，它是促进人类文明发展的一个重要渠道，而且发展人的精神力量也是现代化数学教育的最终使命，是学习数学的意义所在。

2. 关于技术层面的分析

从技术层面分析，数学思想方法对推动教育事业发展有着举足轻重的作用。数学知识是通过系统的符号、规则、思想方法等手段来认识、描述与解释客观世界和人类思维活动的。在描述与解释客观世界的过程中,最根本的办法就是掌握数学结构本身的性质、变化规律及数学思想方法。改变课程评价过分强调甄别与选拔的功能,发挥评价促进学生发展、教师提高和改进教学实践的功能。华罗庚曾说:"一种好的数学方法、概念,往往比单纯地解决数学问题本身要重要得多。"譬如,数学运筹论的优化方法,《史记》中记载了"田忌赛马"的故事,原本齐王的马匹在每个同等次马匹中的奔跑速度均高于田忌的马匹。然而就是在这样的优势下,齐王反而输掉了比赛,这就是运筹论优化方法的高明之处。因此,数学思想方法在推动教育事业发展、培养学生数学素养等方面具有重要作用:一方面,在学习数学知识和技能中能促进学生系统化地吸收,深化知识和技能,完成对知识技能的再生产;促使学生对知识有怀疑精神,推动研究性学习功能的发挥,提升学生数学学习的自学能力。另一方面,数学思想方法在培养数学素养过程中,首先,培养了学生的观察能力,数学思想能有效促进学生挖掘事件、发现潜在问题以及寻找解决问题的突破口;其次,提高了学生的分析能力,数学思想能够帮助学生及时转换思维,多角度、多层面地看待问题,将复杂的问题分割成若干个简单易行的问题,各个击破;再次,培养了学生的判断能力,有效防止思维的僵化,使学生用发展、运动和辩证的眼光来判断问题,通过转化或讨论来全面地看待问题,而不是"以偏概全";最后,培养了学生的表达能力,数学语言是全世界通用的一种特殊语言,它有别于生活中的自然语言,具有符号性、规范性、演算性及单义性的特点。学习数学思想方法,可以使学生恰当地运用数学语言来准确地表达与描述自己的思维活动,这也是培养学生数学交流能力的一种有效手段。

综上所述,数学思想是关于数学知识、数学方法及数学规律的本质认识,它涉及自然科学和社会科学等领域,对提升人的推理判断能力和解决问题的综合能力都有着不可或缺的作用。数学思想方法能够有效培养学生的思维,使之具有条理性、缜密性与严谨性。数学思想对于思维的逻辑严密性有较强要求,有助于提升人们的分析问题能力与思辨能力。不论是一般的科技工作者，还是高级的经营管理者、决策者，学习数学思想方法都是很有必要的，它是一个人数学能力与数学底蕴的内置，是一种普遍适用的并赋予人以能力的核心素养。

（作者为"义务教育阶段学校立德树人课程建设的研究"子课题主持人，华中科技大学在读博士，原文发表于《中学课程资源》2018年1期）

◎ 参考文献

[1] 中共中央马克思恩格斯列宁斯大林著作编译局. 马克思恩格斯选集（第一卷）[M]. 北京：人民出版社，1995.

[2] 中华人民共和国教育部. 基础教育课程改革纲要（试行）[EB/OL].（2001-06-08）[2017-05-12]. http：//www. moe. edu. cn/moe_879/moe_175/moe_364/ moe_302/moe_309/tnull_4672. html.

[3] 钟启泉，崔允漷，张华.《基础教育课程改革纲要（试行）》解读[M]. 上海：华东师范大学出版社，2001.

[4] 杰罗姆·布鲁纳. 布鲁纳教育文化观[M]. 宋文理，译. 北京：首都师范大学出版社，2011.

基于核心素养的单元主题阅读教学

张 晶

在传统语文教学中，教师常常以单篇课文为单位开展阅读教学，这样的教学容易忽视一个单元中几篇文章之间的内在关联，缺乏整体性，而单元主题阅读就能较好地解决这一问题。

单元主题阅读是指以一个单元作为语文教学的基本单位，从整体出发，统筹安排，以一篇或两篇带动整个单元教学，把讲读、自读、练习、写作、考查等环节有机地灵活地结合起来，形成一个不可分割的教学整体。它在教学活动中充分体现以学生为主体，展示学生是学习和发展的主体，引导学生自主学习，自主探究，主动发展，注重能力的培养，特别有助于提升学生的语文核心素养。

需要着重指出的是，人教版语文教材在编写过程中每个单元都有一个人文主题，例如五年级上册第一单元的主题是"我爱阅读"，第二单元的主题是"思念故乡"。但是我们所说的"单元主题阅读"中的"主题"有别于人教版教材中的人文主题，这里所说的"主题"，是指教师在进行细致的文本解读后，统整每个单元的教材，紧扣单元训练点把相关知识连成一条教学线索，使单元能整体运转。这里的"主题"直接指向学生的能力训练，具体来说分为三类：一是指向阅读策略，二是指向表达，三是指向欣赏，后文还将对此进行具体论述。厘清了单元"主题"，我们将具体谈谈应该如何进行单元主题阅读教学。

一、单元整体预习

单元整体预习是学生学习整个单元的基础，也是教师进行单元整体教学的前提。单元整体预习根据学生的学习情况可以放在课前，也可以放在课上。为了有效推进单元整体预习，学生在课前要充分自读文本，并对本单元的内容进行梳理。可以让学生自己绘制思维导图来梳理一个单元的主要内容，不过在思维导图绘制中，应提醒学生注意把绘制重心放在文字部分，图画只是辅助手段。也可以由教师设计单元导学案，用表格的方式来呈现，让学生在课前完成。

二、单元导读

单元导读是对一个单元的整体感知，一般要达到读通课文、学习生字新词、了解文章主要内容、理清文章脉络线索等要求。

在学生课前已经预习并充分读了文本的前提下，可以进行单元整体识字，按照课前检测——疑难点拨——认难点词——再检测——书写生词——理解词义这几个环节进行。值得一提的是，字不离词，词不离句，识字教学永远不能脱离原有的语言环境。单元导读课中的集中识字并不意味着学生字词学习的结束，字词的学习应该是贯穿在整个单元阅读教学之中的，比如随文继续识字词、解词义，整个单元学习完毕之后，还可以再检测巩固字词等。

扫清了字词的障碍，就可以集中展示学生的思维导图或单元导学案了。教师在点评优秀思维导图或导学案的同时，也就在带领学生进一步梳理课文脉络，把握整个单元每篇文章的主要内容了。点评结束后，学生可参考优秀范例，对自己的思维导图或导学案进行修改。与此同时，教师还可以指导学生课后收集相关资料，如作者的生平事迹、文章的写作背景等，为单元主题学习作好准备。

三、单元文本阅读

统整单元教材，围绕一个核心问题展开文本阅读学习是开展单元主题阅读的关键，这个核心问题就是上文所说的单元主题阅读议题，可以指向阅读策略、指向表达，或指向欣赏，以下将分别论述。

(一) 指向阅读策略

蒋军晶老师在《指向阅读策略的阅读教学》一文中指出，阅读策略包括预测与推论、连接、视觉化、自我监测、问问题、整合资讯、启动先备知识等。我们可以根据不同单元的文章本身的特点，选择不同的策略进行单元主题阅读教学。

例如四年级下册第六单元包含《触摸春天》《永生的眼睛》《生命 生命》《花的勇气》四篇文章，每篇文章作者都是先讲故事，再从故事中获得生命的启示，于是我们就可以把本单元的阅读议题定为建立故事和道理之间的联系，即你是如何透过故事发现故事背后的启示。再如五年级上册第二单元包括《古诗词三首》《梅花魂》《桂花雨》《小桥流水人》四篇文章，每篇文章中作者都抒发了浓浓的思乡之情，抒情性的特点比较突出，因而我们就可以抓住这一点来整合四篇文章，把阅读议题设计为你发现作者在文章中表达了怎样的情感，你是透过哪些词语、句子发现的，并解释说明。

(二) 指向表达

教学一篇文章，要弄清它"写什么"，更要了解是"怎样写"的，也可以探讨"为什么写"。而"怎样写"就涉及作者的表达方式、写作手法了。我们以四年级上册第四单元的课文为例来说明，本单元包括《白鹅》《白公鹅》《猫》和《母鸡》四篇文章，同样是写动物，但由于观察角度不同，心理体验不同，作者运用的表达方法也就不同，《白鹅》《白公鹅》当中大量应用了拟人、反语，《猫》这篇文章明贬暗褒，贴切形象地应用了比喻和拟人的手法,而《母鸡》则使用了欲扬先抑的手法,前后形成强烈对比。基于以上分析,我们就可以将这一单元的阅读议题提炼为作者分别应用了怎样的描写方法来刻画动物的形象,这样的写作方法起到了什么作用。

再如四年级上册第五单元共有三篇文章:《长城》《颐和园》和《秦兵马俑》,《长城》中作者先远观长城,再近看长城,并产生联想;《颐和园》中作者采用移步换景的观察写作方式,介绍了颐和园的美丽景色;而《秦兵马俑》中则采用先整体后局部的观察方式,展示了兵马俑规模的宏大和人物的形象逼真。据此,我们可以将本单元的阅读议题定为三篇文章中作者观察景物的方式是什么,这样的方式对你有什么启发。

(三)指向欣赏

阅读文学作品中的"欣赏",就是要尊重学生在学习过程中的独特情感体验,关心作品中人物的命运和喜怒哀乐,在主动积极的思维和情感活动中,加深理解和体验,着重考查学生对形象的感受和情感的体验。

以六年级下册"走进鲁迅"这一单元为例来说明,本单元的《少年闰土》能让学生感受鲁迅先生作为一位伟大的文学家的成就;《我的伯父鲁迅先生》通过周晔的真情回忆,展现了鲁迅的音容笑貌及人物性格特点;阿累的《一面》倾注着对鲁迅先生的爱戴之情;臧克家的诗歌《有的人》更是通过对比的手法,展现出了鲁迅的特点。四篇课文都是引导学生潜心研读、感受人物形象的极好范本,所以本单元的阅读议题即可定为你眼中的鲁迅是怎样的人物,你是从文中哪些语句发现的,联系课文来说明。

单元主题阅读集中围绕一个议题来开展阅读教学,省时高效,并着眼于学生学习能力特别是思维能力的提升,无疑是提升学生语文素养的有效途径。

四、主题延伸阅读

日常教学中,教师还可依据不同单元的阅读议题,进行课外延伸阅读的指导。延伸阅读可以为学生全面、深入、个性化地把握课文提供基础,扩大学生的阅读范围,拓展学生知识视野,培养学生浓厚的阅读兴趣和良好的阅读习惯,从而达到提高学生语文素养的目的。如四年级下册第六单元"生命的启示"学完以后,即可推荐学生课后阅读海伦·凯勒的《假如给我三天光明》,让学生进一步丰富对生命的体验和感受。再如六年级上册第一单元"走进大自然"学完后,推荐阅读《听雨》《听海》,让学生多角度聆听大自然的声音。

单元主题阅读改变了学生的学习方式,通过整合某个单元的阅读材料,拟定单元主题阅读议题,从而引发学生探究单元文本,培养他们分析问题的思辨能力。此外,与过去单篇文章的阅读相比,通过单元主题延伸阅读,学生的文化素养、人文底蕴会越来越厚重,对学生的语文核心素养的提升具有很大的促进作用。

◎ 参考文献

[1] 赵福楼. 谈谈语文核心素养[EB/OL]. http://blog.sina.com.cn/lichunhua.

[2] 蒋军晶. 指向阅读策略的阅读教学[J]. 福建教育, 2015(12).

[3] 陈转征. 单元整合群文阅读在小学语文教学中的应用[J]. 教育科学(引文版), 2016(4).

[4] 洪梅竹. 主题单元阅读教学初探[J]. 福建教育:D版, 2011(3).

智慧型语文教师的核心素养探讨

张秋婧

一、智慧教育呼唤智慧型教师

随着时代的发展和课程改革的推进，人们越来越关注教育的品质和质量，关注学生个性和智慧的发展，培养"有智慧的人"已成为时代发展的迫切要求。然而审视我们现在的语文课堂，过于注重知识的传授、技能的训练依然是其主要的价值取向。"课堂是'教案剧'出演的'舞台'，教师是主角，好学生是配角中的'主角'，多数学生只是'群众演员'，很多情况下只是'观众'与'听众'。公共知识不仅没有内化为学生个人的智慧，外化为其实践经验和力量，反而成了其思想包袱或精神负担。"这样的教育仅仅以教授知识及训练技能为根本目的，从根本上失去了对学生的生命存在及其智慧发展的整体关怀。教育要主动适应时代的发展，必须从单纯传授知识的教育转向培育智慧的教育。

靖国平教授认为："'智慧'是指人们运用知识、经验、能力、技巧等主动地解决实际问题和困难的本领，同时它更是人们对于历史和现实中个人生存、发展状态的积极审视、观照和洞见，以及对于当下和未来存在着的、事物发展的多种可能性进行明智的判断与选择的综合素养和生存方式，具有实践性、探索性、创造性，智慧的道路通向人的自由和解放。"因此教师对学生进行的智慧教育不仅仅是知识的传授、技能的习得和智力的发展，而是要培养学生能通过运用自己的知识、能力、技巧，发挥自己的创造力，将习得的知识转化为内在的智慧的能力，培育人完整及健全的智慧、能力、精神和人格的全面的生成与发展，以实现人的自由和解放为最终的目的，从而引导人过有意义、有价值的生活。

"只有智慧的教育才能培养出智慧的人，只有智慧的教师才能培养出智慧的学生。"智慧教育呼唤教师的教育智慧。叶澜教授曾对"教育智慧"作过精辟而全面的表述："教师的教育智慧集中表现在教育教学实践中：他具有敏锐感受，准确判断生成和变动过程中可能出现的新情况和新问题的能力；具有把握教育时机，转化教育矛盾和冲突的机智；具有根据对象实际和面临的情境及时做出决策和选择、调节教育行为的魄力；具有使学生积极投入学校生活，热爱学习和创造，愿意与他人进行心灵对话的魅力。教师的教育智慧使他的工作进入到科学和艺术结合的境界，充分展现出个性的独特风格。教育对他而言，不仅是一种工作，也是一种享受。"由此可见教育智慧是科学与艺术的高度结合，智慧型的教师需要通过个人的教学经验，体察学生个体的发展情况，树立科学的教育理念，发展出个性化的教学体系。智慧型教师是教师专业发展的必要，是实行智慧教育、培养智慧型人才的前提，是教师角色的进一步深化。当代智慧教育呼唤教师的"转识成智"，发展成为智慧型教师。

二、智慧型语文教师素养发展的前进方向

有学者认为"语文教育作为一个'文化的教育'过程，它是学生与语文所负载的思想与情感、心灵与生命、精神与灵魂——它内在的文化意蕴进行交流与沟通，从而涵养文化精神、丰富文化底蕴、增长文化智慧的过程"。在这种特殊的学科背景下，要进行智慧的语文教学，语文教师需要关注自身的专业发展和素养的修炼，逐渐建构个性化的语文教学体系。

(一)厚积与薄发：语文教师的学识素养

语文课程，从民族文化的角度看，其实质是汉语文化课程，是汉语

文化学，学习的内容则是汉语语言文化，是我们中华民族的母语文化。那么，作为这门课程的教导者，语文老师首当其冲地应该是一个有学问的人，是一个有人文底蕴的人，是一个文人。一个博学的语文教师必然有着文人的气质、知识分子的气质，也有着自己的独立思考，有自己独立的精神世界，保留着文人的"风骨"。

　　首先，智慧型语文教师要深刻理解、体会教材，能灵活整合课程。苏霍姆林斯基认为："如果教师能运用自如地掌握教材，他所要讲的内容距离大脑皮质的兴奋中心越近，那么他讲课内容的情绪色彩就越强，日后学生花在复习教科书上的时间就越少。"作为课程的开发者、设计者、实施者，面对教材，语文教师要善于增删，这增删的标准全在教师自己，只有自己理解深刻、自己感动过的，才能传达给学生。而这个标准的掌握，就全赖于语文教师的知识、见识和眼界。只有教师知识醇厚，才能筛选精良的精神食粮于学生。当前课堂上出现的许多问题，如教师不作为、小组讨论的无效性等等，归根结底都是语文教师的知识缺席引起的。是知识的缺席导致教师在能力培养等目标上力不从心，生成不了适宜的教学内容。于漪老师说："一个人思维活跃的程度与他的文化底蕴、知识构成关系甚为密切。脑子里知识储存丰厚，知识面宽，有底气，阅读思考时，参照的人、事、物、思想、语言就会滔滔滚滚奔涌而至，比较，对照，分析，判断，推理，创新，独特的体验，个性化的见解就自然而然地形成。"语文教师只有深刻地体悟过教材，才能有效地提取相关知识，将个人的生活经验与体会与课堂机智地相结合，让学生明白语文与生活的联系，让他们在生活中学习语文，在语文中感悟生活。

　　其次，智慧型语文教师要熟悉其他领域相关知识，做到多学科融合。语文课程是一门综合学科，且作为一门语言，具有工具性，因而语文教材中涉及其他学科的科学知识，而其他科目的教科书中也融入了文学性的表达，这对语文教师积累广博的综合性知识提出了更高的要求。语文教师除了掌握自己所教学科的专业知识外，还要关心了解其他学科知识，诸如社会、政治、经济、科技等。如学习《念奴娇·赤壁怀古》可与音乐相结合，学习《石钟山记》可与地理知识相结合。语文教师面对的是兴趣、爱好和个性各不相同的学生，同样一篇文章，不同的学生也许有不同的关注重点，语文教师则要抓住学生的兴趣，结合自己平常积累的广泛知识，将学生的眼界扩大，培养学生跨学科、多角度看待事物的思维能力。魏书生认为，语文教师首先要广泛阅读、观察、体会，纵向对比、横向对比，这样才能结合自己的广泛阅读把学生的视线从课本带到课外，从国内带到国外，从眼前联想到过去和未来，让学生体验到新知识，燃起理想的火花。

最后，智慧型语文教师要形成专业的个性化的教学能力。这是由语文学科独特的人文性决定的。千篇一律的教学套路易使语文教学走向机械化、模式化，缺少了语文课程应有的灵动与思维的碰撞。因此，智慧型语文教师必须将自己对语文教育的体悟投入到教学中去，融入自己对语文教育独到的见解与个人的教育智慧，不拘泥于已有的教学框架及思维，生成有个人特色的教学体系，发展个性化的教学能力。如此，语文教师才能更好地激发学生的学习兴趣，引导学生感受语文，爱上语文。这种研究创新精神则是基于语文教师对语文教育的经验总结及个人丰富学识的积累上。例如王富仁老师针对当前中学生阅读教学的现状，对阅读的目的、方法提出了自己独到的见解，在阅读中，他"提倡阅读感受方式，即不求甚解的方式。感受方式是用整个心灵去感受，是欲望、情感、意志、理性共同发挥作用的结果，它接受的是一个复杂的整体"。他强调"好读书，不求甚解"，与传统读书"求甚解"的阅读观念不同，关注学生阅读的趣味，强调阅读教学中学生要结合自身的感受和理解体会文本，而不是强加给学生某种思想。

(二) 体悟与发掘：语文教师的情感素养

朱自清在《古文学的欣赏》一文中说："欣赏是情感的操练，可以增加情感的广度、深度，也可以增加高度。"朱先生说的"欣赏"，就是对语文的一种热爱，这种热爱可以直达情感的深处，这种热爱就是我们所说的语文情趣。所谓语文情趣，"就是对语文的一种热爱和喜欢，出于这种热爱和喜欢，他（她）会'全神贯注'于语文的学习中，把时间、精力尽可能地集中、专注投入到阅读、写作中去，并从中感受到无穷的'快乐'"。语文作为最具人文性的学科，这一不可替代的特殊性，决定了要从事这一职业的人首先要喜欢这一学科。情趣是真情流露，是不经意地外显。知识的传授，可以预先"备课"，情趣的表达是无法"备课"的。它确确实实从一个侧面显示了教师的美学趣味、语文情意。因此，语文教师需要对语文怀揣着深切的热爱，能体悟到语文中的乐趣，如此，才能真正地感染到学生，更有效地组织课堂活动，调动学生的积极性，以激起学生学习、思考和探究的真正兴趣。

语文课程不仅是在欣赏文学作品，更是在育人。语文教材中有丰富的德育素材，而智慧型的语文教师要善于从文本中发掘出适合学生当下学习情况及思想品德状况的素材，并根据情境适时对学生进行道德教育，使学生真正体悟并理解我国民族文化中的"道德"，并能与实际生活相联系，激发道德情感，如此便规避了传统道德教育中重知识、轻体验的弊端，真真正正使学生感受到"道德"并不"玄乎"，而是存在于生活的小事之中，有助于学生在价值多元的社会背景下树立正确的人生观、世界观、价值观。

培养"人"的工程是最复杂的，"语文的内容是个性化、人格化和历史性的精神产品，教师必须要想方设法地找到这个个性化、人格化和历史性的精神产品与学生的心理需要的吻合点，才能充分发挥学生学习语文的积极性和主动性"。因此，语文教师必须了解学生的学习情况。语文教师的教育智慧是建立在对学生语文学习需求及知识基础了解上的，在语文课堂上，倘若眼中没有学生，自说自话，没有关注学生的学习情况，是得不到很好的教学效果的。所有的课堂都必须由教师和学生共同来完成，课是为了学生而上的，离开了学生，教师的教育教学就失去了意义。因此，智慧型的语文教师在教学过程中需要时刻关注及跟进学生的学习情况，在了解学生学习情况的基础上设计教学，及时给予学生关心及帮助。

(三)发现与创造：语文教师的审美素养

语文课文的主体部分是文学作品，具有典型的人文性，无论是反映古代生活的作品或者当代生活的作品，其内容除了思想价值以外，必然承载着丰富的审美价值。语文教师首先要有善于发现教材文本中美的双眼，具有审美感知能力，能将课文中的人物美、情节美、环境美相融合，发现蕴含于教材中的"深意"和"新意"，深入发掘出语文教材的文化内涵，引领学生进入文本的情境之中，对课文的意境产生感情共鸣，深刻理解其丰富内蕴和深层意义，并产生独到的感受及创造性的见解。

智慧型语文教师在发现美、感悟美的基础上，还要懂得在固有的知识架构及教学模式上，发挥想象力，创造教学美。例如字词书法教学，语文教师应用创造、开放的思维看待每一个字词，发现汉字的结构美与其每一笔每一画的美妙，感受祖先们在创造汉字时的精妙之处，赋予每个字词以美好的特色与个性，帮助学生在更好地理解字词含义的基础上，感受中华语言文化的美与博大精深，引发学生对我国民族文化的热爱，同时发散学生思维，培养学生创造性思维，成就新意课堂。特级语文教师于永正老师平常热爱书法，于是他将写毛笔字的个人经验运用到教学生写字上，并将自己对写字、对语文学习的规律的探索，对中国汉字美的体悟投入到教学中去，同时用幽默诙谐的语言定义每个字的个性，学习"妻"字时，他会说："'妻'字端庄、大方、四平八稳，爱上她了吗"，使得课堂气氛活跃，也使学生对语文学习及汉字文化兴致昂扬。

三、智慧型语文教师素养发展的前进路径

(一)终身学习，转识成智

1996年，联合国教科文组织在《教育：财富蕴藏其中》一书中提出，

在"终身学习"思想指导下，21世纪的社会公民必须具备一些基本的素质，即终身学习的四大支柱，包括学会认知、学会做事、学会共同生活以及学会生存。终生学习应当超越学会认知、学会做事、学会共同生活、学会生存这些基本的目标，其终极目的应是致力于通过贯穿于一生的学习来获得个体生存与发展的自由。今天语文教师的智慧已经远不能仅仅来源于书本，那种只埋头于课本和教学参考书的语文教师，在很大程度上会使自己的教学脱离时代，脱离现实生活。这是因为当今的任何一本语文教科书都无法把该门学科的最新研究成果概括和吸收进去，更不用说描绘清楚该学科与其他学科之间的横向联系了。

语文教师需要通过终身学习走向智慧人生。只有不断学习，积累了足够的知识，才能将知识转化为个人内在的语文智慧，并将智慧散发到教学的每一字每一句中，不会只是照本宣科、捉襟见肘，而是能做到居高临下、旁征博引；在与学生交往时也能使学生感受到自身的智慧魅力，用自己的人格魅力与个人风格感染学生，激发他们对语文的热爱，培养出有想法有个性有智慧的学生。例如特级语文教师李镇西就是这样把语文教学当成自己的人生来经营的人，他对教育、对语文，始终保持着一种童真般的好奇与热情。这种对教育、对语文的热爱促使他去学习、去思考、去研究、去创新，最终发展了自己独有的教育智慧。

(二) 捕捉契机，机智教学

加拿大现象学教育家范梅南认为："教育的智慧和机智可以看做教育学的本质和优秀性，我们不妨说智慧构成了教育学的内在方面，而机智则构成了教育学的外在方面。"一位教师欲想成为优秀教师，从而达到教学过程的最优化，是离不开教学机智的，反过来说，教学机智是优质教学的内在需要。教育机智其实就是教师在教育过程中对意外情况准确、恰当、迅速、敏捷地做出判断，并随机应变、恰到好处地采取措施的能力。

机智教学建立在教师热爱教育、热爱学生的信念基础上，是教师智慧最集中的展现。在教学中关注学生状态、了解学生学习情况，根据情境机智地进行教学有助于语文教师将语文情感有效地投入到课堂中去，并使学生有所体会，并受到感染，得到启发。因此，语文教师要认识到教学设计只是一个在头脑里的假象过程，教学时不能受限于所谓的"教案"和"教学设计"，面对鲜活的教学情境，需要教师在现场随时敏锐地捕捉情境中的线索，抓住契机，做出瞬间的决策。在智慧型语文教师的教学中，教师们预备好了"意外事件的发生"，在瞬间就会做出创造性的行动。

王永生老师在教授《草原》一课时，便把握住了契机，运用教学机智化解了尴尬，又让学生有所感悟。当他提出"'鄂温克姑娘们既大方又有点儿羞涩'中'大方'和'羞涩'两种神态是相互矛盾的，但为什么用了'既……又……'这个并列关联词"这个问题时，学生们都面面相觑，不知道如何作答，课堂陷入了尴尬的境地。这时王老师注意到一个女同学想举手却又不敢举手的样子，便邀请这位女同学朗读这句话，并在全班同学面前表扬她声音响亮读得好。同学们都羡慕地看着她，她不好意思地低下了头。王老师捕捉到了这一契机，不失时机地加了一句"刚才她读书时很大方，现在大方中又……"这时同学们恍然大悟，课堂气氛也立刻变得轻松活跃起来，学生纷纷举手回答了正确答案。王老师在课堂陷入尴尬情境的时候，凭借对学生情况的了解，机智地发现解决问题的方法，并用举例子的方法启迪学生得出了最后的答案，课堂效果非常好。

(三) 开放思维，洞察美好

教师需要有艺术家的思维。具备开放的语文思维有助于语文教师把握思维力量，克服思维弱势，开发创意的课程资源，成就新意的语文课堂。杜威指出作为"艺术家"的教师应具有良好的"洞察力、同情心、智慧和执行力"。"洞察力"是艺术审美的基础，洞察力使艺术家更加留意日常生活的寻常事件，这些情境往往容易被大众忽略，而艺术家能恰如其分地捕捉到这些平凡对象中所蕴藏的艺术价值，能以艺术的手法进行表现，使其成为一件具有审美价值的艺术品。语文教师如同艺术家一般，需要打开思维，发挥想象力，将平淡的教学文本与个人生活经验相结合，探寻其中所蕴藏的美，创造出有新意的教学及课堂。

智慧型的教师更应该懂得享受闲暇。生活处处都有美，真正热爱语文、热爱教育的教师懂得欣赏语文的美，也能从生活点滴中发现语文的美。语文教师要在业余时间懂得丰富自己的个人生活，充实个人经验，在多彩的生活中发现美，并能将自己闲暇生活中感受到的美与热爱投入到语文教学中去，这样做不仅能提升教师的幸福感，减少职业倦怠，也能在课堂上表现出自己从闲暇生活中得到的丰富经验，在与学生交往中展现自己的魅力，形成个性化的教学能力。

◎ 参考文献

［1］靖国平. 让课堂充满智慧探险［N］. 中国教育报，2004-6-30.

［2］靖国平. 教育的智慧性格——兼论当代知识教育的变革［M］. 武汉：湖北教育出版社，2004：30.

［3］叶澜. 新世纪教师专业素养初探［J］. 教育研究与实验，1998（1）：41-46.

［4］曹明海. 语文教育智慧论［M］. 青岛：青岛海洋大学出版社，2001：2.

［5］于漪. 关键在有所发现、善于发现［J］. 中学语文教学参考，2005（5）：5.

［6］朱自清. 朱自清全集·第三卷［M］. 南京：江苏教育出版社，1990. 47.

［7］何方. 论"语文素养"［D］. 金华：浙江师范大学，2004.

［8］冯子忠. 论中学语文教师的素养［D］. 成都：四川师范大学，2006.

［9］联合国教科文组织. 教育——财富蕴藏其中［M］. 北京：教育科学

出版社，1996：75.

[10] 马克斯·范梅南. 教学机智——教育智慧的意蕴[M]. 李树英，译. 北京：教育科学出版社，2001：172.

小学信息技术体验式课程开发研究

杨 睿

随着现代信息技术在我们生活中的应用，信息技术已经渗入我们生活的方方面面，并在小学课堂上占有一席之地。如何开发小学信息技术课程，如何进行体验式课堂教学，在新时代显得十分重要。

一、体验式课程的开发

课程的开发需要根据实际教学需求进行设计[1]。体验式课程开发通常需要注重以下几个方面的内容。首先，以学生的需求确定开发的目标。通常情况下，体验式课程开发有以下目标。第一，知识目标。即小学生对信息技术应有初步的了解。第二，能力目标。学生能够基本掌握信息的收集、处理以及传输等相关能力。第三，情感目标。学生除初步掌握现代化的信息技术外，还应尽量了解信息技术背后所包含的文化。其次，学科设定与教学内容。信息技术本身就是一门信息化较为显著的技术性课程。因此，在体验式课程开发中就应当结合小学生认识规律及身心发展特点，根据教学内容的难易程度，合理设定各章节内容。

二、小学信息技术体验式课程教学的现状

现阶段小学信息技术体验式课程教学存在一定的问题，这些问题在一定程度上影响了小学信息技术体验式课程的开发。笔者认为，小学信息技术体验式课程教学问题主要集中在以下几点。

1. 缺乏对信息素养的培育

在现今信息技术课程教学中,知识的讲解占据了大部分的时间,没能很好地体现技术所蕴含的文化和道德责任,没能很好地培养学生的信息素养[2]。培养学生的信息素养,可在一定程度上激发学生对该门学科的兴趣,促使学生更好地学习信息技术课程。

2. 教材内容更新缓慢

在信息技术不断发展的过程中,目前教材内容并没有做到与时俱进,教材知识过时、内容陈旧成为常态,导致教学效果不佳,使得学生失去了学习的兴趣。学生的学习兴趣是教师开展教学的重要参数,在教学中不能让学生产生学习兴趣,也就失去了开设该门学科的意义。

三、提高小学信息技术体验式课程开发的措施

小学阶段开设信息技术课程,就应当适应小学生的知识水平和认知水平。现阶段开设信息技术课程,其目的就是培养学生的学习兴趣,提高学生的信息素养。因此,在教学中,教师应当对过去的教学进行改革,运用体验式教学模式,提高学生的学习兴趣及动手能力,进而初步具备提出问题进而解决问题的能力。

此外,由于受到传统教学观念的影响,课程忽视了对学生人格和情感的塑造、创新意识的培养。依据这一现状,教学内容的编排应包括:第一,信息与技术概述。这一部分是让学生对信息有一个相对准确的概念认知,了解信息常识。第二,计算机系统的基础操作。以 Windows 为例,让学生了解桌面、图表、文件等基本概念,熟练掌握 Windows 系统的启动、注销等命令[3]。第三,系统内部基础软件以及程序的使用。以系统中的"画图"为例,学生在实际操作过程中会被耀眼的色彩和游戏等教学内容打动,兴趣上升,进而达到熟悉系统软件操作的目的。第四,系统内部基本文件的认识和处理。该部分教学内容主要是为了让学

生对不同文件进行概念的划分，了解文件格式以及扩展名的意义，了解如何有效地将所需文件进行保存、打开、删除和查找。学会键盘上的各种常规操作。第五，培养学生良好使用计算机的习惯。在计算机普及的当下，让小学生在学习中形成良好的计算机使用习惯，对其日后的学习以及工作将具有十分重要的意义。

◎ **参考文献**

[1] 茹丽娜，王玉.用新理念构建小学信息技术的"新课堂"[J].黑河教育，2010，12(08)：21-22.

[2] 翁建江.学习无限交流无限——浙江省编小学信息技术《第13课网上论坛》案例分析[J].中小学电教，2013，12(08)：256-257.

[3] 李海军.农村小学信息技术课堂的教学技巧[J].中国教育技术装备，2010，9(23)：23-24.

浅谈初中化学高效课堂的构建

蔡丽兰

近几年，国内不少学校紧跟教育国际化的潮流，推进教与学方式的转变，打造紧跟时代脉搏的高效课堂。那什么样的课堂才算是高效的呢？仁者见仁，智者见智。我认为高效课堂应当是"自主建构，互动激发，高效生成，愉悦共享"的课堂。

经过几年的新课程改革，教师的教学理念逐渐发生了可喜的变化，但依然存在部分老师独宰课堂，学生的思维仍被束缚在老师事先设计好的预案和思路中，没有实质性的开放思想，没有学生积极自主的学习，课堂效果不佳。

如何构建自主、和谐、高效的课堂呢？以下谈谈我的几点实践与思考。

一、重视教学目标的设计

高效的教学要"以学定教"。大部分教师在教学设计中侧重教的方案，忽视学的方案，我认为这是需要改进的。在化学学科核心素养中，特别强调"核心知识"与"关键能力"。因此，教师在设计每节课前，要以学情为基础，以"核心知识的学习和关键能力的培养"为目标，将"学生如何学"与"教师怎么教"放在一起同步设计。而一切教学活动的出发点和最终归宿是教学目标，故课堂教学设计最重要的是教学目标的设计，其中，我觉得需要重视以下两方面。

1. 注重教学目标设计的整体性

教学是一个过程，要重视过程，整体把握，逐步实现。化学学科中，各阶段的知识衔接性较强。教师要将每一节课的教学目标设计放在整个单元，甚至整本书的整体教学目标下，注重总体目标与课时目标的关系，从中提炼本节课的核心知识，帮助学生建立知识树，梳理知识，提高学生归纳总结的能力。

2. 注重教学目标设计的可测性

教学要重视学生知识的掌握与能力的提高。我每节课一般会争取留出 8~10 分钟的时间，根据教学目标，精选习题当堂训练，将这节课的教学效果量化呈现，并及时反馈，学导双行，争取实现"化学知识堂堂清"。

二、注重课堂教学方式的转变

《化学课程标准(实验)》提出要以学生发展为本的理念，关注对学生学习过程和方法的指导，使学生能够在探究中掌握化学知识规律。相比大部分学科，化学课堂更注重学生科学素养的培养，故我希望通过转变教学方式，将"讲堂"转变为"学堂"，实现学生能力的提升。

1. 注重实验教学，让课堂事半功倍

荀子的《劝学》中有这样一句话："假舟楫者，非能水也，而绝江河。"善于借助好的工具、外部资源能使学习事半功倍，化学实验就是一个很好的教学手段。它不仅活跃课堂氛围，也促进学生在实践中发现问题，分析问题，解决问题。

在讲授《碱的化学性质》这节课中，我为了让学生更好地掌握氢氧化钠与二氧化碳反应，设计了"气球实验"（如图1）。震荡烧瓶，气球瞬间膨胀，强烈的视觉冲击，让学生深刻地记住了这一性质。在学习

《金属的化学性质》中，我让学生进行分组实验(如图2)，探究金属与酸的反应，让学生亲身体验反应的形成过程，并乐在其中。

图 1

图 2

许多老师会认为实验教学费时费力，且课堂效果难以保证。但从我的实践效果来看，我觉得实验教学运用得当恰恰可以让课堂教学更高效，前提是要把握两方面：实验前，要让学生明确任务，学会分工、学会合作。如引导学生思考实验的目的，从哪几个维度观察实验现象，这样才能使分组实验更加有序。实验后，要有成果的汇报交流，互相启发，归纳总结，共同进步。实验教学既体现学科特色，也常常收到良好的效果。

2. 巧设问题情境，让课堂妙趣横生

自主的课堂要尽量为学生创造机会表达想法，展示所长。巧妙的问题，能激发学生的兴趣，启发他们的思维。在学习《酸的化学性质》中，我抛出问题："实验桌上有未贴标签的稀 HCl 和 NaCl 溶液，你能尽可能多地回忆所学知识设计实验，验证后给它们贴上标签吗？"学生思维

受到激发，顿时化身小助手，各抒己见，课堂变得激情洋溢。

在"学堂"中，我把主要精力放在激发学生的学习兴趣上，放在学生学习、讨论时对学生适时的指导上。每一堂新课开始，我都努力通过问题情境的创设、教材所蕴含的兴趣因素、课堂内外的各种资源来唤起学生对新知识的兴趣，让学生产生学习的意愿和动力。这些兴趣点每隔一段时间就呈现一个，学生就会被课堂刺激一次，兴奋一次。因为不断会有兴趣点出现，整节课学生就会觉得如同在看好莱坞大片一样。能够把学生紧紧地"扣"在课堂中，教学效果之好就毋庸置疑了。

三、教学评价从侧重"学会"向"会学"转变

如今，知识的更新速度非常快，纯粹的课堂教学已无法满足学生对知识的需求。课堂的结束，不代表教学的结束。因此，教师要有意识改变教学评价的标准，要从注重"成绩"转变为注重"成长"，注重学生学习能力的形成。

1. 引导学生学以致用

化学来源于生活，也服务于生活。因此，多引导学生活学活用、学以致用就显得尤为重要。我在讲授《酸的化学性质》时，设置生活小贴士让学生思考，"铁锅炒菜时加入食醋等酸性食物，为什么可以增加食物的含铁量"；"为什么不能将醋放在锅里面长时间烹调，不能用铝制品调拌放醋的凉菜"。用化学知识来解释生活中的各种现象，既让学生活学活用，也让学生体会学有所用，拉近知识与生活的距离。

2. 引导学生利用信息技术拓展知识面

利用信息技术是现代人寻找知识的基本途径。我会根据教学所需，利用信息资源为学生设计微课视频，特别是对于一些典型的化学实验，利用微课教材让学生对知识加以巩固。同时引导学生通过相关的网络资源，如知名化学网站，微信公众号如"初中化学""生活中的化学"等，

扩大自身的化学视野。

课堂教学是一门艺术,没有最好的,只有更好的。转变教与学方式,追求课堂的高效性,是长期实践与探索的过程,而这个过程也是充满乐趣的。每位教师都要谨记"高效"二字,多尝试多实践,充分调动学生学习积极性,争取使自己的课堂一步步成为"有效课堂"——"高效课堂"——"魅力课堂"。

(本文发表于《中学化学教学参考》2018年第9期;获得"2017年全国基础教育化学新课程实施成果评选"二等奖)

第六章

以美感人

美育，是学校教育中不可缺少的部分。何谓美育？美育又称审美教育，是运用艺术美、自然美和社会生活美培养受教育者正确的审美观点和感受美、鉴赏美、创造美的能力的教育。王道俊、王汉澜认为美育的核心任务是培养正确的审美观点。

从广义来说，学校美育包括音乐、美术、舞蹈、文学等；狭义地说，美育仅指美术教育。这里我们的美育包括音乐、美术和舞蹈教育。

美育离不开美学。

一、中国对于美学的研究

中国自古具有深厚的美学根源。美的甲骨文是 ✶，上面是草或者花，下面是一个人，表示一个人头上戴着花或草编织的饰物，体现了远古中国人爱美之心；金文则写成 ✶，上方是一只羊，古代祭祀用羊，羊与"祥"谐音，意为"吉祥"。汉朝许慎《说文解字》解释为：美，甘也，从羊，从大，羊在六畜主给膳也，美与善同义。宋徐铉注释为"羊大则美"。从其字形和字义可看出，在原始氏族社会，人们在舞蹈或生活中，用简易的自然饰物草或花，编成花环，戴在头上，点缀装扮自己；也在祭祀、舞蹈时，用羊角作为饰物，戴在头上，寓意吉祥、善良。"美"字，从最初的起源，即拥有最淳朴的视觉、精神享受。

汉字的造型，神奇而形象地呈现了"美"的外延和内涵。美，既有视觉感官的愉悦，亦有精神欢乐与满足，通俗地说，就是外在美与内在美的统一。

中国古人就是在这样一种统一中，认识发展传承美学。中国最早系统论述美的著作为《礼记·乐记》，通常认为这是汉朝儒者搜集、整理、编辑而成，它是先秦各家美学思想的大成，对中国美学思想发展产生了深远的影响，是最有生命力、最有影响的一部著作。在《礼记·乐记》中，提出了音乐的本质：是人心感于物，进而提出情理适中的"礼乐"。

> 是故不知声者不可与言音，不知音者不可与言乐。知乐则几于礼矣。礼乐皆得，谓之有德。（《乐本篇》）
>
> 乐者为同，礼者为异。同则相亲，异则相敬。乐胜则流，礼胜则离。合情饰貌者，礼乐之事也。（《乐论篇》）

《礼记·乐记》提倡心物感应，对后世美学思想影响甚大。如《毛诗序》"情动于中而形于言"，《文心雕龙》的"人禀七情，应物斯感"等。它还提倡"和"的音乐美学思想，"乐和民性"（《乐本篇》）、"乐者敦和"（《乐礼篇》）、"乐者天地之和也"，这种"和乐"的美学思想，至今影响国家、社会、家庭、人伦关系，调节、规范、引导人际之间的关系。

在孔子之前，"礼""乐"是分开的。自孔子开始，"礼乐"思想开始合二为一。作为儒家学说的创始人，孔子一生强调礼，宣传弘扬周礼，他完整地提出了"礼乐"思想，"闻之于礼乐，节之于礼乐"。孔子把美与道德联系在一起，提出"君子成人之美""里仁为美"。孔子心中的典范"韶乐"是这样的：子在齐闻韶，三月不知肉味，不图为乐之至于斯也。

近人王国维和蔡元培在中国美育发展中，公认为最有影响力的人物。两人美育思想既有中国传统文化的根基，又深受西方美育特别是康德、叔本华等人的哲学思想影响。

王国维在近代中国首倡美育，强调美育的独立价值，第一次从人的本质，从个体发展的角度来论证美育的重大作用。王国维的美育思想集中体现在他的《论教育之宗旨》《孔子之美育主义》《霍恩氏之美育说》等文章中。

王国维把教育内容分为两类，即教授书本上的"抽象知识"和教授"美术人生上"的"完全之知识"。他认为美育是"培养人高尚的情感"，美育与德育、智育、体育一起便是"完全之教育"。他说："三者并行而得渐达真善美之理想，又加以身体之训练，斯得完全之人物，而教育之能事毕矣。"他在《孔子之美育主义》这篇文章中，对中西美育作了比较，指出中西美育史上都曾有人揭示美育和德育的关系。

20世纪初,蔡元培在北京大学和全国倡导美育。"美育"一词,即由蔡元培从德文Sthetische Erziehung首次译入。他一方面通过演讲、撰文、授课等宣传美育,另一方面还发起、组织、参与美育事业的发展。他撰写了《美育与人生》《美术的起源》《美育》《美育实施的方法》等大量关于美育的著作,他支持创建了国立音乐学院(今上海音乐学院前身)、国立艺术院(今中国美术学院)、北京美术学校(今中央美术学院)等一大批教育机构,奠定了中国美育发展的基石。蔡元培把美育与德智体并为四育,作为养成健全人格的重要内容。他对于美育的定义是:"美育者,应用美学之理论于教育,以陶养感情为目的者也。""与智育相辅而行,以图德育之完成者也。""人人都有感情,而并非都有伟大而高尚的行为","要转弱而为强,转薄而为厚,有待于陶养。陶养的工具,为美的对象,陶养的作用,叫作美育"。

二、国外对于美学的研究

西方美学最早的根源可以追溯到古希腊的毕达哥拉斯学派,柏拉图是最先明确倡导美育者,他在《理想国》中提出"用音乐教育心灵",他对美的理解为"美是理念"。苏格拉底、柏拉图和亚里士多德为后来美学的发展奠定了基础。

美学最初是作为哲学的附庸出现的,到1750年德国哲学家鲍姆嘉通出版《美学》,才标志着美学作为一门独立的学科面世,命名为Aesthetik,其意义为感觉或感性的认识。

康德是德国古典美学的奠基者。康德美学的核心就是:美是真与善的桥梁。康德指出,美具有内在的目的性。他确认美是内心和外表之间的紧密结合,是自然和精神的统一。他提出审美的四个特征:①审美是不带任何利害而愉快的;②美是没有概念而普遍令人喜欢的东西;③美是一个对象的合目的性形式,而这个形式本身不包含任何目的;④美是没有概念而必然令人愉快的东西。

1793 年到 1794 年间,席勒写成的《美育书简》(又译《审美教育书简》)被认为是现代性的审美批判的第一部纲领性文件,席勒的《美育书简》第一次明确提出"美育"的概念,在这本书信体的著作中,席勒对美育的性质、特征及其社会作用作了系统的阐述。席勒的美学思想基础来源于康德哲学。席勒提出了比较系统的人本主义美育思想,主张通过审美教育改变人性分裂状态,重塑感性与理性统一的完美人格,提出"让美走在自由之前"的观念。

席勒关于美的观点对黑格尔影响较大。黑格尔著有《美学》一书。他对美的定义是:美就是理念的感性显现。① 包括四个方面的内容:一是理性与感性的统一。即"心灵的方面和感性的方面必须统一起来"。二是内容和形式的统一,艺术的内容是理念,艺术的形式就是感官的形象;"遇到一件艺术作品,我们首先见到的是它直接呈现给我们的东西,然后再追究它的意蕴或内容"。② 三是主观和客观的统一,"内容本来是主体的,是内在的",要通过外在的,来实现内在的。四是一般和特殊的统一。普遍的理念要显现在个别的感性形象中,达到和谐的统一,才产生美。

黑格尔在强调内容与形式的统一时,也强调内容的决定作用。"形式的缺陷总是起于内容的缺陷。……艺术作品的表现愈优美,它的内容和思想也就具有愈深刻的内在真实。"③在谈到自然美和艺术美时,黑格尔认为"艺术美高于自然。因为艺术美是由心灵产生和再生的,心灵和它的产品比自然和它的现象高多少,艺术美也就比自然美、高多少"。④ 总体来说,黑格尔的美学基本精神是人本主义的。

西方美学,一直到黑格尔,始终没有脱离哲学的范畴,它是哲学体系的一部分。从 20 世纪初开始,美学开始脱离哲学的依附地位,经历

---

① 朱光潜. 黑格尔美学(第一卷)[M]. 人民文学出版社,1958.
② 朱光潜. 黑格尔美学(第一卷)[M]. 人民文学出版社,1958.
③ 朱光潜. 黑格尔美学(第一卷)[M]. 人民文学出版社,1958.
④ 朱光潜. 黑格尔美学(第一卷)[M]. 人民文学出版社,1958.

了实验美学、社会美学、结构美学等。

三、我们的实践

习近平总书记提出：全面加强和改进美育教育，以美育人，以文化人，提高学生审美和人文素养。美育教育在儿童的成长中具有重要的作用。我校除遵循国家课程计划开设相应的课程之外，还结合学校实际和学生发展需要，开设音乐、美术、舞蹈相关课程，为学生的全面发展奠定基础。

除了审美能力之外，图画还是发展创造性思维和想象力的手段之一，是通往逻辑认识道路上必不可少的阶梯。[1] 绘画，让儿童在一个个意象之中，展开自己的想象，打开一扇窗，敞开自己的心胸，绘出自己的世界，表达自己的情感，提升自己对世界的认知，在绘画的过程中感受美的熏陶、感悟美的魅力、展示美的本质。我校根据教师的特长、学生的爱好和学校办学理念，开设有"童趣水墨"、"装饰画"、"漫英社"、"素描"等课程，丰富的课程内容、完善的课程设计，使我校成为深圳市龙岗区"一校一品"特色学校。

儿童天生就喜欢绘画，绘画是培养儿童心灵与情感的最好方式，听听这些孩子的心声，听听这些家长的反映，看看他们的作品，就是最好的阐释。

在学习水墨画之前，我一开始以为水墨画，就是画一些简单的花花草草或者大树、大山等，在这之前，我根本就不懂什么是水墨画，怎么去画水墨画。

之前，我从没有拿过毛笔，也没有画过水墨画，开始画水墨画的时候，我在觉到新奇的同时，也会有一些不知所措。这个时候，易老师总是会耐心地告诉我们要用心画，不要紧张，要放松。在学

---

[1] 苏霍姆林斯基. 给教师的建议[M]. 杜殿坤，译. 教育科学出版社，1984.

习的过程中，我了解到画水墨画，光靠认真仔细是不够的，还要心神一致才行，要觉得画水墨画是一种享受。虽然，不能马上体会其中的真谛，就像易老师和我们说的一样，画中的花鸟虫鱼、山山水水都是具有灵性的，活灵活现，从中能体现出作者大气磅礴的豪迈和洒脱。

易老师最近夸我动物画得好，说几个星期后会给我一张长长的纸，画十二生肖，我非常开心和期待。（刘若雪）

张丛蓉从一年级起被选拔进水墨社团到现在已经第四年了，真的感觉特别幸运。孩子的成长我们看在眼里，因为画画让他慢慢成为自信开朗的孩子，更容易融入集体的生活。

他从小就喜欢画画，长大后的梦想是可以成为一名画家。

孩子一开始并没有接触水墨画，到现在我们觉得她进步很大。看到她画的《东郭先生》时，我们都不敢相信这是孩子画的。孩子的作品挺多的，都是从一点一滴慢慢进步中积累而来。

水墨画是特别好的课程，肯定会对孩子的成长起到潜移默化的作用，让孩子更加有文化内涵，同时更加自信。（四年级　张丛蓉妈妈）

通过几年的学习，孩子在绘画的技能和水平上都有不同程度的提高，动手能力也增强了。

从绘画技能上讲，孩子能认识很多不同类型的图画，对素描、国画、山水画均有不同程度的了解，能使用毛笔、铅笔、小彩笔绘画，基本能展现完整的人物、事物形象，描绘人物动作基本令人满意。

对小孩动手能力的培养，是更为重要的一个方面，孩子平时在家能动手画很多有意思的艺术作品，很有想象力，这一切我想大部

分要归功于水墨画的功劳。(刘希瑶家长)

现行的中考高考中,美术特长生招生考试给绘画有专长的学生提供了更多的选择,发挥了他们的潜能,展示了他们个性化的学习特征。

我与装饰画共成长

一

最早加入这个社团,是在初一刚入学的那段时间,犹记当时第一节美术课,没讲课,没有多讲什么废话,老师直接让我们随笔自由发挥。当时开学前在看《浮生物语》,彩绘版的,画风让我十分感兴趣,一时兴起便画下了封面,也是由此,我走上了一条我从未后悔,也永不后悔的"不归路"。

在这个社团,当然是有压力的,绝不是那种玩耍打发时间的地方,因为你永远都不会明白你为何一次作业没完成,别人的技法就已略胜你一筹。我自知从小到大我在美术方面从不会比周围任何人差,而在这个社团,我遇到了许多旗鼓相当的对手,这样,也更有意思了不是?这也是我一直非常珍惜这个社团的原因,我是这个社团的社长,在这两年之间,也曾见过许多因为受不住累而半途退出社团的,这就是这个社团的残酷之处。可能是已经做好当美术生的准备了,我倒是没有感觉到太多的苦累。

两年里最累的不是初一疯狂地练习用线勾线技巧和色彩运用,亦不是费尽脑计地想画面构图,而是初二六月的那场画展。绿意盎然的夏季,一场视觉盛宴的呈现惊动了多少人的心。世人只知美术生表面风光无比的画作,却不知道他们在背地里要花费多少时间与心血。初二正值迎战生地会考,繁重的学业之余还要抽出时间完成许多画作,其中一幅有半开大小,也就是平常两张课桌的大小,那时我的内心甚至是迷茫的，因为这张画作充满太多的未知数，对自己的不自信、顾忌材料成本而不敢放开手画。最终，这张画作刻画得无比精细，每处花草，细至花瓣纹路；每缕头发，细至发丝弧度。这就是装饰画魅力之所在，每笔，精细；每笔，动人心弦。

常有人问我是做什么的？我说我是美术生。之后他们总会不屑地说：噢，美术生啊，怪不得每天有那么多时间搞那些不务正业的东西，你们中高考容易啊，真好，不像我们这些学文化课的。同僚们，你我都明白，走上这条路，从来就不是捷径，这是一条比别人苦十倍百倍的路。我们暑假需要集训，我们寒假要多上半个月课，我们周末要待在画室里坐上一整天，铅灰炭灰遗留在指缝中是常有的烦恼。这只是初中，我如今考上了深美，但却从未敢松懈，每日九时半回到宿舍开始写作，写完作业还要画速写，半个月回家一次，回去还要补文化课，暑假只有20来天被加倍的压力压得喘不过气来。但，我从不后悔走上这条路，切莫用你的标准来衡量别人的人生，不论你是文化生还是艺术生。

加入社团，它为我考上高中作好了铺垫，它让我的视野得以开拓，它让我更深领悟到美术的真谛，我庆幸当年加入了这个社团，我更庆幸，我成为了一名美术生。

我只是选择了我喜欢的一条路。

且，从不后悔！

戴瑾（现就读于深圳市美术学校）

二

红砖白底，是关于它的颜色；灰黑相衬，是关于它的记忆；长桌木椅，是我最想再去一次的地方。

绿色的架子上摆满了同学制作的小物件，洁白的石膏头像放在一旁，几张巨大的桌子静立在正中央。一切是那么的和谐。这里，是我的开始。

初二那年,我只是为了与朋友上同一个社团而进入了装饰画社,只是没想到,当初那个单纯的想法将我引向了另一条道路。

刚进社团,就面临一场考验,毫无基础连一幅画都没画过的我要画一幅八开去参加比赛,当时的我,傻傻蒙蒙地看着老师将笔、纸一一摆在我面前。我根本不知道自己应该做什么。是何老师鼓励了我,给了我极大的信心。后来,我临摹了一张画,那是我真正意义上的第一幅作品。

在何老师的建议下,我决定走美术中考的道路。当时的我所想的只是为了多一条退路,但后来,当我用努力考上了深美后,我觉得,这一切的一切,是那么的理所应当却又充满戏剧化。

反观现在,专业和文化的双重压力让我不止一次地思考,这个决定,真的是对的吗?而每次我得到的结果都是:无论对错,既然选择了这条曲折的道路,便没有回头的机会。

不论是红砖白底,或是长桌木椅,最重要的,还是我脚底下的泥泞。

杨白玫(现就读于深圳市美术学校)

三

我开始接触美术,可能是从小养成的习惯吧,因为家里纸多,平时也闲来无事,就渐渐开始对其产生兴趣了。

真正触碰到美术之约的,还是何老师为我带来的。

不得不说,我今天能够有一些小小的成就,是因为遇到了何老师。她是我认为除父母外最重要的人了。

她更像是我的朋友,我的亲人,把我从懒散自大里拉了回来。初一的时候我性格顽烈,每次画画都耐不住性子,何老师也三番五次地批评了我,我脸皮薄,以后也就耐住了性子一笔一笔地画。

她认真地教，我就认真地听，她教我们练线条，排线，结构构图。课程很枯燥，但我不得不承认，这比我以前瞎涂几年有用多了。直到后来的自由创作，从小画到大画，从线稿到上色，都是一步步进行的。

她们都夸我天赋好，我扪心自问，有吗？我其实只是多一点想象力和日夜的苦练罢了。

那幅对开的金银粉中的银，是我和我的同学邱晓悦耗时几个月而得来的作品，在完成作品的期间，有多少个灵感枯竭的状态想要我放弃，那种想不出东西的感觉实在是难以忘怀，但是我逼自己，让自己坚持下去，去给自己的初中画上一个句号。

果不其然，后来的画展办得很成功，我望着墙上的金银粉，感叹道：这就是我几个月画的画啊，原来我也可以用几个月来完成一幅画啊！

我画画很快，这既是一个优点，也是一个缺点，缺点在于，我不够耐心，甚至有点急躁。

但何老师很有耐心，陪伴了我们无数个日夜，她教的不只是一节课，还有人生的道理。

何老师有个很好的，让我钦佩的一点：她不会帮任何人改画，无论他们画作是美是丑。

我相信我的母校今后也会涌出比我们更优秀、更出色的人才，作为学姐我在此说一声谢谢。他们会完成比我们更优秀、更出色的作品，但我希望金银粉能在岁月中被保留下来，它带给我们的成就感是无法言喻的，也许今生今世不会忘记这种感觉。

感谢我的母校、同学和何老师！

周雨欣（现就读于深圳市盐田高级中学美术班）

第六章　以美感人 | 191

戴瑾作品

邱晓悦作品

学校还开设各种音乐特色社团,在每个年级开设一门乐器课程,提出每个学生至少要学会一种乐器。陶笛也译作土笛、鼓浪笛等,目前国际上比较流行的陶笛多数是一种源自意大利、状似潜艇、有哨口、通常用陶土烧制的吹管乐器,属于大众普及型乐器,尽管陶笛属于大众普及型乐器,但它有极强的音乐表现力。爱尔兰哨笛的优美飘逸、二胡的低沉凄凉,陶笛同样可以模拟演奏,它的音乐渲染力与前者相比毫不逊色。

葫芦丝是中华民族民间音乐百花中的一朵奇葩。它扎根于民族民间音乐的沃土,充满着神奇的魅力。今天,它由一件民族特色乐器跻身于独奏乐器的行列,赢得了国内外人士的喜爱,在音乐艺术的殿堂里发光发亮。葫芦丝音色优美,易于引发兴趣;简单易学,能够快速见效,适合各种水平的爱好者学习。

我是五(1)班的于旻哲,一次偶然的机会,我被选上了葫芦丝社团，短短一年多时间，我深深地爱上了这门乐器。

学习葫芦丝，对我的学习和生活各方面都产生了很大的影响：

首先，我对民乐产生了浓厚兴趣，更加懂得欣赏音乐的美。在每天的学习后，回到家练习葫芦丝让我更加充实，丰富了我的学习生活。

其次，我变得自信了许多。以前我非常胆小，也很害羞，并且很多时候有自己的想法，但是却不敢说出来，害怕同学们会笑我。通过葫芦丝社团张双英老师的指导，现在我可以自信地登台表演，也愿意和同学们沟通交流，我变得爱笑了。

最后，葫芦丝使我能安静地享受独处的时光，不再觉得无聊。葫芦丝已经成为我不能缺少的好朋友了。

很庆幸可以接触到这种民族乐器，我喜欢葫芦丝。

于旻哲　五(1)班

表演唱是一门综合性的表演艺术，既有舞台表演(动作)的技巧，又有唱腔设计的运作，可以多方面提高学生的音乐表现能力和舞台表演能力。

表演唱校本课程通过演唱和表演，学习正确的发声方法、演唱姿势，在循序渐进中达到学习的效果和要求。目前学校开设有表演唱社团，社团成员逐年增加。

上个学期我参加了表演唱，在张双英老师的指导下，我们可以将《青花瓷》完整唱出，可以去参加比赛，其中尤其是休止符、延长音、气息、情感、力度，我们进行逐句的练习，使歌唱技巧与演唱情绪结合起来表现歌曲内容，老师在这个过程中充当了我们的观众和听众，为我们的歌唱练习及时提出建议和看法，帮助我们了解和认知自己的声音，可以说，老师是我们的第二双眼睛和耳朵。

老师也从多个方面鼓励和帮助我们，培养我们大胆革新和克服困难的毅力，让我们在老师的"导"中一步步去尝试和体验歌曲的内涵，逐渐培养起我们对歌曲的处理能力和表现能力，让我们在创编、展示的过程中体验进步。成功的快乐也让我的性格慢慢变得开朗起来。

以前上唱歌课时，总觉得别人的声音是那么的动听，而自己却唱不上调，所以不敢唱。自从上学期以来，我们每天中午的午休都去练习，有时周五放学还要一直训练。老师也一直陪着我们训练，教怎样唱歌，纠正我们的错误。到现在，我自信多了。那次表演唱的比赛不仅仅是在表演，通过演唱那首《青花瓷》我才清醒地认识到，青春是一段多么美好的时光，也许人生就是这样，我们在不知不觉中长大。表演唱让我学到了许多道理：只要你为了目标而努力付出，就一定会有收获。

何晓彤　八(2)班

四、未来展望

2018年8月30日，习近平给中央美院8位教授写信，强调做好美育工作，要坚持立德树人，扎根时代生活，遵循美育特点，弘扬中华美育精神。

美育可以培养学生正确的审美观、审美能力及创造美的能力，理解和欣赏美，是美育的基本途径之一。①

1. 从狭义美育走向广义美育

林崇德通过对现行课标研究发现，当前教育对艺术与审美能力培养的专门性和集中性，主要表现在艺术类学科方面，而在其他学科则渗透得很少甚至没有渗透。中华传统文化中，古代的六艺：礼、乐、射、

---

① 林崇德. 学习与发展[M]. 北京：北京师范大学出版社，2003：337.

御、书、数,其中乐与书即为美育,即传统文人倡导的棋琴书画,但现在在高考指挥棒下,许多学校将其丢弃了。

未来美育,反映的是生活,刻画的是生活;美育,展现出生命对生活的追求,生命对生活的热爱;自然与人类的融洽共生,成为社会美育的重要功能。美育,不仅仅是一种教育,更是一种生活态度、社会认知。

生活中,音乐、绘画、建筑、雕塑、摄影、影视、广告、杂志、网络、家居、公共空间、城市园林、景观设计、衣着打扮、个人形象,兼具形、声、意于一体,无一离得开"美"。美育教育从封闭的学校课程,走向开放的社会课程;从单一的课程形态,走向多元的课程形态。

2. 美育的跨学科、跨专业发展

未来教育,学科间的融合已经成为趋势,美育将从单一的技艺转而与文学、历史、科学结合。

美育是培养和提高学生对自然、社会以及文学艺术的鉴赏和创造能力、陶冶情操、提高生活趣味的教育。美育与德育、智育、体育、劳动互相包含,从一定意义上说,美育是通向其他四育的桥梁。我们倡导的心灵美、内在美,体现的是人的内在气质和个人品德;语言文字的美、文学作品的美、语言文字音律及节奏之美,文学作品描绘的自然之美、人性之美;自然科学中,各种构造之美、物质运动之美、平衡之美;历史地理学科中的自然之美、社会之美,每一个学科,无不渗透各种美。美育融合到多学科教育,感知美、欣赏美、创造美,不仅仅是单一的美术、音乐和舞蹈学科目标,而成为各学科之间的结合、融合,美育无所不在无所不包。

美育的实施,已经不仅仅是美术、音乐、舞蹈等专门学科的任务,美育已经成为每一门学科综合渗透、多途径实施的目标。数学中图形的设计、空间的规划、三维或多维的转换,无不渗透美的教育。

戏剧课程,将音乐、美术、舞蹈、文学等结合在一起,诠释生活、人生与世界，课程内容既能吸引学生的兴趣，还能激发学生主动参与意识。

生活美学，如室内美化、装饰、插花等，将几何学、植物花卉知识、人物身份等相结合，把课程与生活相结合，从而装扮成了多姿多彩的生活。

3. 基本的人文素养与社会共识

《中国学生发展核心素养》围绕全面发展的人，把"人文素养"作为其核心要素之一。审美意识和审美能力是"人文素养"的基本特征之一。

爱上美，学会美，装扮美，让我们每个人都美起来。

祖国更美！

音乐审美教育的三要素

余 快

教育的本质特点是培养人，音乐审美教育是以音乐作为教育活动中的审美媒介，通过艺术之美把学生导向"真、善、美"的境界。时下有很多音乐教育活动已违背了音乐审美教育的初衷，脱离了音乐审美教育的本质，以技术化、工具化的训练来学习音乐技能，将学生对音乐的感知体验退化为音乐知识和规则的机械背诵，导致学生喜欢音乐却厌倦音乐课，一学期下来都不能完整地演唱一首课本歌曲。音乐学科也被老师和家长认为是可有可无，学音乐也成为家长为文化成绩较差的孩子今后进行技能高考而寻找的一条"捷径"，为了拿证书"为考级而考级"。这一系列的问题提醒着我们，音乐审美教育似乎已经遗忘了它的本质特点和价值主体——人。为什么我们音乐审美教育活动总是结果和初衷相悖？本论文将从音乐审美教育的三个要素（主体性——交往；认知；情感——体验）来探讨音乐审美教育。

一、交往是音乐审美教育的基础

叶澜教授曾说："人类的教育活动起源于交往，在一定意义上，教育是人类一种特殊的交往活动。"人在这种交往过程中，必须以主体对主体的平等方式实现相互理解、认同与融合。平等的交流让彼此在精神的境遇中获得发展，学生在教师的引导下学习，以教学内容为中介，双方在平等的交往过程中，相互理解并去寻求价值世界里的精神性的自我满足。作为音乐审美教育应该是以人与人之间相互交往为基础,在对于不同音乐的音乐文化理解中逐渐走向统一与多样。

记得我小时候,音乐老师那甜美的歌声、快乐的情绪一直深深地吸引着我。那些年,上音乐课的条件很简陋,教室里面只有一台旧手风琴,没有任何多媒体教学设备,但音乐老师总是充满着激情与活力,用她那美丽的舞姿和动听的歌声使快乐环抱我们,每次看到音乐老师我们都会扑上去抱抱老师,老师也会蹲下来摸摸我们的小脸蛋和头说:"你今天唱歌很大方哦。""你的小酒窝很漂亮,以后唱歌要露出来。"这种师生间纯真的交往让我难以忘怀!从此我喜欢上了音乐老师,迷上了音乐。儿时我就立志:长大后要当一名好棒的音乐老师,要像我的音乐老师那样让每个学生都能快乐自信地唱着,跳着……

2014年全国第七届中小学音乐现场课,我在执教的五年级哈萨克族民歌《美丽的夏牧场》歌唱课设计中,从导入环节开始,通过身体节奏,拍出歌曲四拍子律动规律,在这个基础上,教师哼唱旋律,巧妙地形成了二声部,师生间默契的交往互动合作为完整演绎歌曲环节做好了铺垫,同时,也让学生深深地感受到了愉快、平等的课堂氛围。学生的表现得到了老师的鼓励,学生开心了,思维瞬间就活跃起来了,学习兴趣也提高了。这种教师个体与学生群体之间的双向交往互动,学生往往能迅速接受来自其他个体的信息,并能在这种"磁力"催化下,迅速把这些信息与自己的认知交融,进而内化成自己新的认识。如在《美丽的夏牧场》中,我让学生为歌曲设计不同的演唱形式,学生设计了男女唱、对唱、一领众和等形式,有一个学生突然说:"老师,我觉得这首歌曲可以用轮唱。"当我听到学生的发言时,心里既高兴又紧张,高兴的是看到学生在我的课堂交往互动中敢说、敢想、敢做,他们的想象力和创造力得到了充分发挥,紧张的是一节课的教学内容已经很丰富了,如果再加上歌曲轮唱教学的话时间就不够了。那怎么能让学生感受到轮唱的效果呢?我又不想抹杀学生的学习兴趣和想象力,灵机一动,我让学生唱一声部,我来演唱二声部,师生互动再次让学生感受到了轮唱的演唱效果。演唱完，我问刚才那个发言的学生："你觉得刚才的轮唱好听吗？"学生回答："这样唱歌曲更美啦。"听到学生的回答我很欣慰。

传统的音乐教育，只强调了对音乐专业知识与能力的传授，忽视了真正教学活动中教师与学生的交往互动，技能性的音乐教育把学生看做知识的容器，教师在其中只是"传道"，却无从"解惑"。如果音乐教育只是单纯的知识传授，放弃了音乐教育最本质的对于人的生命意蕴的思考，音乐审美教育意义何在？

"源头活则流清泉，根本固则叶宽松。"课堂教学蕴含着鲜活的生命力，师生间有效的交往互动能激活课堂，还能激发学生的学习兴趣。在师生交往互动中，教师充分发扬了民主，给予了学生精神上的鼓舞，使学生愉悦，情绪饱满，积极地参与交往互动。学生借助教师的引导，在对音乐作品的认识中，审美能力得到发展，而教师则在对音乐作品的理解中，引导学生，共同探究，既而获得一种"理智上的愉悦"。正如朱永新教授在《我的教育理想》中所强调的一样："通过美育引导学生学会与他人交往，让孩子们在与人交往中体验到和谐真诚的情感美。"

二、认知是音乐审美的关键

音乐审美教育过程中认知是音乐审美教育的关键，音乐知识技能的掌握是让学生能更好地理解音乐作品，促进学生从更深层次获得对于音乐作品所建构的意义世界的把握。马克思曾说："对于不懂音乐的耳朵，最美的音乐也没有意义。"那么在具体的音乐审美教育过程中，如何培养学生具有懂音乐的耳朵，这种能力的培养必须以学生掌握基本的音乐知识与能力为手段，这样才有可能在欣赏音乐和唱歌的过程中心灵上有所触动，精神上有所升华。如在歌曲《美丽的夏牧场》体验和记忆歌曲旋律教学环节中，我巧妙地融入了旋律线条，在师生边唱边划旋律线条的过程中，学生既体验了歌曲的旋律特点，乐句的结构，又掌握了用连贯的气息演唱流畅旋律的技能，并感受和表现出了歌曲的优美意境。

在音乐审美教育中，音乐表演活动不只是歌词背唱，音调准确，发声自然，音色优美，在演奏中的动作方法规范，速度、力度表达正确，更关键的是，表演者对作品富有创造性和个性化的演绎诠释，甚至对于原作的丰富和补充。在真实反映原作的基础上，将其与表演者的创作个性结合，圆满实现音乐表演的二度创作，实现真实性和创造性的统一。如在广东花城版一年级歌曲《落雨大》中，为了丰富音乐歌曲作品，在学唱完歌曲后，我鼓励学生给歌曲创造一个雨境场景来结合歌曲进行表演，运用已掌握的力度和速度记号，发挥自己想象力和创造力，用小打击乐器表现雨境。有设计"小雨—中雨—大雨—雷声"、有"刮风—中雨—大雨—雷电—彩虹"等，课堂上有一个男生的设计"太阳—雷电—暴雨—中雨—小雨—雨滴—彩虹"引起同学们不同的意见，有学生质问说："出太阳怎会突然打雷呢？""好奇怪，我没见过这种雨天哦。"当同学们在议论的时候，我发现那个小男生自信的笑脸不见了，我马上跟同学们说："我很欣赏他创作的特殊雨境，给他的创作打满分。"这时所有学生都安静下来了。"同学们，音乐创造是无限的，一千个听众，就有一千个梁祝，只要你想得出来。你没见过这种雨境，但在这个同学心里有呀，音乐没有百分之百的答案，我们要大胆去想象和创造，说不定下一个贝多芬就是你。"顿时，课堂一阵掌声，孩子们在和谐良好的课堂氛围中获得了美感和理解。在这个审美认知的过程当中，情感体验与认知是相互渗透的，并统一在整个艺术活动当中，音乐审美教育过程就是通过音乐作品的审美认识功能来认识自然、感知人生，帮助学生辨别美丑，提高审美能力。

三、情感——体验是音乐审美教育的核心

音乐审美体验是一种内心的体验，情感——体验作为音乐审美教育的核心，在对音乐美的感受与体验过程中，通过审美对象的直观感受，审美主体由于内心的情绪结构所包含的"个体生命的要求与愿望"，及自身审美经验的兴趣习惯，与审美对象产生相融合的"审美共振"，继

而引起情感体验的发生。在音乐课中，老师必须引导学生积极参与课堂教学活动，启发学生主动思考，通过大量的音乐实践让学生得到情感的体验、抒发、产生一定层次的认知、评价、鉴赏能力。如在歌曲《美丽的夏牧场》中，我带学生边唱边划旋律线条后，在歌曲旋律线条上加了几笔，让线条变成了游水的天鹅和飞翔的天鹅，引出了"哈萨克"在本族语言中就是"天鹅"的意思，了解到他们民族的舞蹈动作中融合了很多天鹅的造型和姿态，然后，学生创编天鹅的舞蹈动作并随音乐律动。有了前面的铺垫，学生通过舞蹈的肢体语言体验到了歌曲的情感，在后面歌曲演唱时更能以情带声地表现歌曲。又如在歌曲《送别》中，我运用了"音乐+戏剧"的手段，通过看、说、演、唱来激发学生内心情感。首先，从一张车站离别的图片导入，通过图片的场景人物让学生讨论，他们在做什么？说什么？要去干什么？大家各抒己见。接着我让学生结合自己亲身经历说说离别的场景。有的学生说："爸爸送我坐飞机去奶奶家。"有的学生说："送爸爸坐车到外地工作……"师生间的情感交流打开了学生内心的那扇窗。然后，我要求他们分几个小组来演不同离别的场景。在学生演的过程中我播放《送别》作为音乐背景，音乐一响起，瞬间，有学生哭了，学生在老师的引导下，在音乐作品情感上达成了共识，产生了情感的呼应，以"随风潜入夜，润物细无声"的方式，浸润着学生的心灵。

通过对音乐审美教育交往、认知、体验三要素的探讨，交往、认知、体验所共同的指向就是促进学生生命的成长，提高学生的审美能力。然而以上三要素是相互联系又是有机统一的，主体性——交往之中有对于音乐作品情感的体验和音乐作品所反映的客观世界的认知；音乐作品的认知当中又以主体性——交往为基础，以情感——体验为目的；而情感——体验则是在主体——交往的过程中，通过审美认知，促使自我审美价值的生成，情感获得涵化，生命得到润泽。所以，交往、认知、体验音乐审美教育过程表现出生命主体意识的自由自觉，以生命本真的审美需求发现音乐之美，以体验音乐之美来实现个体审美价值的生成，体味人生的意义，解读生命的意蕴。

◎ 参考文献

[1] 冯建军. 生命与教育[M]. 北京：教育科学出版社，2004.

[2] 冯建军. 论生命化教育的要义[J]. 教育研究与实验，2006(5).

[3] 叶澜. "新基础教育"探索性研究报告集[M]. 上海：三联书店，1999.

[4] 尹爱青. 音乐审美教育的人学研究[M]. 长春：东北师范大学出版社，2014.

[5] 郭声健. 艺术教育论[M]. 上海：上海教育出版社，1999.

[6] 马慧敏. 音乐教育中生命教育功能浅探[J]. 喀什师范学院学报，2006(2).

[7] 朱小蔓. 情感教育论纲[M]. 北京：人民出版社，2007.

[8] 张文质. 生命化教育的责任与梦想[M]. 上海：华东师范大学出版社，2000.

[9] 郭思乐. 教育走向生本[M]. 北京：人民教育出版社，2001.

浅析少儿舞蹈教学中"形象性"动作的重要性

谢 瑶

引言

少儿舞蹈是舞蹈教育体系中的一个重要组成部分,在少儿舞蹈教学中对"形象性"动作的选取和提炼能够反映少儿的性格特征和内心情感,也有利于少儿心理、智力上的发展,还培养了少儿的团体合作与创新意识,"形象性"动作在少儿舞蹈教学中占有一定的重要位置。

一、舞蹈"形象性"动作简述

(一)"形象性"动作的定义

"形象性"指的是在文化艺术创作以及语言的交际中,使用形象的特有形式反映其生活中所带有的详细具体生动并且能激发出人们感性经验以及思想感情的属性。

在舞蹈中,"形象性"动作也就是动作的形象化,动作形象化是运用体态语言或是动作行为模仿,达到形象理解。本文中"形象性"动作包括三种:形象上的"形象"、动态上的"形象"、仪态上的"形象"。

(二)"形象性"动作的分类

1. 形象上的"形象"

形象指的是用有效并且生动的语言、动作刻写出可见的创造形象，也可以用于表示某人或某物外部的特征。在舞蹈中形象上的"形象"可理解为任意摆一个动作就能够让人一眼分辨出是模仿什么或者说是想表现出什么样的一个形象。例如：身体呈跪并向前倾的形态，五指张开往两颊两边打开便是一个简单的小猫形象。两手比出"2"的手势放在头顶上便是兔子的形象。佝偻着背，双脚打开微蹲，两手撑住腰背便是老人的形象。综上所述，外部显而易见的形象特征，均代表着形象上的"形象"。

2. 仪态上的"形象"

仪态包括人的姿势、举止以及人的动作、样貌，简称为仪容姿态。例如：眼神、表情、姿态、手势等。舞蹈中任何优美的舞蹈动作不单单只是肢体动作的完成，更加需要表情及眼神的配合，灵活运用准确的手势姿态来达到更好的效果。也就是说在原有的外部特征及动态特征的基础上加上眼神、表情等使舞蹈动作达到更完美的演绎。例如：孔雀舞当中我们灵活地运用五个手指头营造出孔雀头的相似形象，双臂弯曲成翅膀状以及通过脚下动作的配合，加上嘴巴往里缩的表情就是小鸡的形象。

3. 动态上的"形象"

动态指的是（事情）变化发展的情况，或艺术形象表现出的活动神态，运动变化中状态的变化或考察的运动变化状态。在舞蹈中动态上的"形象"，也就是指在原有静态外部形象特征的基础上加上有运动特征的动态形象。例如：蝴蝶飞，手臂从旁同时打开向上至头顶合住再同时向下打开，脚下配合小碎步左右挪动；摇摆的柳枝，手臂轻柔地上下左右摆动，加上脚下的步伐，就能形成柳树随风摇摆的一个动态形象。

二、"形象性"动作在少儿舞蹈教学中的运用

(一)启发少儿的想象力

"形象性"动作也就是动作的形象化,动作形象化是运用体态语言或是动作行为模仿,达到形象理解。在少儿舞蹈教学中离不开游戏法和模仿法。游戏法和模仿法的结合训练使"动作形象化"的教学过程生动有趣,孩子们可以尽情发挥自己的想象力来完成各种动作,从而达到很好的训练目的。

孩子在成长过程中接触了各种各样的游戏,孩子在其中可寻找到快乐与童趣,因此将游戏的形式运用到少儿舞蹈教学中,能增加孩子学习的兴趣。拿《小鸟儿》来举例,教师和学生们分别扮演鸟妈妈以及小鸟儿,并利用生动形象的肢体语言,构造出"蓝天白云"的相关意境:让孩子们根据自己的理解以及丰富的想象来选取一个"形象性"的动作,再想象自己是一只在天空飞翔的小鸟,遇到暴风雨时会出现什么样的动作。接着大家集体跟着老师学习小鸟飞翔。在学习的过程中,老师看到孩子们手上的动作不规范时就可以说:"哎呀,这一只小鸟怎么受伤了,感觉没有舒展开来,小伙伴们帮帮他。"这时作为学习者就清楚自己手的动作没有规范,并在伙伴们的帮助下尽快改正过来。这样不仅达到了训练目的,更可以激发他们浓厚的学习兴趣,提高学习效率。

任何人的成长过程,从言行到举止、从感情的流露到语言的表达都或多或少牵扯到模仿这个过程。同样的,在学习舞蹈的过程当中,开始也是动作的模仿。为了充分调动学生的兴趣,可从学生最易接受的动作开始学习。在少儿舞蹈教学当中,"形象性"动作我们可以选取自然界的各类小动物,例如:会跑会跳的小狗、会飞的小鸟等等。我们常接触的少儿舞蹈当中鱼儿游动、猴子爬行还有蝴蝶飞舞、企鹅摇摆的形象,都是由生活当中的原形模仿而来的,也是

在"形象性"动作中从模仿角度直接展现儿童特点的典例。因此在少儿舞蹈教学当中老师可以让学生们发挥自己的想象力，先来模仿这些小动物的特有动作，展示特有形象，让学生不仅只是模仿老师的动作及形象，还可以充分发挥自己的想象力独自进行模仿，并收获到舞蹈的快乐。

(二)提高少儿的创造力

在舞蹈教学过程中，"形象性"动作教学不只是老师的"口传身教"，音乐的选取和道具的使用也可以使学生们尽情地发挥主观能动性和创造力，使"动态形象"在教学当中达到更佳的效果。

例如：舞蹈《快乐宝贝》，舞蹈中的前4个8拍的动作，可让学生们自然站立，双手叉腰，音乐一响起，就让学生们左右扭屁股，这个扭屁股就是平常生活中孩子们本身的自然动作。又如节奏感突出的《幸福拍手歌》，可以先以此歌曲里最突出的三句歌词来编排节奏律动练习。首先，让学生们排排站，等"拍拍手"这组词出现时，教师在一旁拍手两次，出现"跺跺脚"时，跺两次脚，出现"伸伸腰"时，就教学生们像平常起床一样伸懒腰就可以了，不用去纠正每个学生伸懒腰的姿势，以保证学生动作的自然。

学生们可以使用积木集体来创设一个舞蹈意境，想象自己在一个花草丛中，通过生动而形象的语言，营造出在花丛中的意境：在美丽的花丛里，"蜜蜂"们忙着采蜜。在训练过程中，如果发现有些孩子动作不对，老师还可以采用一些激励的方式去引导他(她)们："有一只小蜜蜂的翅膀怎么飞不起来了，是不是飞歪了呢"，提醒孩子们纠正动作。除此之外还可以提供很多材料道具，可以是小篮子、苹果、小花伞、帽子、红领巾等等，让学生使用这些道具来创设更多更好的舞蹈情境，然后根据这些情境编一段小舞蹈，让学生们的创造能力充分地发挥出来。

三、"形象性"动作在少儿舞蹈教学中的作用

(一)促进少儿心智发展

如今,促进少儿健康成长的方法很多,少儿舞蹈训练也是提高少儿心智的有效方法之一。对于那些身心尚未发育健全的少儿来说,他们的身心能够得到健康快乐成长的重要前提是拥有良好的身体素质。少儿在学习以及生活中会养成许多不良的习惯,这些不良习惯经过舞蹈的学习和训练,能够使其对自身进行反思,改正这些不良习惯。在少儿舞蹈训练的过程当中,常常需要学生们不断地记忆动作、理解动作、完善动作。例如:小舞蹈《小花猫》,学生们需要先学会动作,思考自己的手和脚有没有配合上,判断动作的正确与错误,在愉快的氛围中,改善了心境,促进了智力发展。诸多实践证明,科学的舞蹈训练不仅有利于促进孩子的身体发育,更加有利于少儿心智的发展。

(二)提高少儿合作意识

舞蹈中衡量整体美感的标准之一常常是整齐划一的动作及队形。少儿舞蹈常常是以群舞的形式来进行排练或演出。在群舞中如果有一个孩子动作不协调或者不认真,就会影响甚至破坏画面的美感和整齐度。在课堂上通过这种集体性的训练,孩子们会养成一种自觉守纪、互帮互助、集体协作的良好习惯。例如:在小鱼群形象的训练过程中,为了强化孩子们的团队合作意识,老师会根据他们的性格特征以及意愿适当分配任务,将全班同学分成三个小鱼群,每个小鱼群里面选一个学生来做小组长,让小组长负责帮助本组动作稍有困难的一些同学,并且三个小鱼群都以小组为单位选取鱼群的"形象性"动作,以此为基础来编排一个小舞段,这样让他们自己去处理在集体活动中出现的一些问题,学会把"自我"融入集体的"大我"之中,提高了团队的合作意识。

(三)培养少儿审美感觉

舞蹈教育是艺术教育,同时也是审美教育的重要组成部分。少儿舞蹈的教学需结合学生们爱跳、爱唱的生理及心理特点,教学的形式和内容要易于学生接受和喜爱。在少儿舞蹈教学过程中,通过训练少儿的动作、姿态、表情、内心情感的表达等等,潜移默化地培养了孩子们的审美欣赏能力以及审美创造空间。例如:老师教学生们一段孔雀舞的动作,学生们看完老师表演之后第一评价就是:好美啊。因而,从少儿舞蹈教学的审美角度来讲,在"形象性"动作的训练过程中不只是单纯地为发现舞蹈苗子,而是要从整个美育出发,增强学生健康的体魄,培养他们的想象力、表现力、创造力以及音乐的节奏感、韵律感,舞蹈美感的修养等。

四、结语

综上所述,"形象性"动作在少儿舞蹈教学中有着重要的地位和作用,在教学过程中,"形象性"动作的训练可以影响教学的质量,提高学生的积极性,最大限度地提高学生的想象力与创造力。

◎ 参考文献

[1] 王海英,肖灵.舞蹈训练与编创[M].北京:高等教育出版社,2004.

[2] 王一茹.浅析少儿舞蹈教学[J].陕西教育(高教版),2009(2).

[3] 李明明.少儿舞蹈动作的选择与运用[J].大众文艺,2012(11).

[4] 王珊珊.少儿舞蹈教学分析[D].长春:东北师范大学,2011.

[5] 庞佳.童趣:幼儿舞蹈的灵魂[J].幼儿教育·教育教学,2007(12).

[6] 包勤.浅析少儿舞蹈教育[J].大众文艺,2014(8).

[7] 冯百跃.舞蹈训练学概论[M].上海:上海音乐出版社,2009.

落实"四部曲",点燃"书法情"
——浅谈中小学书法课堂教学的实践途径

易中华

《中小学书法教育指导纲要》(以下简称《纲要》)指出:"汉字和以汉字为载体的中国书法是中华民族的文化瑰宝,是人类文明的宝贵财富。书法教育对培养学生的书写能力、审美能力和文化品质具有重要作用",并建议"中小学书法教育以语文课程中识字和写字教学为基本内容,以提高汉字书写能力为基本目标,以书写实践为基本途径,适度融入书法审美和书法文化教育"。根据这一规定,结合学校的实际情况,本着提升学生素养为目的,笔者近几年扎根于书法教学,就有效落实书法课堂教学进行了实践研究。

一、适时保量,营造氛围

《纲要》建议要"合理安排书法教育的教学时间"。确实,书法课时的安排有其特殊性,特别是在软笔的教学中,一般我们安排在上午的最后一节,或是下午的第一、二节,以便预留足准备和收拾整理的时间,不影响下堂课的教学。当然如果学校有专业的书法教室,书法教学的主动性和灵活性就更强了。《纲要》也指出应"强化书写实践",为保障学生能每天静心练习,学校会安排每天固定的书法练习时间。例如我校每天设置了午写课,由班主任督促,相关老师指导。

二、统筹思想，有的放矢

以往的书法教学很强调书法的"专业化"，这固然有它的可取之处，但是这与中小学生的身心发展特点及规律是不相符合的，很容易让学生产生畏惧和抵触情绪，学习的效果也不尽如人意。笔者以《纲要》为基本的指导思想，结合我校实际情况摸索出以适度性、规范性、实用性、欣赏性、趣味性、思维性为原则的书法教育途径。

1. 选教材，要适度

目前市面上书法的教材很多，由于针对性不同而各有优劣。学校书法教材的安排要符合学情，提倡教师编写通俗易懂的校编教材及训练手册，以便更有效地指导实际教学。建议教材编写应该包括有欣赏部分、技能部分、提高选修三部分，内容分阶段，既有梯度、有广度，也有深度，增加趣味性。总之，要广谱高效，又区别要求，以适合学生学业水平发展不同的特点。

2. 好习惯，要引导

培养良好的书写习惯是学好书法的基础。书法传到日本被称为"书道"。所谓"道"，就是一种综合的多元系统的修养。学生上书法课，课前就要作好准备，入情才能入境。首先是心灵的准备，要做到心静、专注；再就是书法工具的准备，包括东西的摆放和工具规范操作。教师要拿出专门的时间来讲解砚台怎么放、笔搁怎么摆、毛笔怎么放、怎么沾墨、倒多少墨水、怎么捋笔？一切环节都要落实到细处和实处。最后，握笔姿势和书写姿势要正确，"头正、身直、脚放平"，教师不厌其烦地纠正学生书写姿势是关键。

3. 学与用，要结合

书法是一门艺术，也是一门技术，更要为教学服务。笔者秉承写好规范字，学以致用的原则。小学低年级以硬笔为主，内容也与语文、数学等学科的内容相关。把平时书法练习和学科作业练习结合起来。比如"生字书写"、"作文"、"算式书写"等。中高年级组织一些有趣的活动，如"送福字"、"送对联"等书法实践活动，让学生感受到书写的乐趣，体验成功的快感，激发热爱、学习书法的热情。

4. 美与趣，要和谐

书法呈现给人美的享受，无论是楷书严谨的静态美，还是行书的飘逸、灵动以及隶书的古朴沉着……书法审美在学校书法教学中很重要。应根据孩子们的年龄特点组织与学生的认知水平相近的书法作品，通过引导感受其美感，提高审美能力。书法的教学要符合学生的身心特点，突出趣味性。例如，低年级学习画线条是十分枯燥的事情，我们可以把形式变化一下，变成画线游戏，如画蚊香卷，画斑马纹，给太阳爷爷添胡子等。

5. 学而思，要渗透

"学而不思则罔，思而不学则殆。"书法学习不只是技能训练，更重要的是一种思维的训练。书法学习是一个"思考—实践—再思考—再实践"的无限循环螺旋提高的过程。让学生思考着写字，是书法学习的精髓。那怎样引导学生去思考呢？首先要培养学生明锐的洞察力。一副字摆在那儿要教会学生从哪些角度去观察？怎样把观察到的信息进行处理？怎样通过团队共享信息。其次，勇敢地提出自己的想法，实践自己的想法，吸纳别人的观点。最后要有系统的综合分析能力。把得到的信息经过分析后进行总结，并能运用到以后的学习中。当然这些要求对小孩子来说一时难以达到，但是我们可以分梯度，逐步完成。总之，写前多观察、写时多分析、写后多思考的习惯要贯穿整个书法教学中。

三、全面协调　相得益彰

"要团结所有能团结的人","建立统一战线"。在书法学习中我们也要运用这样的策略,正确处理好书法教学和各科目的关系,借助一切力量,让其对书法的教育发展起到很好的促进作用。

1. 学科之间,多一点携手

书法学科地位不及文字科目,但是又是一切文字科目的重要帮手。书法教学要和其他科目巧妙地结合起来,可通过练习、书写学科作业等各种方式来保证书写的实践活动。对各科的书写要给予指导,努力把练习和应用有机地结合起来。同时要与其他学科老师加强交流,对学生的日常书写达成一个统一明确的要求,得到其他老师更多的支持和谅解,使书法学科渗透各学科,达到小而不"弱",与各学科相互促进、共同发展的效果。

2. 内外之间,多一点结合

本着以校内资源为主体,校外资源为补充的原则,要充分发挥本校书法教师以及热爱书法的各科教师的专长,努力营造良好的书写氛围,为整体提升全校师生的书写水平创造必要的条件。同时,也要发挥社区等各级书法教育学术团体的作用,鼓励有书法教育资质和能力的书法家、书法教育者,及有书法教育能力的家长到校交流或指导老师和学生。

3. 家校之间,多一点联系

书法学习时间长,见效慢,而且每次课前要准备繁多的工具和资料,显得特别繁琐,这需要得到家长的支持和理解。特别是三、四年级刚开设了毛笔书法课,由于孩子生性好动,教室比较狭窄,毛笔的书写习惯还没有养成,很容易弄脏衣服,这就要事先与家长沟通好,让家长认识到这是孩子成长路上必定要经历的，不要因为弄脏衣服而放弃孩子学习的机会。通过当今媒介如 QQ 群、微信群、学校网站，对家长给予引导，鼓励家长也参与到书法的学习中来，"变孩子学习为我们一起学习"，从而更好地促进书法的学习。

4. 学生之间，多一点区分

教学中应因材施教，一般孩子均衡指导，特长孩子则发掘成长。学校书法教育主要是普及教育，针对一般学力水平的孩子，基本目标是掌握硬笔、毛笔书写汉字的基本技能，提高汉字的书写能力，养成良好的书写习惯。但是，对个别天赋过人的孩子，我们应该在学生自愿和不增加课业负担的前提下给予特别指导。

四、多元评价，激发自信

书法的学习是一个长期持续的过程，对学生的评价应该本着以评价促进发展为原则，科学地反映不同阶段的学习状况，及时给予合理的引导。评价只是手段，发展才是目的。

1. 有系统

书法学习是一种学习的状态，对它的评价应该是全方位的各种状态的阐述，包括基本知识、基本技能、学习态度，甚至价值取向等的发展状况。我们在评价孩子的时候要综合、系统地考虑，鼓励优点，克服不足，找到解决问题的方法，从而形成一种长效激励机制。

2. 有阶段

孩子的发展是有序的，不均衡的，这在书法学习中显得尤为明显。书法学习跟孩子的生理发育（手部小肌肉发育）和认知水平发展有关，老师要了解学生书法学习发展的规律，对处在不同阶段的孩子，给予引导。不搞"一刀切"，尊重孩子自身的体验和感悟，多一点细心和耐心。

3. 有维度

评价不拘泥某一方面，可以采用自评和他评，也可以建立学生个人成长袋，对各个阶段学生进行评价。利用教室的墙壁组建"快乐习字栏"，定期张贴孩子的书写作品，鼓励孩子积极参与学校、社区以及家庭的各种书写活动，在活动中锻炼成长。

总之，书法学习是一个繁琐细致、持续漫长的过程，需要我们有一颗耐心，一颗恒心，扎扎实实地做好每一项工作，以一颗平常的心静待他们水到渠成、瓜熟蒂落的那一刻。

◎ 参考文献

[1] 王振宇. 心理学教程[M]. 北京：人民教育出版社，1999.

[2] 王道俊，王汉澜. 教育学[M]. 北京：人民教育出版社，1999.

[3] 教育部. 中小学书法教育指导纲要[M]. 北京：北京师范大学出版社，2012.

第七章

全员育人

学生是在学校、家庭以及社会的共同影响下成长的。当今世界各国普遍认识到，青少年儿童的教育仅靠学校单方面的力量是难以完成的，需要社会各方面的力量，尤其是家庭的通力合作。家庭是人生的第一所学校，家长是孩子的第一任老师，家庭教育是人生成长的最重要环节之一，可以说，家校合作已成为世界各国教育改革的重要组成部分，家校合作的水平影响着学生的发展状况。著名教育家苏霍姆林斯基曾这样说："教育的效果取决于学校家庭的一致性，如果没有这种一致性，学校的教学、教育就会像纸做的房子一样倒塌下来。"由此可见家教与师教是密不可分，缺一不可的。在当今社会背景下，学校还要整合社会资源，形成家、校、社合力，才能提升教育质量，培养全面发展的创新型人才。

2015年10月，教育部下发《关于加强家庭教育工作的指导意见》，明确了家庭教育的重要意义、作用，学校在家庭教育中的作用等；2019年1月，教育部长陈宝生表示，推动将家庭教育纳入基本公共服务体系，研制家庭教育指导手册和家庭教育学校指导手册。

中小学家校合作是当今教育改革的重要组成部分，也是教育改革的重要研究课题。随着全面素质教育的推进，单靠学校教育教学改革是不够的，要实现培养高素质人才的目标，必须构建一个教师、家长共同参与，学校、家庭、社会形成合力并共同发挥作用的开放的、立体的环境。进行家校合作教育有利于做到优势互补，但是我国的家校合作一直处于初级的状态，基础十分薄弱，理论基础不够深厚，家校合作的开展一直处于探索阶段。"家庭公约"这种家校合作模式就是在这样的背景下应运而生的，它从一个侧面解决了家校合作方面存在的问题，为家校合作、齐心共育开辟了新的途径，成为学校自身可持续发展的一个增长点，具有很强的现实意义。

鲜艳的红马甲一如既往地迎着朝阳护送孩子们安全走进校门；通过《家庭公约》，很多家庭的亲子关系正在悄然改变着；家长学校的每一次课都座无虚席，一些家长记录的笔记已有厚厚的一沓；更有家长走进课堂为孩子们讲授精彩内容，社区为孩子们的社会实践提供便利条件。家、校、社都在用自己的方式在孩子的教育中起着各自的作用。孩子的健康快乐成长离不开教育合力的共同发力，而家、校、社随着时代的发展也在不断变化和进步，在充分把握学生特点和调动各方力量的同时，我们期待可以探索出更适合学生的家、校、社共育创新机制。

一、家庭公约

一年多来，通过在我校二年级各班实施《家庭公约》计划，参与实验的教师教育理念得到转变，科研意识和能力明显提高；家长对家庭教育的重要性有了新的认识，能够更好地配合学校有效培养孩子良好的行为习惯，使家庭和学校有了实质性的合作；通过《家庭公约》计划的实施，学生与家长之间通过契约的形式规范文明语言、文明行为，亲子关系得到改善，家庭更加和谐，学生在学校的情绪相对稳定，偏差行为减少，在某种程度上降低了教师的管理成本，现将本课题研究取得的成效总结如下。

（一）设计出了一套《家庭公约》手册和家庭游戏牌

这套目标清晰、内容充实、结构完整、方法科学、切合实际、方便操作、简单有效的《家庭公约》手册，让家长能更好地明确家庭教育的定位与目标，拥有清晰的思路，作出严谨科学的规划。同时，公约的制定也能更好地配合学校近期要求和孩子的具体问题，真正让家校合作落到实处。

家庭游戏牌主要是推进家庭成员之间的和谐关系。有的家庭亲子关系冷漠或夫妻关系紧张，这对实施《家庭公约》计划有很大的阻力。在玩特殊定制扑克牌的过程中，家庭里增加了很多欢声笑语，大家的关系融洽了，《家庭公约》计划的推进也就水到渠成了。

(二)形成一套特色鲜明的实施模式

本研究的结果有很强的实用价值和推广价值，在同类课题研究中有一定的先进性和创新性。如果将课题研究的优秀成果转化成为可推广可复制的实施模式，就能使更多的老师、学生和家长受益，因此，课题组对课题成果进行总结提炼，形成一种独具特色的实施模式，方便课题成果得到更为广泛的推广和应用。

1. 设立机构，规范管理

课题结题后，我们拟成立课题推广领导小组，以学生处主任牵头，由课题组成员和骨干班主任组成，在学校领导直接指挥下，建立目标责任制，分层次管理，各部门和班主任相互协调，互相配合，确保推广工作落到实处。

2. 加强学习，提高素质

组织各年级班主任学习"由'家庭公约'推动家校合作的践行"课题相关内容，进行必要的培训，使老师们明确推广应用《家庭公约》计划的意义，掌握应用《家庭公约》的基本方法。同时通过走出去、请进来的方式，组织教师学习相关家校合作理论与实践知识，更新教育观念，提高教育教学水平。

3. 指导家长，掌握方法

通过学校电子屏、信息平台、项目宣传折页等形式进行活动推广，向家长介绍课题项目意义，并通过专家讲座等方式让家长掌握公约手册的操作方法，确保能在班主任老师的指导下，顺利实施《家庭公约》计划，切实改善亲子关系，引导孩子建立良好的行为习惯，使之养成豁达开朗、健康向上的心理，促进孩子的健康成长。

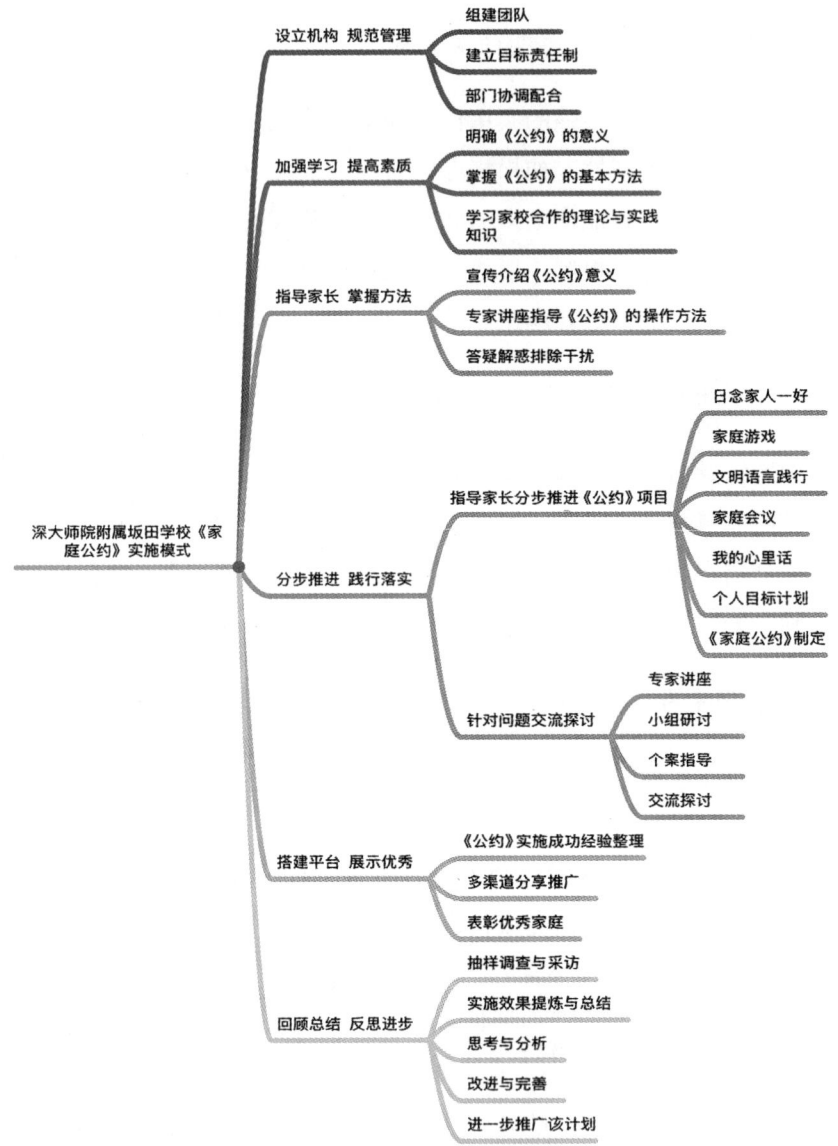

4. 分步推进，践行落实

通过班主任、科任老师及家委会等途径，指导家长分步推进《家庭公约》的各项内容，如日念家人一好、家庭游戏、文明语言践行、家庭会议、我的心里话、个人目标计划、《家庭公约》制定等。

通过专家讲座、小组研讨、个案指导等方式，针对《家庭公约》计划实施过程中出现的问题进行交流探讨，协商解决问题的办法，及时指导家长执行。

5. 搭建平台，展示优秀

对《家庭公约》计划实施过程中涌现的好方法及成功经验进行搜集整理，通过家长会、教学开放日、校园网、课题小报等方式及时分享推广，并对优秀家长进行表彰鼓励，召开经验分享会。

6. 回顾总结，反思改进

依据《家庭公约》计划实施过程中的优秀个案，通过对参与实践的老师、学生和家长进行个案抽样采访或调查，对如何提高《家庭公约》计划实施效率进行理论上的提炼与总结。同时，对推广过程中存在的问题进行理性思考与分析，提出改进和完善的意见，制订后续实施工作计划。

(三) 课题实施成效及家长反馈

课题实施前通过对我校一年级学生家庭进行调查，结果显示，很多家庭在家庭教育方面存在诸多困惑，从家长的反馈中可以看出主要集中在找不到正确的教育方法、孩子不愿意接纳自己的意见以及难以理解孩子的想法这几个方面。

家庭教育中最急需解决的问题包括：家长的焦虑情绪、孩子的情绪管理、孩子的学习方法、孩子情商培养等方面。这也和当前我国教育现状相吻合：80%的家长面对孩子的教育问题是焦虑的，管理不好自己的情绪进而影响孩子的情绪，没能建立好生活各方面的良好习惯，总是无法按时完成学习任务。这或许是家长们目前最头痛的问题，急需专业的家庭教育指导。

同时调查结果显示：60%以上的家庭是没有制定过公约的，也就是说亲子互动中没有制定过适合自己家庭的亲子规则。调查还发现，有一小部分家庭是制定过的，那么对这部分家庭所制定的公约进行科学的指导和执行上的监督，将会大大提高其家庭教育效果。

对于《家庭公约》计划的推进，家长们基本上都是抱着积极参与的态度，这也为《家庭公约》计划的推进和实施提供了良好的基础。

在《家庭公约》计划实施一年多以后，针对前期调查中家长的困惑和亟待解决的问题，我们再次设计了问卷进行了调查，调查共收回222份有效问卷，调查结果如下：

1. 您的家中是否实施了《家庭公约》计划

选项	小计	比例
A. 没有实施	16	7.21%
B. 很少实施	60	27.03%
C. 大部分时间都有实施	112	50.45%
D. 每天都在实施	34	15.32%
本题有效填写人次	222	

在收回的222个有效问卷中我们发现92.79%的家庭实施了《家庭公约》计划，且65.77%的家庭大部分时间或者每天都在实施。

2. 您在实施《家庭公约》计划后哪些方面的家庭教育问题得到了改善

选项	小计	比例
A. 自己的焦虑情绪	104	46.85%
B. 孩子的情绪管理	82	36.94%
C. 亲子沟通技巧	105	47.3%
D. 孩子行为问题	74	33.33%

续表

选项	小计	比例
E. 孩子的学习方法	68	30.63%
F. 孩子的叛逆问题	28	12.61%
G. 孩子玩手机、网瘾问题	44	19.82%
H. 隔代教育问题	6	2.7%
I. 孩子情商培养	25	11.26%
J. 孩子安全教育	45	20.27%
K. 其他	29	13.06%
本题有效填写人次	222	

从调查结果可以看出，家长最希望得到解决的几个问题如自己的焦虑情绪、孩子的情绪管理、孩子的学习方法、孩子情商培养都在实施《家庭公约》计划后得到了改善。

3.《家庭公约》计划的实施让您的家庭氛围改善程度如何

选项	小计	比例
A. 没有改善	22	9.91%
B. 轻微改善	67	30.18%
C. 部分改善	93	41.89%
D. 较大改善	40	18.02%
本题有效填写人次	222	

对于家庭氛围的改善程度，调查结果显示改善率达到了90.09%，虽然改善程度有所不同，但只要实施了《家庭公约》计划的其家庭氛围都会有所改善。

4. 您对《家庭公约》计划的内容和形式满意程度如何

选项	小计	比例
A. 不满意	15	6.76%
B. 基本满意	112	50.45%
C. 很满意	60	27.03%
D. 非常满意	35	15.77%
本题有效填写人次	222	

对于《家庭公约》计划实施的满意度，调查发现满意度达到了93.24%。

客观分析问卷结果我们会发现，家庭教育问题改善的程度和《家庭公约》计划实施的满意度与家长是否认真坚持实施《家庭公约》计划有着必然的联系。我们的调查显示，能真正实施《家庭公约》计划的家庭实际上只有65.77%，那些家庭问题解决较为顺利、氛围改善较大及对于《家庭公约》计划实施较为满意的家长几乎都来自这部分家庭。如果对实施了《家庭公约》计划的家长比例再分析，我们会发现这65.77%积极参与的家长中71.23%的家长焦虑情绪得到了缓解，56.12%的家长学会了管理孩子的情绪，71.91%的家长学会了与孩子沟通的技巧，50.07%的家长觉得孩子的行为问题得到了改善，46.58%的家长帮助孩子找到了学习方法。剔除没有实施的数据，改善率和满度都达到了100%。

对于这一实施结果，作为一种新的家校合作模式，已经达到了我们的基本预期，想要更多的家庭真正实施起来并受益，必须让家长们看到已经实施的家庭有了怎样的改变，有了成功的案例才会激励更多家庭参与进来，这也是我们下一步努力的方向。

(四)课题研究取得的其他成效

1. 教师的科研能力得到提高

在本课题的研究过程中，课题组的研究人员热情很高，参与面也较广,既有学校的校长书记、中层干部、班主任老师、学科教学方面的尖子,又有青年骨干教师。虽然研究人员的理论深度及研究水平有一定的局限性,但是在专家的指导和同伴互助的影响下,研究人员的研究能力有了很大的提升。通过此课题研究,参与的教师增强了学校、家庭、社会相结合的大教育观,在调查、探讨、制定方案和实施《家庭公约》计划的学习实践中,初步掌握了进行教育科研的基本方法和过程。

同时,在此过程中,了解了国内外家庭教育的动态和趋势,也归纳提炼了一些适合本校校情、常用的、基本的家庭教育方法,为指导和推动我校的学校教育与家庭教育协同发展奠定了基础。

2. 家长培养孩子的理念得到了转变

通过实施《家庭公约》计划,家长发现,教育孩子还可以不用唠叨、不用打骂、不用催促、不用发火,也能使孩子听话配合,不少家长减少了对孩子的控制和打骂,使孩子更加自信,更加阳光。不少家长对家庭教育的重要性和教育孩子的方法有了新的清晰的认识,澄清了对孩子重智育轻德育、重关注分数轻关注心理健康的错误观念,明确了家长在孩子终身发展和幸福成长中担负的责任和履行的义务。

3. 家长增强了家校合作意识

通过此课题研究,家长在老师的指导下实施《家庭公约》计划,科学正确地运用一些家庭教育基本方法,与孩子互动,改善了亲子关系,家长对孩子的焦虑程度有所下降,这对转变家长的家庭教育观念起到了一定的作用。家长看到了孩子的变化,看到了家庭教育的成效,因而对老师更加信任并愿意配合老师的工作,在一定程度上消除因沟通不畅而产生的一些不良影响,融洽了学校和家庭的关系,达成了共识。更重要的意义在于保持了家校教育的一致性,营造了学生健康成长的和谐氛围。

4. 对学校班级管理的促进作用

在践行《家庭公约》计划过程中，由于家长以一种民主平等的方式与孩子互动，并以身作则给孩子树立榜样，因此获得了孩子的信任，亲子沟通顺畅，孩子和家长的情绪都比较好，孩子很愿意按照公约的承诺完成各项任务。很多家庭还让孩子当小法官，孩子感到非常自豪和有成就感。

（1）养成了良好的行为习惯。我校每学期重点抓一项习惯，我们会及时把学校要养成的习惯通知家长，使家庭学校教育相一致。活动开展后，家长反映孩子的时间观念和自主意识有所增强，减少了对家长的依赖性，做事拖拉的恶习得到遏制。学生在学校乱摆放东西的坏习惯有了明显改善，班风也有一定改善。

（2）养成了良好的文明礼貌习惯。在实施《家庭公约》计划之初，学校就引导家长和孩子在家互相道"早安""晚安"，放学或下班互相说"学习/上班/家务辛苦了"，请对方帮助做事要说"谢谢"，向对方提出请求要说"请，可以吗"，不仅形成了良好的家教，学生在学校说脏话的现象也大大减少，校园中互助互爱的现象多了，关心集体的事迹增多了，学生们的精神面貌也焕然一新。

（3）养成了良好的学习习惯。实施《家庭公约》计划后，学生情绪更稳定，能更加专注投入学习，学生写作业磨蹭的情况有了不同程度的改善，形成了较好的学习习惯。学生在课堂上的注意力也更集中，认真听老师讲课的时间增加，认真举手发言的人增多，课堂秩序得到改善，老师的教学效率得到了一定程度的提高。

5. 拓展了家校合作的新渠道、新内容、新方法

在一年多的课题研究过程中，大家以《家庭公约》手册作为家校合作的切入点，边学习边探索，边研讨边提高，形成了良好的教研氛围；使家庭教育和学校教育达成共识，在目标、内容、途径、方法上有一定的创新，为学校创建家校合作教育特色学校奠定了坚实的基础。

二、全员义工

家长义工是学校重要的育人力量，也是家校合作的重要方式。我校家长义工分为校级家长义工和班级家长义工。校级家长义工主要由学校统筹安排，负责学校大型活动（如艺术节、科技节）的安全护航活动。每个班有一名义工负责人，每次活动由其负责安排班级家长义工及与学校对接工作。班级家长义工则协助班级事务，如卫生打扫、班级活动等。我校自开办以来，一直实行"全员义工制"。由第一年的800多人，到第二年的1300多人，到现在的2400多人，队伍在不断地壮大。学校此举得到了家长的充分支持与认可。"红马甲"已经成为我们学校一道亮丽的风景线，大大小小的活动中，家长义工的身影穿梭在学校各个角落，社区中也常有我们家长义工的身影。

每个家长每学期都要体验一次义工，做好学生日常的安全护航工作，在充分调动家长这支重要教育力量的同时也让家长对学生的校园生活有充分的参与感，积极体验孩子的每日校园生活。每一学期每位家长义务执勤一小时，学校门口的交通秩序井然，孩子们的安全得到了保障。在我校教职工中流传着这样一个真实的故事：一天上午，学生已经全部到校，开始上课，值日的家长义工也都回家，校长冯立新如往常一样，在校园周围四处巡视，走到校门口，发现还有一位家长站在那里，他走上前和家长闲聊起来，问他为什么还不回家？这位家长说：今天，我特地向工厂请了一天假，一个学期，就这样一次的值日，孩子在学校得到老师们精心的照顾和培养，作为父亲，我想用一天时间好好尽责，也观察一下孩子们在学校的学习和生活情况。我校这样的家长很多，他们每天自己要上班，还要照顾家庭，每一个家长，无论是什么岗位、什么职业，为了孩子，也为了学校的发展，他们主动奉献、甘于付出，充实了学校育人的力量，搭建了家校合作的桥梁。

以下是他们的心声：

家委代表：家校共建，责任到班，分段承包，服务全校，是我们家长义工队的活动原则。家长义工队建设作为我们家委活动的重要一项，家委成员们都十分重视，每次的轮值都由班级家委会组织，班级每位家长参与，家委和家长都很乐意且积极参与到我们的义工活动中来。

家长代表：每次值日，孩子都会很激动，"督促"我尽快到校，路上还很开心地与其他同学分享。我参加义工活动，给了孩子自豪感，拉近了我与孩子的距离，也让我感受到了"贡献"的满足感和成就感。参与义工活动，也可以更多地了解孩子在校情况，增加与其他家长交流的机会。

三、家长学校

学校建立了家长学校，定期为不同年级家长开展主题培训。针对不同年龄特征，不同学习阶段，学校聘请区内外专家，为家长开设相应主题的培训学习，使家长了解、熟悉、掌握不同年龄阶段孩子的心理特征、心理困境、应对方法，让家长与孩子同成长，做一名有态度、有方法、有素养的家长。请看以下两封家长心得。

提升自己才能教好小孩

转眼我们家儿子已经6岁半，今年正式成为一名一年级小学生。除了感叹时间飞快之外，就是感觉肩负的责任更重。29日，作为一名家长，聆听了学校组织的家长培训，主题就是"亲子有效沟通、学习习惯养成"等。短短不到两个小时的讲座，还听了陶莉老师很多的研究成果、实践心得，感觉是受益良多，在很多方面也极大触动了我。

首先，对自己的教育理念、认知及行为方式触动很大，自己也进行了深刻检讨。

对于儿子的成长，自己的付出不够，理解包容不够，方式方法不够。受限于自己的认知及实践，总觉得成功更多依赖于天赋、自身努力、机会，甚至总觉得教育是外力，总觉得孩子在成长过程中自己会有不断提升及修正的能力。

对待孩子的教育，我是急性子，有时候会拿自己的方式方法去要求小孩，造成的结果是总感觉小孩的表现糟糕，总感觉小孩不努力，总感觉小孩"欠打"，因此在教育小孩学习过程中，经常会出现"吼、吓"等情况。

对于小孩在不同年龄的认知、逻辑、记忆等能力缺乏正确、科学的认知，导致自己经常会用成人的标准、思维方式去要求小孩，这种错误的认知，直接导致所有的教育行为都存在偏差，挫伤了孩子的积极性。

其实以前对自己的一些错误认知，能感觉到问题的所在，但没有足够的动力去改善。今天，听了陶老师的课之后，对于自己的问题认识得更清楚，也明白必须要学会用正确的方法去教育小孩。如果说之前错过了小学之前的黄金时间段，那么我不能再错过儿子小学（尤其是1~2年级）这个重要时间段。结合陶老师的讲解，我对小孩的教育会作如下改善：

尽量不以工作忙为理由去错过小孩的重要时刻，比如家长会、参加比赛等。说实话，以前总是以工作忙为理由，将小孩在幼儿园的一些重要事件都让媳妇去参加，以后会合理安排时间，尽量多参加。

陪伴小孩成长。由于工作性质及自身的懒惰，自己陪伴小孩太少，在以后的生活中，只要不出差，都要安排时间陪伴小孩。

针对小孩的心理特点，尤其是陶老师提到的一年级学生的心理特点，要适当阅读一些书籍来提升自己，首先可以对陶老师的观点进行理解、外化应用。比如孩子注意范围狭窄、不稳定、持续时间15~20分钟，以前也多少了解字面意思，但不理解本质，导致自己动不动就会用自己的标准、方式去要求孩子，这是不对的，也是违背规律的，自然效果就会很差。在理解之后，就要学会在生活场景中去应用，用得多一些，自然就会变得专业。家庭教育对于小孩的思想、习惯、情商等养成起决定作用。很多成功的教育人士、父母都有很多经验智慧，我必须向他们学习。

每个月必须与媳妇一起讨论孩子的教育问题及改进对策。实际上，只有父母两个人都具备良好的认知及正确的方法，才能帮助小孩成长进步。我们家以前更多依赖孩子的妈妈，这极大限制了小孩教育的效果。由于我老出差，对小孩情况也不能全面准确了解，我今后必须保持与孩子妈妈的有效沟通。

要学会真正接纳孩子，并理解孩子，包容孩子，夸赞孩子。这点在道理上不难理解，甚至很多人都认为自己能做到，但真正能做到的人很少。电影《阿甘正传》中，阿甘的母亲就是一位很好的母亲，她能完全接受孩子的不足，并用足够的爱去包容去感化，同时教会小孩很多道理并积极践行。我们家小孩在有些方面与同龄小孩相比可能存在一些差距，对此我也会像阿甘的母亲一样，去深爱自己的小孩，真正做到完全接纳并理解、包容、夸赞孩子。

我们每一位家长都是孩子的天，我们自己需要具备一名好老师的特质。我们有很多角色，但作为孩子的父母，这个角色是神圣光荣的，也是需要付出爱和真诚的。我们能掌握多少，能做到多少，决定了孩子成长的"广深高速"——广度、深度、高度与速度。为了更好地做好父母这一角色，也为了让孩子在一年级这个人生重要的阶段少走弯路，我会分配好时间去提升自己。我作为家长，非常愿意和学校协同努力，把小孩教育好，也期待能和每一位家长朋友共同进步，借鉴分享。

一(1)班　章靖成爸爸

"从亲子有效沟通谈孩子良好学习习惯的养成"之感想

2018年9月29日，深圳大学师范学院附属坂田学校组织了"从亲子有效沟通谈孩子良好学习习惯的养成"的家长培训会，会议邀请了南山区二外集团学府中学陶莉老师为家长分享了教育心得。

作为小学一年级六班新生和宇腾的家长，我有幸参加了培训讲座。整个培训短短一个半小时，但是却使我充分了解了小学一年级学生的心理特点和学习习惯的培养，使我能够重新站在一个新的高度、新的视角，重新看待我的孩子，了解他幼小的心灵。

其中有以下几部分的内容使我印象深刻：

第一，一年级学生在记忆特点上，形象记忆占重要地位，一次不易记住很多东西。因此今后我将更重视学习内容的视觉化，将学习内容和生活体验相结合进行。

第二，一年级学生良好学习习惯的养成很重要。在这方面陶莉老师分享了三个有效的方法，其中正强化法比较适合我家孩子，尤其是课堂表现力这方面，今后我将努力发现他在这方面的优点，积极鼓励。渐隐法对于孩子独立学习习惯和管理时间观念的培养也非常好，在孩子幼儿园阶段我实际上已经开始运用了此方法，今后我将继续坚持，更好地运用该方法。

第三，一年级学生有效的沟通很重要。要学会接纳孩子的情绪，了解孩子的心理，双方平等有效地沟通。家长首先要摆正心态和位置，与孩子处于一个平等的地位，才能走进孩子的内心，了解他所想，解决孩子的困扰，引导他走向正确的方向。

以上几方面，是我参加这次培训的感想，也希望在今后陪伴孩子成长的道路上，能时时刻刻提醒自己，用正确的方法来教育培养孩子，将以上的学习心得落到实处。

希望能够在孩子刚刚步入小学一年级这个紧张的时刻，家长能给孩子树立一个好的榜样，使孩子养成一个良好的学习习惯和健康的学习心态，为他今后的人生路打下一个良好的基础。

一(6)班　和宇腾家长

附

家长学校部分培训课程

一年级

《如何养成良好的书写习惯》《陪孩子做好入学准备》《从亲子有效沟通谈孩子良好学习习惯的养成》《家庭教育对孩子的影响》

二年级

《小学生学习困难的干预》《不同年龄儿童身心发展特点及问题应对》《与孩子的问题行为共成长》

三年级

《如何培养孩子的自我管理能力》《如何培养孩子的良好行为习惯》

四年级

《有效管教的策略与技术》《解读孩子的情绪密码》

五年级

《如何培养孩子的同伴交往与合作能力》《如何建立良好的亲子沟通》

六年级

《倾听青春的声音》《如何跟孩子谈性》

七年级

《走进初中,与孩子共同成长》《如何陪伴青春期孩子》

八年级

《读懂孩子的心》《如何与青春期孩子有效沟通》

九年级

《家有初三毕业生》《与孩子沟通的艺术》《帮孩子有效缓解考前焦虑》

城市中小学家、校、社共育创新机制初探

邹丽春

2014年春节，中央电视台发起了关于家风的讨论，引起强烈的反响。毫无疑问，家庭教育是对人影响最长久最丰富最深刻的教育。家庭是社会的基本细胞。注重家庭、注重家教、注重家风，对于国家发展、民族进步、社会和谐具有十分重要的意义。家庭教育工作开展得如何，关系到孩子的终身发展，关系到千家万户的切身利益，关系到国家和民族的未来。教育部《关于加强家庭教育工作的指导意见》明确提出："各地教育部门和中小学幼儿园要从落实中央'四个全面'战略布局的高度，不断加强家庭教育工作，进一步明确家长在家庭教育中的主体责任，充分发挥学校在家庭教育中的重要作用，加快形成家庭教育社会支持网络，推动家庭、学校、社会密切配合，共同培养德智体美劳全面发展的社会主义建设者和接班人。"推进家庭教育的发展已经成了全民关注的事情。

2014年7月4日，深圳市教育局《关于进一步提升中小学生综合素养的指导意见》将八大素养的提升列为主要任务，具体提出了建设新型育人队伍、发挥家庭教育积极作用等途径和保障措施。

那么，如何构建家、校、社共育机制，推进家庭教育的良性发展，以培养德智体美劳全面发展的综合素养过硬的接班人呢？我认为可以从以下几方面入手。

一、创建一套共育组织

2012年,教育部下发了《关于建立中小学幼儿园家长委员会的指导意见》,要求有条件的公办和民办中小学及幼儿园,都应建立家长委员会,并且明确了家长委员会的职责和作用。家长委员会在家校沟通、家长教育、学校服务乃至学校管理和决策方面都发挥着不可替代的作用。事实上,根据多年的德育工作经验,我认为可以适当拓宽组织架构,使之更具实效性,大致可分为以下几类。

1. 家校社区共育指导委员会

由学校、家长、社区三方代表组成"家校社区共育指导委员会",在学校主导下,该委员会参与学校管理和教学以及课程开发设计,加强学校与家庭、社区的紧密联系,促进学校育人水平的提高。

2. 家长委员会

构建以家委会"三级八部"制(校级、年级、班级家委会,行政管理部、家长义工部、课程建设部、宣传联络部、活动策划部、成长支持部、激励评价部、网络信息部)为组织架构的"家校合作管理委员会",使家长委员会成为学校课程开发的重要参与者、资源整合者。

3. 家长义工联盟

家长义工联盟是由自愿承担社会责任、无偿提供适合学校发展和学生成长需要的服务,以积极、热情的心态参与学校教育的家长义工组织。家长义工联盟有独立的机构、章程、制度、办公地点、沟通渠道、服务内容和经费,家长义工成为学校教育教学的重要参与者和监督者。

4. 健全相关规章制度

俗话说"没有规矩,不成方圆",完善的制度能有效地保证各项工作的有序开展。针对家校社共育特点，可制定如下制度：①学生事务民主协商制度。由学校、家长、社区三方代表组成教育议事委员会，明确议事会在有关学生事务中的知情权、参与权、建议权、监督权和评估权。②家长参与学校课程教学的制度。课程建设是学校教育教学的关键环节，除国家课程、地方课程因具有权威性、多样性、强制性，不便于家长过多参与外，校本课程的开发与实施可以最广泛地收集家长的意见和建议。③学校、家庭、社区三位一体交互沟通制度。④家长、社区参与学校管理监督制度。⑤区域推进的体制机制。通过完善制度建设，突破家校合作的时空限制，共同推进家校社共育工作的良性发展。

二、巩固两大互动平台

1. 网络交流平台

信息时代的到来对家庭、学校、社会一体化教育提出了新的更高的要求——信息化。而在"信息社会"中，学校、家庭、社会一体化教育插上了信息化建设的翅膀，家长一方面可以随时随地与学校老师互动交流，另一方面能够利用碎片化空余时间学习到正确的家庭教育理念和方法。这将逐渐填补和弥合学校与家庭之间在孩子教育专业度、信息不对称方面的差距，能够更好地配合学校起到立德育人的作用。现如今城市学校使用比较普遍的有校园网、校讯通、班级微博、班级 QQ 群、家委主任微信群、学校微信公共平台、家校联盟微信公共平台、网上家长学校等，可以它们为中介，发挥它们的作用，取得良好的共育效果。

2. 线下互动平台

线下互动平台多为传统方式，但也最直接、有效。如家校联盟办公室、家长义工站、知心家信、家教报、家长会、家访、家长开放日、家长经验交流会、家教沙龙等。其中，最让家长们期盼的就是家长开放日，家长可以近距离接触课堂，了解孩子在课堂上的表现，同时，也可以通过学校展示的学生活动进一步了解学校的办学理念和办学思路,因此,家长开放日应该切实组织好。

在完善平台的基础上,应优化相互交流的内容:重点改进以经验为主的教育教学内容交流,围绕学生综合素养培养和提升,就学生综合素养成长过程和学习体验或学业具体表现等展开交流。

三、创建三大实践基地

1. 艺体提升训练基地

深圳市很多学校是市、区业余体校训练基地,依托这样的资源,学校可以大力推进羽毛球、足球、击剑等项目,同时依托深圳电视台、深圳报社、社区舞蹈培训机构和围棋培训机构等大力提升学生的艺术修养,依托学校凝聚的国内外艺术和体育资源,建设若干体育艺术教育基地或中心,对学生进行跆拳道、民族舞、芭蕾舞、钢琴、游泳等多方面的训练。

2. 科技创新实践基地

深圳市有很多高新企业,如华为、富士康等,有很丰富的科技创新实践资源。依托这些企业的资源为学生开展科技创新实践活动,有助于提升学生的科技素养。

3. 生活技能训练营

国家鼓励社会机构参与学生的校外实践教育。深圳市很多有资质的机构有独立的锻炼青少年生活技能的训练基地,学校可组织学生走进自然、走进农村、走进军营、走向社会,到这些基地进行野炊、手工、捕鱼、菜地管理、做棉花糖等生活技能的训练,同时还可以进行交通安全、消防安全的体验式训练,以提升学生生活技能和自救能力。

四、推进四大提升行动

1. "爸爸妈妈进课堂"活动

家长在各自的岗位从事着不同的职业，他们若能参与对学生的教育教学，会使学生学习形式更加丰富多彩。建议学校可以和家委会的"课程建设部"共同研究，制定出符合学生年龄特征的系列课程，如一年级"妈妈讲故事"，二年级"爸爸讲科普"，三年级"生活中的常识"，四年级"地理知识一点通"，五年级"趣说历史"，六年级"名人故事汇/打开艺术大门"等，并将所有课程资源编辑成校本教材。

2. "行走的课堂"活动

平时双休和寒暑假，家长们都愿意组团出游，带孩子游历大江南北，但是，收效见仁见智。我认为家委所倡导的亲子社会实践活动，应该摆脱简单的春秋游活动模式，力争把这项内容实实在在变成一种"社会实践课程"，成为"行走的课堂"。可按照活动性质分成参观、体验、游玩三类。参观类，如参观深圳市博物馆、大鹏半岛地质博物馆、比亚迪汽车厂、福盛印刷厂、拼图场、农庄等。体验类，如探望华阳特殊儿童中心、海岛露营活动、"小鬼当家"卖报活动、拼图比赛、剪纸、自制PIZZA、"疯狂万圣节"体验活动、班级趣味运动会、"我是谁"破冰之旅主题户外活动、"爱足球，一起踢"活动。游玩类，如杨梅坑郊游、莲花山放风筝、笔架山野炊、海滨栈道徒步等活动。这些活动，既可以联络感情，又丰富了孩子们对社会的认知，无形中培养了孩子们积极、勇敢、豁达、乐善好施的品德素养。

3. 学习型家庭创建活动

创建学习型家庭是现代社会对我们的要求，是培养跨世纪人才对我们的要求，只有创建学习型家庭，不断完善自我，才能跟上时代的步伐，适应21世纪社会的要求；只有创建学习型家庭，才能让素质教育真正走进家庭，才能提高家庭教育质量。所谓创建学习型家庭，就是要求每一位家长都能确立终身学习的观念，关怀孩子健康成长，营造家庭学习氛围，读几本家庭教育的书，让父母和孩子一起成长。学校作为教育的主体，有能力引领家长自发自觉地成长，比较有效的方式就是完善家长学校培训课程，让家长有系统地学习与成长。家长学校培训课程可分线下和线上两个途径进行。线下(现场)培训课程主要包括五部分内容：专家主题讲座、班级家长读书会、家长会、育儿经验交流会(家长沙龙)、家访。除此之外，家长还可以通过网上家长学校，进行线上学习和培训。

4."互联网+学生成长档案"创建活动

通俗地说，"互联网+"就是"互联网+各个传统行业"，但这并不是简单的两者相加，而是利用信息通信技术以及互联网平台，让互联网与传统行业进行深度融合，创造新的发展生态。教育领域也可以借助互联网优化教育途径和方式。其中，学生档案管理即是很好的尝试。互联网+学生成长档案平台可分为三大区域：学生成长天地、班级空间、乐活家园(年级与学校区域)；三级权限：隐私权限、校内公开和对外公开；五种登录入口：学生、教师、家长、学校管理层和社会访客。学生、家长和教师拥有一个属于自己的终身ID，可以持续不断地完善学生的成长档案，即便学生毕业离校，这种记录和互动评价依旧可以持续下去。

在当今社会背景下，学校还要整合社会资源，形成家、校、社合力，如此才能提升教育质量，培养全面发展的创新型人才。

对家长参与教学管理促进教育质量提升的观察与思考

彭冰心

伴随教育理念与改革的更新、深入，家长参与学校教学管理将显得越来越重要，其参与的方式、参与内容也应进行相应的改变。

一、家长参与学校教学管理的作用

（一）学校角度

家长参与学校教学管理是学校发展的需要。当前教育市场竞争越来越激烈，家长参与学校教育管理不仅是学校完成教育任务的需要，更是学校本身适应社会变化的需要，学校的长远发展也离不开社会的支持与家长的帮助。故学校要加强与家长之间的交流，对家长提出的合理化建议要积极接受，从而促进学校长久的发展。

（二）家庭角度

家长参与学校教学管理是家庭教育的需要。现阶段的初中学生以独生子女居多，家长对孩子的期望相对较高，但是许多家长没有采取科学的教育方式，教育效果不好，还造成了许多悲剧的发生。相较于教师而言，家长对学生的教育方式更加关注、急迫，更熟悉学生每个阶段的特点，故家长的积极参与将有效弥补双方的不足，进而扩大学生的发展空间。

二、家长参与学校教学管理中存在的问题

(一)家长与教师之间的沟通问题

家长与教师的沟通内容范围较小。现阶段家长与教师之间的沟通主要围绕学生品德与成绩两方面展开，对学生的爱好、心理、兴趣等方面的沟通较少。此外双方沟通的积极性不强。一般来讲，家长与教师之间沟通的理想频率是每学期三次，可实际情况中，家长与教师的沟通频率能做到每学期两次就不错了，有的家长整个学期与教师也没有一次沟通。

(二)家长的参与方式问题

家长与教师的参与方式单一。由于家长工作繁忙，与教师的交流大多选在周末或者下班时间，但这个时间段正好是教师的休息时间，双方时间上的冲突往往使得教师与家长之间的交流不会太过深入。加上学校的客观条件不到位，种种因素必然会减少家长、教师、学校三者之间的交流次数，导致沟通渠道与参与方式的单一化。

(三)家长与班主任的地位问题

在家长参与下的教学管理中，倡导的是双方地位的平等，可是在实际教学中，家长由于种种因素的制约缺乏积极性，不能在最合适的时间配合教师完成对学生的教育工作。在对学生的教育中，教师往往承担了相当大的一部分工作，在其中占据主体地位，而家长通常只是象征性地参与或配合，起次要作用，或根本起不到作用。

三、家长参与学校教学管理应避免的误区

(一)误区之一——带给学生负能量

家长的消极心理是带给学生负能量的主要因素之一。在孩子的教育过程中，家长的消极心理也许是无意识的，可对孩子的影响却是巨大的。例如，家长的消极反馈，如学生由于某些原因导致某课成绩下降，这在学生的学习生涯中是最正常不过的事，家长不应该抓住不放，打击孩子学习的积极性。再比如，家长很容易拿自己家的孩子与别人家学习成绩好的孩子作比较，这非常容易打击孩子的学习积极性。

(二)误区之二——阻碍学生综合发展

在家长参与学校管理的模式下，占有较多社会资源的学生往往盛气凌人。教师如果不注意交流方式，不能公平对待学生们的诉求，就会影响学生正确价值观与人生观的形成。

四、促进家长参与学校管理的策略与建议

(一)听取家长建议，提高教育质量

在家长对教师教学做出评价时，学校与教师要充分听取家长的建议，并进行相应的整改。家长可以根据孩子的实际情况与能力，通过电话、面谈等途径直接给学校或者老师提出相关建议。例如，有的孩子喜欢看音乐类的电视节目，家长就可以建议老师多留意孩子在音乐课上的表现，以提高孩子的音乐素养。学校与老师也要根据具体情况对家长建议的合理性与可实施性做出客观、公正的评价，给家长最满意的答复，从而营造出一个高效、平等的交流合作氛围。

(二)邀请家长参与学校活动

例如，老师可以结合班级孩子的情况，在一月之中选取半天的时间

邀请家长共同组织一些类似"读书月""户外游戏"之类的活动，家长在增进与孩子感情的同时，也增加了与教师面对面交流的机会，建立起学校、家长、教师三者之间的有效沟通，健全三者之间的互动关系，最大限度地激发家校互动合作的积极主动性。

(三)组建家校合作平台

这里说的家校合作平台主要指网络平台，在智能化、信息化、数字化的大发展背景下，传统的家校合作平台效率所起到的作用不大。为保证学校活动的可实施性以及效果的最大化，学校可充分发挥信息技术的优势，建立家校交流的网络信息平台，这样既不需要家长花费时间在路上，也可以对不同地区的家长做到全方位沟通。例如，新生入校的第一节课就是必须加入本年级的 QQ 群或者是微信群，一方面是因为 QQ 群或者微信群让家长与教师之间的交流简单化、及时化，另一方面对于学生的种种表现，教师可以以文字、视频、图片、语音的形式上传到班级交流群，拉近与家长的沟通距离。组建网络信息交流平台不仅是拓宽家校沟通交流的有效方式，更是建立家长与教师之间信任与合作关系的桥梁，同时还是后期班级管理工作有序开展的有力手段。

(四)畅通沟通渠道，加强学校家长之间的互动

传统的沟通渠道已经不能满足新时代的发展需要，拓展新的渠道、组建家校沟通新平台也是促进家长参与，进而提升教育质量的保障。具体措施有：建立健全家校之间的对话机制，明确家长、教师、学校之间的权利与责任；充分利用家长在社会中多角色的优势，结合多方平台开展家长课堂活动，加深家长对学校教育理解与支持程度；设置定期的家长参与日，让家长更加真实地感受到学校对学生的教育环境与教育方法的实施过程，在具体实践中可以更好地理解学校的教育理念，从而积极配合学校参与各项教育活动。通过多种交流方式加强家校之间的互动，尤其是家长与班主任之间的互动，对教学质量的提升效果将是巨大的。

总之，家长积极参与学校教学管理，家长明确了学校的管理理念与教育思路，提高了自身的教育水平、意识、修养，学生在双方共育下获得了成长，而学校教育质量也会得到提升，对三方而言都是有百利而无一害的重大举措。

第八章

身心健全

什么是健康？联合国世界卫生组织(WHO)曾对健康下了这样的定义："健康不仅仅是没有疾病，而且是身体上、心理上和社会适应能力上达到的良好的状态，进一步达到完全康宁。"身体的健康是指身体各器官生长发育健全、体能良好、机能正常、精力充沛的状态。锻炼身体不仅能够增强体质，促进青少年生长发育，还可以提高对自然环境的适应能力和增强抵抗力，减少疾病，保持健康。心理的健康指的是心理的各个方面及活动过程处于一种良好或正常的状态。心理健康的理想状态是保持性格完美、智力正常、认知正确、情感适当、意志合理、态度积极、行为恰当、适应良好的状态。

一、身心健康对中小学生的重要性

(一)身体健康

国家设置了体育(体育与健康)课程，这是一门以身体练习为主要手段，以增进中小学学生健康为主要目的的必修课程，是学校课程体系的重要组成部分，是所有学校课程中唯一与生命延续息息相关的课程，是实施素质教育和培养德智体美全面发展人才必不可少的重要途径。体育课程理应为促进学生健康，培养合格、健全的国民发挥重要的作用，因此无论哪个国家哪个民族，学校教育课程中都不可缺少体育课程，这是因为体育课程在培养适应社会发展的人才方面所起到的作用是其他课程不可替代的。

身体素质主要是由速度、耐力、力量、灵敏和柔韧五部分技能构成的，它是一个人体质强弱的外在表现，它的好坏直接反映了人们在日常生活中承受能力的强弱。进行身体素质的锻炼是中小学体育教育的重要目的之一。身体素质训练能够提高学生对体育的认识，充分发挥学生在教学中的主体性，使学生学会锻炼的方法；促进中小学生的正常发育，增进学生身心健康，增强体质，提高机体机能水平；促进学生的自觉锻炼意识和创新能力的发展，树立正确的体育观；使学生在没有老师的指导下也能自主地、科学地进行锻炼,从而养成长期锻炼的习惯。充分发挥学生的主体性,有效调动不同层次的学生参加体育活动的积极性,将直接影响课堂教学的长远效果,也将直接影响学生身体素质的提高。那么,如何发挥学生的主体性以提高学生身体素质的训练呢?就此国家教育部门提出了提高身体素质的四个新理念。

1. 坚持"健康第一"的指导思想,促进学生健康成长

新的课程标准强调要坚持"健康第一"的指导思想,它以促进学生身体、心理和社会整体健康水平的提高为目标,融合与学生身心发展密切相关的体育与健康知识和方法,关注学生健康的意识和良好生活方式的形成。无论学生选择何种运动项目进行锻炼,都将增进学生将健康贯穿于课程实施的全过程,培养学生健康的意识和体魄,确保将"健康第一"的理念落到实处。

2. 激发运动兴趣,培养学生终身体育的意识

学校体育是终身体育的基础,运动兴趣和习惯是促进学生自主学习和终身坚持锻炼的前提。因此体育课程应将激发和保持学生的运动兴趣放在重要位置,只有学生对体育活动有兴趣,才会经常参加体育锻炼,才能养成坚持体育锻炼的习惯并积极主动地进行体育锻炼,养成终身体育的意识,也才会将体育活动作为生活中不可或缺的组成部分。

3. 以学生发展为中心,重视学生的主体地位

新的体育课程强调以学生发展为中心,意味着在体育教学过程中要重视学生的感受和情感体验,强调学生学习的主体地位,以充分发挥学生的学习积极性和学习潜能,提高学生的学习能力,让学生在体育活动中释放情绪和体验愉快,并获得更多的认识和理解。

4. 关注个体差异与不同需求，确保每一个学生受益

体育(体育与健康)课程应充分注意到学生在身体条件、兴趣爱好和运动技能等方面的个体差异，并提出相应的教学建议，不能只关注少数有运动天赋的学生。教学应该面向全体学生，从而确保绝大多数的学生能完成课程学习目标，使每一位学生都受到同等的尊重和关注，让每个学生都能体验到学习和成功的乐趣，以满足自我发展的需要。

(二)心理健康

教育部 2012 年修订的《中小学心理健康教育指导纲要》对中小学心理健康教育各项工作进行了细致要求和进一步规范。

1. 心理健康教育的重要性

中小学心理健康教育，是提高中小学生心理素质、促进其身心健康和谐发展的教育，是进一步加强和改进中小学德育工作、全面推进素质教育的重要组成部分。中小学生正处于身心发展的重要时期，随着生理、心理的发育和发展，社会阅历的扩展及思维方式的变化，特别是面对社会竞争的压力，他们在学习、生活、自我意识、情绪调适、人际交往和升学就业等方面，会遇到各种各样的心理困扰或问题。因此，在中小学开展心理健康教育，是学生身心健康成长的需要，是全面推进素质教育的必然要求。

2. 开展中小学心理健康教育必须坚持的原则

开展中小学心理健康教育，要以学生发展为根本，遵循学生身心发展规律，必须坚持以下基本原则：坚持科学性与实效性相结合。要根据学生身心发展的规律和特点及心理健康教育的规律，科学开展心理健康教育，注重心理健康教育的实践性与实效性，切实提高学生心理素质和心理健康水平。坚持发展、预防和危机干预相结合。要立足教育和发展，培养学生的积极心理品质，挖掘他们的心理潜能，注重预防和解决发展过程中的心理行为问题，在应急和突发事件中及时进行危机干预。坚持面向全体学生和关注个别差异相结合。全体教师都要树立心理健康教育意识，尊重学生，平等对待学生，注重教育方式方法，关注个别差异，根据不同学生的特点和需要开展心理健康教育和辅导。坚持教师的主导性与学生的主体性相结合。要在教师的教育指导下，充分发挥和调动学生的主体性，引导学生积极主动关注自身心理健康，培养学生自主自助维护自身心理健康的意识和能力。

3. 中小学心理健康教育的目标

中小学心理健康教育的总目标是：提高全体学生的心理素质，培养他们积极乐观、健康向上的心理品质，充分开发他们的心理潜能，促进学生身心和谐可持续发展，为他们健康成长和幸福生活奠定基础。

中小学心理健康教育的具体目标是：使学生学会学习和生活，正确认识自我，提高自主自助和自我教育能力，增强调控情绪、承受挫折、适应环境的能力，培养学生健全的人格和良好的个性心理品质。对有心理困扰或心理问题的学生，进行科学有效的心理辅导，及时给予必要的危机干预，提高其心理健康水平。

4. 中小学心理健康教育的具体内容

心理健康教育的主要内容包括：普及心理健康知识，树立心理健康意识，了解心理调节方法，认识心理异常现象，掌握心理保健常识和技能。其重点是认识自我、学会学习以及人际交往、情绪调适、升学择业、生活和社会适应等方面的内容。作为九年一贯制学校，我们应该更清晰地认识到不同年龄学生心理健康教育内容的差异。

小学低年级学习内容主要包括：帮助学生认识班级、学校、日常学习生活环境和基本规则；初步感受学习知识的乐趣，重点是学习习惯的培养与训练；培养学生礼貌友好的交往品质，乐于与老师、同学交往，在谦让、友善的交往中感受友情；使学生有安全感和归属感，初步学会自我控制；帮助学生适应新环境、新集体和新的学习生活，树立纪律意识、时间意识和规则意识。

小学中年级学习内容主要包括：帮助学生了解自我，认识自我；初步培养学生的学习能力，激发学习兴趣和探究精神，树立自信，乐于学习；树立集体意识，善于与同学、老师交往，培养自主参与各种活动的能力，以及开朗、合群、自立的健康人格；引导学生在学习生活中感受解决困难的快乐，学会体验情绪并表达自己的情绪；帮助学生建立正确的角色意识，培养学生对不同社会角色的适应能力；增强时间管理意识，帮助学生正确处理学习与兴趣、娱乐之间的矛盾。

小学高年级学习内容主要包括：帮助学生正确认识自己的优缺点和兴趣爱好，在各种活动中悦纳自己；着力培养学生的学习兴趣和学习能力，端正学习动机，调整学习心态，正确对待成绩，体验学习成功的乐趣；开展初步的青春期教育，引导学生进行恰当的异性交往，建立和维持良好的异性同伴关系，扩大人际交往的范围；帮助学生克服学习困难，正确面对厌学等负面情绪，学会恰当地、正确地体验情绪和表达情绪；积极促进学生的亲近社会行为，逐步认识自己与社会、国家和世界的关系；培养学生分析问题和解决问题的能力，为初中阶段学习及生活作好准备。

初中年级学习内容主要包括：帮助学生加强自我认识，客观地评价自己，认识青春期的生理特征和心理特征；适应中学阶段的学习环境和学习要求，培养正确的学习观念，发展学习能力，改善学习方法，提高学习效率；积极与老师及父母进行沟通，把握与异性交往的尺度，建立良好的人际关系；鼓励学生进行积极的情绪体验与表达，并对自己的情绪进行有效管理，正确处理厌学心理，抑制冲动行为；把握升学选择的方向，培养职业规划意识，树立早期职业发展目标；逐步适应生活和社会的各种变化，着重培养应对失败和挫折的能力。

二、促进学生身心健康的举措

(一) 体育教育

在新课程标准的理论基础上,结合中小学生的身体发展特点以及生理特征,我校开展了非富多彩的体育活动,有精彩纷呈的校级田径运动会、独具创意的大型团体操、寓教于乐的广播操比赛、趣味横生的趣味运动会、如火如荼的"校长杯"篮球赛,还有各种体育社团,以及熠熠生辉的大课间和阳光一小时活动。

1. 校级田径运动会

我校自2014年开办以来,一年一度的校级田径运动会对学生来说是非常有意义的,很受学生们的重视和喜欢。学校运动会有多方面的教育意义,不仅可以全面检阅学校田径运动的开展情况,检查教学和训练成果,推动学校群众性体育活动的开展,促进运动技术水平的提高;同时还可以培养学生奋发向上、遵守纪律、集体主义和荣誉感等品质,并具有振奋师生精神,活跃校园生活等作用。设置的奖项更是多样化,包括单项的冠亚季军奖、团体项目的体育道德风尚奖、最佳风采奖、最佳创意奖、最佳贡献奖以及优秀组织奖等。比赛可谓是八仙过海、各显神通、精彩纷呈,学生们精神抖擞、奋勇拼搏,充分让"更高、更快、更强"的体育精神在校园内回响。

2. 广播操比赛

广播操比赛旨在丰富校园文化生活,规范班级管理,增强学生体质,激发学生运动兴趣和规范学生的身体姿态。虽然只是广播操比赛,但考察的是整个班级的精神风貌以及班级的凝聚力。各个班级踏着整齐的列队、喊着响亮的口号入场,一个个精神抖擞、神采奕奕,随着广播操轻快的节奏,同学们动作标准、有力、优美,充满着阳光的气息和青春的活力。

七彩阳光，激情飞扬！这是一次团结合作、加强集体主义责任感、增进友谊的比赛，凝聚了全体师生的热情与汗水，展现了健康向上的精神风貌，提高了同学们的体育锻炼能力，增强了同学们的身体素质。

3. 趣味运动会

为丰富学生的校园文化生活，激发学生的运动兴趣，提高身体素质，我校举办的趣味运动会以"运动、健康、快乐"为主题，变"竞技"为"娱乐"，改"精英展现"为"全员参与"，合理设计的健身与趣味性融为一体的比赛项目，能让学生在比赛中感受到运动的竞技性、健身性，使运动不再显得那么枯燥无趣，让学生体会到运动的趣味性和快乐，从而爱上运动，进一步提升学生的身体素质。

4. "校长杯"篮球赛

"舞动校园篮球，炫放出彩人生。""校长杯"篮球赛我校已经成功举办了3届，举办篮球赛的目的在于在校园中普及篮球运动，将体育课上学习的篮球技术运用实践到比赛中，通过以赛代练的方式提高学生篮球水平，鼓励更多的学生参与到篮球运动中来。"校长杯"篮球赛的举办，极大地提高了学生对篮球的兴趣，篮球已经走进了学校每个学生的心中，实现学生"我要打篮球"和"我要上大学"的双赢。同时篮球赛为学生之间提供增进互相了解和沟通的机会，提高学生集体荣誉感，培育了学生的凝聚力、向心力、归属感。

5. 大课间、阳光一小时活动

把"每天锻炼一小时"写入关系国计民生的政府工作报告，上升为国家意志，由此可见党和政府对青少年体质和学校体育工作的重视。几年来，我校切实从学生体质出发，认真开展"大课间"体育活动，以大课间为主线，认真落实"阳光一小时"活动。课间操是学校每天必不可少的活动，也是全体师生共同活动的时间。

我们本着"健康第一"的原则和把时间留给学生、把快乐还给学生、创造和谐师生关系的指导思想设计了我校的大课间活动方案。整个大课间活动为30分钟，用音乐统一指挥，每天活动以广播操播放为指引，根据学校的实际情况，小学部和初中部的大课间分开进行，每学期分别推出几套不同内容、不同形式的锻炼方式，如一年级的队列队形练习、广播操练习，二年级的跳短绳，三年级的跳长绳，四年级的篮球，五年级的踢毽球，六年级的足球，七年级的跑操，八年级跑步+引体向上（男）、仰卧起坐（女），九年级围绕体育中考内容进行锻炼，不同的形式花样，精心设计，内容丰富，科学实施，使学生在运动中得到身体素质和体质的提高，相应的形态、机能、适应能力、心理活动能力、健康意识水平都能逐一得到提升，有助于坚强意志的培养，使学生德、智、体、美得到和谐发展。

6. 体育社团、四点半的体育活动

随着"健康第一"指导思想在各个学校的普遍实施，阳光体育锻炼进行得如火如荼，而课余体育社团也成为学校一道亮丽的风景线，已渐渐成为校园文化生活中重要的组成部分，在我校扮演着校园活动的主力军角色。课余体育训练对于学生全面发展身体素质，提高运动能力，进行思想品德教育，以及为运动队伍输送后备人才都有重要意义。我校开设的体育社团有：小学篮球（低年级）、小学篮球（高年级）、初中男篮、初中女篮、小学足球、小学乒乓球、小学攀岩、小学田径队、初中田径队、小学网球、小学羽毛球等，多样的社团让学生有了更多的选择。体育社团为学生的活动搭造了舞台，让同学们有了更好的发展空间。

社团的发展要不断地向前，社团的队伍也要不断地壮大，因此我校又开展了四点半的体育活动，让更多的学生参与其中，使学生在运动中寻找快乐、寻找自信，锻炼身体，培养不怕吃苦、坚强勇敢的意志品质。

(二)心理健康教育

学校建校 5 年以来高度重视学生身心发展及心理健康,也投入了大量精力全面开展心理健康工作。

1. 心理健康教育软硬件配备齐全

学校现配备有心理咨询室、放松宣泄室及团体辅导室等齐全的功能场所合计约 150 平方米,同时配备了沙盘游戏设备、放松宣泄设备、团体辅导设备、心理健康普查设备,并有两名专职心理健康教师负责心理健康教育和辅导工作。

2. 心理健康教育形式丰富多样

(1)心理健康活动课

心理健康活动课的开设是学校心理健康教育工作的基本途径,我校在小学高年级及初中低年级均开设足量的心理健康活动课,其他年级根据身心发展特征以定期的团体辅导课及主题班会课的形式开展教育。心理健康活动课以学生为主题,根据学生的年龄特征设计适合的授课主题,并运用丰富多彩的体验活动和游戏引导学生学到心理健康知识,解决困扰。除了常规心理健康活动课的开设外,还针对青春期学生进行专项辅导互动,并给青春期孩子家长举办如何陪伴青春期孩子的专题培训讲座。

(2)心理咨询

学校心理咨询室面向全校师生及家长开放,有着规范的工作制度,每学期根据实际情况拟定咨询来访方案,心理教师通过面询、热线咨询、网络咨询等方式为学生、老师和家长提供心理咨询和辅导,心理老师严格为来访者保密并及时做好心理咨询记录,为新生进行心理健康普查并建立心理档案,将有心理困扰的学生及时纳入预警系统,发现严重心理问题立即进行专门治疗和后续跟踪治疗。

（3）心理健康特色活动——心理健康教育活动周

学校自建校第二年开始每年都会开展心理健康教育活动周，以丰富多彩的活动提高广大师生的心理健康意识，营造校园的心理教育氛围，扩大心理健康教育的影响，打开学校心理健康教育的新局面。

（4）心理社团

针对中小学生心理问题的差异性，学校开展不同形式的社团活动，针对小学生中有部分同学存在注意力、情绪自控力及行为问题，成立了注意力训练、沙盘游戏等小型社团；针对初中生身心发展问题，采用朋辈辅导的方式开设了心语社，甄选社员后进行相关培训，培养一批心理观察员，教会学生如何识别班级同学异常并及时做好记录和上报，教会学生简单的心理辅导技巧，在发现身边同学情绪异常时能给予简单的辅导。（见附表《班级心理状态晴雨表》）

（5）特殊学生的关注

针对少量学生已经在医院确诊为多动症、情绪障碍等问题，学校申请深圳市青少年基金资助项目，对于问题严重的学生进行一对一免费矫正，同时学校申请专业社工进驻学校，为老师和家长提供咨询和帮助。

（6）家校合作的推进

学校心理咨询室配合德育部门根据不同年级孩子的身心发展特征及需求，为不同年级学生家长每学期举行家庭教育专家培训，由心理老师本人或者外聘专家为家长授课，讲座效果明显，家长纷纷表示收获很大，在沟通和家庭教育上更新了观念、学到了方法。

（7）专业能力的提升

为了给师生提供更加专业的心理辅导和帮助，心理教师积极提升专业能力：参加各级各类专业能力竞赛，磨练基本功；参加各类学习培训，不断更新知识；潜心研究教学，提升科研能力；观摩学习交流，提升咨询能力。

附表

班级心理状态晴雨表

班级_____ 周次_____ 填表日期_____ 填表人_____

基本情况	总人数	重点观察人数		
本周班级总体心理状态	学习状态			
	情绪状态			
	人际状态			
	生活状态			
	综合评价			
个别特殊情况描述	姓名	性别	具体表现	其他备注
本周心理观察感悟				

注：1. 学习状态包括：很好，除了极少数同学积极性差，绝大多数同学学习认真积极；中等，有部分同学积极性一般，需要老师督促才能进入学习状态；差，整个班级懒散，无心向学。2. 情绪状态包括：①紧张、焦虑；②消沉、失眠；③痛苦、悲伤；④愤怒、仇恨；⑤精神长期萎靡不振、动作神情怪异；⑥情绪高涨，不分场合唱歌跳舞。3. 人际状态包括：①是否有人吵架、打架；②是否有校内人际矛盾冲突；③是否有长期不和、矛盾积累很久的问题。4. 生活状态包括：①家庭矛盾、离婚；②家庭人员变故；③家庭经济是否紧张，有借钱现象吗；④饮食、作息是否有规律；5. 综合评价包括：很好、中等、一般、差；6. 个别特殊情况描述包括：①开朗的突然沉默；②沉默的突然口若悬河；③神情淡漠呆滞；④行为异常等。7. 心理观察员在每周五将上周《班级心理状态晴雨表》送交心理咨询室并领取下一周的《班级心理状态晴雨表》。8.《班级心理状态晴雨表》填写质量关系到优秀心理观察员的评选。

第九章

学生发展

学校的发展，归根到底，还是为了学生的成长、学生的发展。着眼于学生的发展，是教育回归常识、回归规律、回归本质，是学校眼中有"人"。当今世界，都在倡导全人发展，何为全面发展的人？这里借用苏霍姆林斯基的一段话：所谓全面发展的人，就是指他是公民——社会主义祖国的爱国主义者，是祖国大地的英勇保卫者，是为实现共产主义理想而斗争的思想坚定的战士，是诚实的、干练的、热爱自己工作的劳动者，是集体主义者，是能享受生动完满的欢乐和人生乐趣的有教养的人，是忠实的父亲和丈夫，是有爱心的母亲和妻子。

　　我们提出把每一个学生放在心上，就是把每一个学生作为未来社会的公民，作为未来社会主义的建设者、劳动者，今天他们的阳光心态、健康体魄、理性思考、踏实肯干、奋力拼搏，就是未来的城市创造者、建设者、管理者应具备的价值与素养。

　　学校始终把学生良好习惯的养成作为抓手，规范学生的言行举止，制定"一日行为规范"，录制"一日行为规范"微电影，开展礼仪教育，重视学生成长的每个阶段，举行各种仪式，如"开笔礼""十岁成长礼""走向青春门"等，让学生在成长中具有仪式感、责任感和使命感；开展"顺天成长章级计划"，促进学生提升自我管理能力，让学生在成长中学会自我评价、认识自我、认识他人；通过"走近深圳、了解社会"，让学生在各种活动中，开阔眼界，更深入观察自然、观察社会，从而更加关注社会、关心社会发展。本章呈现的是我校学生的习作，这些习作，是学生们少年的纯真、好奇的眼光、丰富的想象、善良的心灵，从中可以感受到我校开展这些活动所取得的成效。

我那犀利的数学老师

戴 瑾

我爱极了她那种表面水波不兴，骨子里却铮铮作响的风度。

她，是我的数学老师，也是一个孕妇。我对孕妇，从来都是那种走起路来小心翼翼，动作轻缓举手投足间无不带有轻柔的印象，但，但她彻底刷新了我对孕妇的认识：开学时，听闻她在七号考场对着一群"学渣"放下一句：你们若是碰到我教你们，我一定会让你们吃不了兜着走！一句话便让我迅速定义：这定是一位极其"凶狠"的老师啊……于是大家都是正襟危坐地听她讲课，生怕招惹她的训斥。

时常看见她站在教室门口，眼神只淡淡扫过班级，全班便刹那间安静，简直比校长亲临更加有威慑力！接着，她脚步轻快地踏进教室，丝毫未被她的大肚子影响行动。她的脸上从来就没有多少表情，上课也从不说废话，讲课不需要执书，一支白板笔紧握在手，讲话的口音带有深圳人的口齿伶俐，行云流水般的动作让人移不开眼。

她永远梳着一撮短马尾，深棕色的发尾会随着她的动作一点一点，这便为她整个人添上一丝俏皮，黑色衣衫是她的标配，干练不失优雅，偶尔一件风衣，都被她搭出了别的孕妇没有的韵味。

我的数学成绩不好，却很享受听她的课，无奈没法出点成绩，很是惭愧，但是她从未批评打击过我，甚至会给予我信任，有时很平常的几句淡淡夸奖会让崇拜她的我内心开心激动，甚至热泪盈眶。

那日黄昏时景，她的一席话令我们有些伤感：你们这群人，看看自己现在的样子,书不好好读,天天上课在那里发呆,做人也做得乱七八糟,怎么读高中,好好努力吧,说不定下学期会出现一丝奇迹,考上了公办高中也不是不可能的,对吧?说话间眼中竟出现了一点柔情,偏偏这样让我们更加难受。她又摇摇头:好好学吧,我在帮你们选老师,等选好我就走了,今晚好好写作业,说不定我明天还在呢?说完丢下我们潇洒地转出了教室,留下我们一众人眼神呆滞久久未能反应过来。

我爱极了她一言一行中带着的雷厉风行,我爱极了她将手垫在肚子上训斥我们的样子,我爱极了她那语速极快的公式定理和清晰的逻辑思维。

我那犀利的数学老师,其实,她比我们想象的要温柔得多。

(本文为"叶圣陶杯"全国新作文大赛征文一等奖作品)

所幸未晚

余景珩

　　有时闲来无事，总会向旁桌讨来她的摘抄看。

　　封面是一整片素雅的黑，她的名字工工整整地铺在第一页，并不花哨。我便一页页翻，眼底泛过一面面密麻的字迹，心下却越看越茫然：文章大多是她原创的，这其中，每隔几页，总露出几个熟悉的字眼——母亲。

　　我不常写我的母亲，通常是在亲情的命题作文中才胡乱写几下。从小到大，我写我的母亲，来来回回，总共就那几个老套的故事。而在她的日志中，几乎每一篇都是写她的母亲，发生的故事却从未雷同过。她写对母亲的爱，写母亲出差后对母亲的想念……句句朴实无华，叙述却又那般自然亲近，分明普普通通几件平常小事，到她笔下却变得细腻珍贵起来。

　　我不由得停下翻页的手，慢慢从抽屉抽出我那有些脏乱的本子，却没有打开，也无须打开。因为我早已对本子中的内容心知肚明——那里有对世事无常的哀叹，对人生的体会与感悟，甚至还有对好友的相见恨晚，就是没有我与母亲之间的故事。

　　浑然间想起龙应台先生的《目送》中她对儿女的表达："我慢慢地，慢慢地了解到，所谓父女母子一场，只不过意味着，你和他的缘分就是今生今世不断地在目送他的背影渐行渐远。你站立在小路的这一端，看着他逐渐消失在小路转弯的地方，而且，他用背影默默告诉你：不必追。"

顿时觉得，我仿佛成为书中的华安，一步步向前走，拥向人来人往的潮流，最终阻断母亲急切寻觅的目光，再无交集。

我总是习惯接受母亲的好，理所当然地看着她为我操劳，替我收拾写完作业后杂乱的书桌，在我咳嗽感冒的时候千方百计寻找治病的方法……一切的一切，我总是那么理所当然地享受着。

我似乎忘了，母亲也是一个人，不是机器，她也会疲倦，也会伤心，而我像个长不大的小孩，与她置气，将她手捧的一颗关切之心践踏在地。

我无法想象，当她放手离去时，我该如何自处。这么多年，我被她那么细致地养育，不懂家务，不会工作，甚至连学习都学不好。如同温室的花朵，娇嫩无比，但一经波折就会早早夭逝。我多么惭愧，我连一个儿女应恪守的本分都无法做到。

如今我的母亲早已两鬓斑白，眼角皱纹横生，腰背微微佝偻，做事也不如往日那般利索了。是的，她老了。而我直到今日，才猛然发觉。

额头忽地一凉，我合上摘抄向窗外看去。

厚厚的雨帘下，母鸟张开温暖的双翼，小心包着身下熟睡的雏鸟。我无声地笑了：还好，一切未晚。

（本文为"叶圣陶杯"全国新作文大赛征文一等奖作品）

那一抹耀眼的光芒

黄 菲

当七月的风吹过,看八月的雨徐徐如画,再聆听九月的钟声在耳畔敲响,我们便踩着轻盈的步伐走进这菁菁校园。

校园展示墙上粘贴了多彩的校园生活照,昔日的笑脸仿佛荡漾在我的面前,那日的笑语仿佛依然在耳畔回响,爱笑的眼眸,滋润了心田,不忘的是大家共同携手的温情,一点一滴地烙在心上,成了彼此之间的默契。

最使我难忘的,是校运会上的拔河比赛。那个午后,太阳光火热而又强烈,同学们的心也像阳光一样火热。比赛开始,各班的运动员精神抖擞地上了阵,他们摆好架势,想先用气势压倒对方,同学们的眼睛一个个炯炯有神,双手像铁钳一样紧紧地握住麻绳,只等裁判员一声令下。哨声一响,同学们使出了吃奶的力气,像一头头牛奋力地往后拉,有的同学肌肉紧绷,青筋凸起,不一会儿脸上就渗出了不少的汗珠,好多同学的手都被勒得发红,但他们还是咬紧牙关忍着痛一个劲地向后拉。由于大家的齐心协力,中间的红绳慢慢向我们班靠近,"快,快加油,我们就要赢了,加油!"拉拉队见势大声喊道。对方看着不妙,鼓起腮帮子使劲拉,但是我们班的同学也不甘落后,使尽九牛二虎之力,取得了最后的胜利。

这一刻,同学们不顾手掌上的痛,击掌欢呼起来。这一刻,我突然感觉头顶那抹阳光是无比的耀眼。这一刻,我终于明白了什么是努力后的快乐，什么是拼搏后的喜悦，我感慨，其实任何情比金坚的约定都比不上我们此刻的在一起。

如今，我们即将面临毕业，回想一路走来，那满是鲜花的康庄大道或泥泞的小路，都是我们的记忆，一步一个脚步都是那么难以割舍。蓦然回首这一刻，我发现我的心，爱上了这个班集体，爱上了这个团结向上、充满爱的班集体。

花开花落，编织了自然的四季。春秋冬夏，浇灌了四季的美丽。美好的记忆如同那一抹耀眼的光芒，那里是梦想的发源地，有着青春的旋律。

（本文为龙岗区作文大赛一等奖作品）

话 说 红 楼

刘嘉敏

所谓红楼梦，始于四百年前的那场初见。

话说那林黛玉初到贾府，与宝玉有似曾相识之感，便有了接下来的爱恨情愁。说起林黛玉与贾宝玉，却十分有缘，黛玉前世是三生石旁的一株绛珠草，而宝玉则是神瑛侍者，为了报恩，那株绛珠草义无反顾地下凡。因在前世有恩，果在转世报恩，有因便有果，无边无际。

依着前面，接着便有宝玉梦游太虚幻境，看"金陵十二钗"图册，听演"红楼梦曲"。话说那"金陵十二钗"正册可是关键，何为"金陵十二钗"正册，即金陵省中十二冠首女子之册。而其中，林黛玉与薛宝钗判词合二为一，命运皆是含恨离世。其余他人的判词皆暗指其命运，无人可逃脱，上天都已注定了，结束的不仅是生命，更是悲剧的诞生。纵使有不甘不愿，却也不得不从。

贾府的结局的确凄惨。随着贾元春在宫中的离世，贾府一步一步地走向衰败，人情恩怨也应着其落败，渐渐显露出来。金玉其外，败絮其中。再想着原先大观园其奢华景象，如今再想来莫不让人可悲！

看多《红楼梦》，也自知其中的人名隐意。说起这个，我立马想起宝玉这名字，书中有贾宝玉和甄宝玉这俩人名，细细品味，不禁唏嘘：早已是安排好了的。不过即便如此，两人亦有相似之处，不同之处也是两人命运的不同。想来便是作者侧重虚构贾宝玉，侧重写实甄宝玉。

我自认为《红楼梦》这本书有着太多伏笔，前有暗指事件发生，后有推进事件发展，不禁感叹作者的情商。大多数人认为这《红楼梦》是本着作者的生平来写的，但却又加上了一些神话的色彩。书的线索以宝玉、黛玉、宝钗的爱情婚姻悲剧以及大观园的琐事为主，这不仅仅反映了当时封建社会的腐败与必将灭亡，也暗射当时作者对于封建爱情的摒弃。当然作者也十分否认"女子无才便是德"与女子地位低下的想法，在那时能意识到这点，也实属不易，心中必然有对封建王朝的恨和怨。前卫的思想也一定能写出这本拥有传奇性且后无来者的《红楼梦》。

　　的确，这本《红楼梦》永远都读不完，指的不是文字上的理解，而是精神上的充实。对于《红楼梦》本身诸多方面的理解，亦有着诸多学者不同的理解。不同的价值观、人生观与其欣赏角度、动机的不同，形成了"红学"，这既是中国的财富，也是世界的。

　　在最后，我对《红楼梦》亦有一句评价："红楼，红楼，其梦何寻；侯门，侯门，其罪赫昭。"

（本文为深圳市"莲花杯"作文大赛征文获奖作品）

一曲悲歌诉情深

吴馨琦

"满纸荒唐言,一把辛酸泪。"一曲红楼蕴含人间悲欢情愁,使多少人留下了惋惜之泪。

葬花泣残红

眼下正值芒种,缓缓沿着清溪踱步,时令暑热,着一衫桃色薄纱,担一花锄,锄上挂着纱囊,手内握着花帚,收拾残花,天空晴好,如一汪澄澄碧玉。

是呢,自己毕竟客居于舅舅家,父母双亡,无依无靠,现如今寄人篱下,与人认真计较也是没有道理的。忆起昨夜在怡红院前吃的闭门羹,再瞅瞅眼下的落花,不由得鼻头一酸,柳叶眉儿一蹙,泪珠儿便缓缓漫出黑眸,悲悲戚戚地呜咽起来:"侬今葬花人笑痴,他年葬花侬知谁?"轻挥花帚拂过地上花,又吟道:"一朝春尽红颜老,花落人亡两不知。"

绛珠焚稿断痴情

缠绵病榻日复一日,终究不见好。

彼时好不容易有了些精神,睁开眼,周遭却是只有紫鹃一人。挣扎着想起身,发觉自己竟是连坐起的力都没有了,只好示意紫鹃将自己扶起靠在软枕上,又要其去取来从前写的诗稿。趁着闲隙,抬眼瞅向妆台铜镜,铜镜里的那个人竟是那样毫无生气:三千青丝在没有簪子的依托下一泻而下,双颊没有一丝血色,樱唇苍白,双目空洞无神……

待紫鹃取来诗稿,眼下自己却是再没有精力去看,沉身喘了一会儿,又唤紫鹃笼上火盆。

"姑娘是冷了吗?"紫鹃忙笼上火盆搁在自己身边。

挣扎着立起来,指尖轻触稿纸继而拈起,瞧了瞧火盆,便果断颤颤巍巍地将诗稿投入了火盆。在诗稿沉入烈火之中烧灼之际,两眼再次一黑,倒头便失去了知觉。

再次醒来已经是晚上。

睁开双眸虚弱地环顾着周遭,仍是只有紫鹃一人。从被窝里抽出手来一把握住紫鹃,喘着粗气,断断续续地使着劲道:"我是不中用了,妹妹……我这里没有亲人……你好歹叫他们送我回去……"喘气,瞑目,握紫鹃的手攥得更紧了。

"宝玉,宝玉,你好……"后面的话我这么想说完,可是再也没有力气了。

潇湘馆外风动竹哨,月影移墙;馆内,唯有许许寂寥哭声。

(本文为深圳市"莲花杯"作文大赛征文获奖作品)

九十九天里

李梓佳

  无尽喧哗的喇叭在嘈杂的马路上前挤后拥，街道上来来往往络绎不绝的人流一律低头刷机迈大步，硬生生撕开宁静夏夜的大厦霓虹和刺眼的车灯，以及失去了满天繁星却只留给天空四角的高楼，是我对这个城市的第一印象。

  这是我来到深圳的第一天。

  我在七岁时，被爸妈强制性地从老家拉到深圳开始九年义务教育。村子里那方小菜圃里的长胡子玉米和土豆娃娃，爬满翠绿爬山虎的小砖墙上那一只偷偷躲在绿叶下歇息的蜗牛大叔，屋顶乌黑的砖瓦下我偷藏着的从小溪边拾来的一颗美丽的鹅卵石，还有和我一同抓鸟捞鱼偷西瓜的小伙伴们，都在这一天定格在永久的回忆里。

  刹那间，我的世界变了色彩，清新的悠闲时光被纷乱复杂的快节奏生活所替代，从前吱呀吱呀的潺潺流水被日日夜夜川流不息的立交桥赶跑，一切精致美妙的餐点都被快餐汉堡所取代。快，快，太快了，小小的我只得尽快背起书包追随着大城市的脚步，迎着清晨的第一抹阳光而起，让建筑工地轰隆隆的响声伴着我的小台灯入眠。

  没日没夜的学习和工作，更让我怀念起从容的乡村时光，也加剧了我对这座城市的厌恶。轰轰的工地声使我烦躁，刺眼的霓虹灯使我恼怒，适应不了快节奏的生活更使我加倍自卑。我终于望见了青山绿水外的世界。只有在深圳这个大舞台上，我才意识到自己是多么渺小。

不就是大城市吗，不就是有钱吗，不就是比农村先进一些吗，有什么了不起的！在某天放学的路上，我一边狠狠地咒骂脚下的这座城市，一边愤愤地踢着路边的石块。黄昏把我的影子拉得很长很长，整齐的方砖从我脚下伸延，影子被砖缝割散，在一片金粉里显得无比孤独。我走在路中间，左边是闹哄哄的工地，右边是喧闹的车流，我像是走在悬崖中间的羊肠小道上，被风吹得七零八落，天涯海角皆无容身之所。

刚回到家一开门，便惊呆了：满屋子的人！其中有穿西装系领带的陌生叔叔，有身穿卫衣的年轻夫妇，还有躺在床上的奶奶和不停道谢的爸爸妈妈。我先前满腹的牢骚和怨恨都被强烈的好奇心挤到九霄云外。我丢了书包跑到奶奶床边，扯着妈妈的衣服一连串地问着，这才知道事情的来龙去脉。

今早奶奶出门买菜遛弯，不料在集市上迷了路，走错了方向，她心头焦急得很，但人老眼花看不清路标，就只能在原地兜兜转转。一对晨跑的年轻夫妇经过，看见了团团转的奶奶，便热心地伸手相助，却苦于奶奶满口的方言难以听出家庭住址，只得陪着奶奶站在路口拦着过路的人询问是否听得懂奶奶的方言。他们陪着奶奶从早晨到烈日的午后，其间他们不仅轻声安抚好奶奶的情绪，还在炎炎夏日下买了冰水和盒饭给奶奶充饥。皇天不负有心人，他们终于在12时遇见一位身着西装的叔叔能听懂奶奶的方言，于是他们很快就找到了住址并与爸爸妈妈取得了联系，随即立刻打车送奶奶回家。

"他们是好人啊！"奶奶声音颤抖着，眼里闪着泪花，感激地望着他们，"没想到这城里还有不嫌弃我这个乡下老太婆的，真是好人啊。"

"没没没，都是应该的。"

"想当初我来到深圳时也是满口方言，但这座城市可宽容了，来了，就是深圳人了呢！"

我望望这对年轻的夫妇，他们自始至终牺牲自己的个人时间帮助着奶奶。还有那个上班族，明明手头有那么多繁忙的工作，却仍尽到一己之力来帮助奶奶，才能使奶奶重新回家。想到这里，我突然觉得之前那么多那么多厌恶这座城市的想法都是那么的幼稚可笑，即使是在这座快节奏的城市里，也有许多善良包容的人们。深圳的建筑工地虽然吵闹，却也是工人们在为我们建设更好的家园而日夜努力着；深圳的千千万万上班族们虽整天低着头刷手机，却也是为推动国家发展而努力的一分子。他们能够适应深圳的节奏，能够在深圳宽广的怀抱下融入其中，那我还有什么理由去讨厌它呢？

这是我到深圳的第九十九天。

有人说，恋上这座城，是因为城中住着一个人。而我之所以恋上深圳，是因为这座城中的千千万万人。他们的温暖，包容，宽广的胸怀，无时无刻不在提醒着我身为一个深圳人的骄傲和自豪。相比他们的包容理解，我之前酸溜溜的想法才是片面阴暗的。而如今，我为自己是一个深圳人而自豪着，为我能成为这宽容的大家庭中的一员感到无比的骄傲。我深深恋上了这座城，恋上了它的人，它的包容，它的和谐，它经久不衰的良好的美德，都使我为之深深留恋。

（本文为深圳市"恋上一座城"主题作文大赛获奖作品）

倾城吃恋

毛子欣

对于一个"重量级"吃货来说，恋上一座城的重要原因，大抵便是吃了。

无论忙碌的工作日或是休闲懒散的周末，我总会抽出几天去那儿吃上一碗。周而复始，百吃不腻。从小区走出来，穿过大片被梧桐隐天蔽日的小道，再左转，几丝微风拂过面颊，带着不知名的香。熟络地找张凳坐下，打量着周遭一切。门口那木刻的"潮汕汤粉王"已被十几年风霜打磨得一边凸一边凹。反观这木桌，却比十几年前更具韵味。思绪百转间，一碗汤粉早已摆上餐桌，扑腾的香气扑面而来。不是没有尝过别家的粉，但总觉没这家粉细，肉香，汤浓。夹勺粉放上肉片，再舀上半勺汤，送入嘴中，满是满足……粉不多不少，吃到最后，刚好饱了。于是便背上包，轻快踏出，转身吼一句："老板再见！"便离去了。无论风和日丽还是雨声大作，只要吃上一碗粉，便是吃货心里最大的慰藉。偶一次凌晨4点爬起跑步，昏暗灯光下，汤河粉竟已开始营业了。穿着汗衫与西裤的老板，在剁着刚从市场买回的肉。一瞬间我感到无比的温暖，在深圳这忙忙碌碌的大城市，总有人等着我，可以及时地给我端上一碗热腾腾的潮汕汤粉。

有一段时间，疯狂骑自行车到一个充满客家风情的小镇梦想减肥。肥不知有没有减掉，但那儿的棉花糖是真好吃。卖棉花糖的小摊在一棵山楂树下，若不仔细看，是看不出有这样一家店的。没有招牌，没有菜单，只有台旧棉花机放在那儿，与周围客家建筑交相辉映。卖棉花糖的老人，着一袭深蓝的布褂，坐在小板凳上，等待着有缘人。一个棉花糖不贵，相当于四个珍果棒。一双瘦骨嶙峋的手缓缓将玻璃瓶中白得晶莹的糖倒入锅中，小风扇转呀转，一缕缕白有了形，盘在木杆上。老人将糖递给我，脸上还露着慈祥微笑："少吃糖呀，蛀了牙就不好看了。"我也笑着朝她挥手"阿婆再见！"，咬上一口，丝丝缕缕的甜意萦绕心怀，喜不自知。

现在的棉花糖，红的，黄的，绿的，蓝的，花形的，无所不有。时过经年，再回山楂树下，却已没有了那个慈祥的老人。

哦，上天作证，我愿用一辈子的时间，等在一棵山楂树下，静静地，静静地看着年过七旬的老人细细盘好棉花糖。

若逢老妈不想做饭的休闲周末。"我们出去吃吧？"她提议。总会有一个人接上嘴："去哪吃呢？"剩余的人眼睛便是一亮，异口同声答："吃寿司吧！"

寿司很多家，但我们宁愿跑不近的路，抵达有些偏僻的四楼，一尝那儿的手握寿司。一个个寿司齐整放在盘里，散发着神秘的香。咬一口鳗鱼连着紫菜条与饭，满心欢喜。座旁是大大的落地玻璃，窗外深圳的夜景格外绚烂，在某个大厦的屏上，"来了就是深圳人"几个大字，印入心扉特暖。一碗浓汤拉面，几个寿司与小丸子……酒足饭饱后，满足地打个饱嗝，穿和服的小姐姐微笑，露出可爱的小虎牙，"慢走呀"……我们便真的慢慢走起来了，一家人欢声笑语，享受着温馨。远处彩灯浪漫，微风和煦。

……

若说喜欢"潮汕汤粉王"，是因老板的勤奋工作与多年情怀；喜欢山楂树下的棉花糖，是因老人那慈祥叮嘱；喜欢那家手握寿司，则是享受家人团聚的温馨与小姐姐的灿烂微笑……但总归说，喜欢它们，是因为它们都在深圳的某个地点，发出耀眼的光芒。

它们都在深圳，在这个我生存10年的地方，我的一切都将在这儿生根发芽，开出朵朵动人的花。它们都在深圳，在这个努力便有回报的地方。我的心，与深圳同在，我的脉络，跟深圳紧紧相连，并期盼与其永不分离。而那些美食，那些情怀，那些朝我微笑，给予我温暖的人，都是我在这座美丽的城中努力生存的动力呀。就这样，因一种美食恋上一种味道；因一种味道恋上一个人；因一个人恋上一种情；因许多不知名的情感小温暖，使我恋上了深圳这座繁华美丽之城。

那倾国倾城般的吃恋呀。

（本文为深圳市"恋上一座城"主题作文大赛获奖作品）

恋，从此开始

何海蕴

冬天天短，太阳已将西暮了，沉沉缓缓，晕染成一连片融水的赤黄，渐变、起伏，积叠在西向深远的天际线。

我转着手中的笔，百无聊赖地看着窗外所谓深圳美景，看着冷风将枯槁的落叶卷起，复又落下。心底是无尽的烦闷。

对于深圳，我有着一种极其复杂的情感。它从我小时便一直陪伴着我长大，像是我最亲近的伙伴。可它却又像是个极其冰冷的机器，夜晚没有万千星斗涌入夜空，白日没有鸡鸣将天空染上晨黄。有的只是人也匆匆，云也匆匆，来时匆匆，去时更匆匆。

可爷爷却很喜欢这个地方，他时常操着一口家乡话，极其郑重地对我说："你要爱深圳呀，深圳可是育你爱你的第二故乡啊。"

从前，我对这些话语嗤之以鼻，内心想着的却是老家轻盈飞着的豆娘，和那缠满老房子的喇叭花。我将它与深圳那冒着黑烟的汽车，那遮蔽了天空的房子作对比，愈发觉得深圳便是那把剪断了我羽翼的剪刀。

可是，这种想法却在悄无声息地改变了。记得有一次，夜晚出去散步，看见那城市笼罩在一片迷蒙中，远观而去层层叠叠，恰是高楼鳞次栉比。偶有霓虹穿过，带来现代科技的文明宣誓。

夜晚的故乡是无声的，一切都浸在黑夜里沉沉睡去。可深圳的夜晚却是热闹而又喧嚣的，无数灯光树木融进河里，远处而观，倒像是有两条银河了。

不远处,有位衣衫破旧却整齐的中年男子端坐在椅子上,缓缓拉着二胡,十米开外的断臂男子随着二胡声唱起了故乡的歌,零零碎碎的人们站着,却没有人出声去打扰,他们只是默默地听着,然后将那闪烁如星子的硬币庄重地放入琴盒里。当硬币与琴盒碰撞发出"当啷"一声时,我的心像是被小猫轻轻挠了一下,不恼人,只是万般柔情涌上心头,随后我便有些意外了,在我的故乡中的乞丐,无疑都是些拿着锃亮的银碗,流着涎水,一双被风沙裹满的手像铁钳般牢牢钳住过往人的衣袖,像是不在衣摆上留下一个油亮的手掌印便不善罢甘休似的。

我开始想,深圳似乎也没那么糟糕。

没有轻盈飞着的豆娘,却有着充满质感的无人机,没有嘹亮的鸡鸣渲染第一抹黎明,却有着沉缓的小提琴声伴着你入眠。没有了如同土匪似的乞丐,有的只是在路边工作的音乐人。

我像是终于开始明白了,深圳的美与独特,开始明白了那放在琴盒里泛着光泽的硬币,开始看见那被掩埋在钢筋混凝土下生生不息的花儿,开始抛弃偏见,丢掉厌弃,开始重新认识这座城市,也开始真正地恋上这座城市,恋上我的第二故乡——深圳。

(本文为深圳市"恋上一座城"主题作文大赛获奖作品)

我眼中的国学经典
——《弟子规》

二(6)班 冯子淇

"弟子规,圣人训。"暑假我读了《弟子规》,这是一本依据孔子的教诲编写的,规范日常生活和提高自我修养的书。

在书中我学到了很多文明礼仪知识。比如书中有这样一些话:"首孝悌,次谨信。"首先,我们要孝敬父母,友爱兄弟姐妹,其次要做事谨慎,诚实守信。"泛爱众,而亲仁;有余力,则学文。"意思是说,要对大家有爱心,并且亲近品德高尚有仁爱之心的人。有精力的话要去学习一些文化知识。这是一些基本的道德规范,值得我们学习。

书里还有一句话:"父母呼,应勿缓;父母命,行勿懒。"知道它的含义后,我觉得自己做得很不好。在家爸爸妈妈喊我的时候我经常假装没听到,继续做自己的事情,常常妈妈喊了很多遍我才会动。读了《弟子规》后我决心改掉这个不好的做法。

《弟子规》虽然有些内容我现在还不是很懂,但以后会慢慢学习。这是一部值得阅读和深入理解的书。

(指导教师:张静茹)

我眼中的国学经典

五(2)班　钟绪勃

《弟子规》,每个人都熟悉的一本书,这本书是我眼中的国学经典。

我是这样邂逅《弟子规》的:有一天,爸爸妈妈带着妹妹去逛街,他们走到书店门前的时候,一直不爱读书的妹妹突然说要买书,当时把爸爸妈妈吓了一跳,爸爸和妈妈就带妹妹进去买书了。爸爸看到书店中的《弟子规》,不假思索地对我妈妈说:"买《弟子规》吧!"有一天早晨,我起床之后,无所事事,突然,我惊奇地发现,桌面上有一本《弟子规》,我立刻拿起《弟子规》开心地读了起来。我越读越起劲,大约过了一个小时,我就把整本书读完了,可是里面的内容我还不太理解,于是,我就再读了一遍,这一次,我感触良多,其中印象最深刻的是为人的品质,比如说:为人要正直、诚实、孝顺、知错能改、尊老爱幼、常怀感恩之心等等。

《弟子规》不仅让我领略到我国传统文化的博大精深,还让我在开阔思路、培养品格方面有大大的提高,不过给我启发最大、体会最深的是关于为人要正直、勇于改过自新的一个小故事。

这个故事叫《周处改过自新》。故事的内容是这样的:有一个人叫周处,他身强力壮,又会武艺,但是他在村里逞强称霸,所有人都非常讨厌他。后来,村里出现了一条凶猛的蛟龙和一只残忍的猛虎,周处想借此机会在村民面前证明自己的厉害,所以就去跟那两个猛兽搏斗。经过三天三夜,那两只猛兽都被周处杀死了。他三天三夜都没回来,村民都以为他已经死了，非常高兴，互相庆贺。周处这才知道，原来村里人居然这么讨厌他。从此，他改过自新，认真学习，考中进士，最终成为一个廉洁的好官。

《弟子规》是为人处世的典范，为后人所学习、传颂，它也是我眼中的国学经典。

（指导教师：孙菊芳）

我眼中的友谊

六(2)班　杨汶睿

友谊，就像海绵宝宝和派大星；友谊，就像哆啦A梦和大雄；友谊，就像光头强和熊大熊二；友谊，就像我和她。

我们友谊的火花，擦燃在五年级下学期，这火花的引火线不太好找，以至于找了半年才找到，点了两年，燃了又灭，灭了又燃，然后，一场雨过后，又重新来过……

真正决定再次点燃，是在寒假二月份的时候。

那天楼下比较凉，在地上奔跑的我们，手依旧冰冷。

"宇佳，聊聊好吗？"

楼下玩耍的人已经散去，剩下我和她。

"好呀，我们也该聊聊了。"

找了个地方坐下，她把冰凉的手放进我的口袋。

"宇佳，你觉得我们这样僵了一学期，这样僵下去到小学毕业，你认为值吗？"

"不值。"

其实，她不说我也知道，不值。

我们像两块不像样的石头，经过两年的打磨最终融合为一体，却因为一两件小事而前功尽弃，亏！

那天晚上我们聊了许多，甚至聊到了生老病死，在两人的神情中，有着这个年龄不该有的成熟。

这就是我眼中的友谊——有人诉说，有人倾听。

那天晚上之后，我们的关系好了一阵，后来又如心电图一般上下起伏，直到最近，"海绵宝宝"和"派大星"在我们之间叫开了。

这天老师宣布要举办期末音乐会，同学们可以报名参加。

我最开始想跟"派大星"和"章鱼哥"一起跳舞，可"派大星"不想跳。

左晶她们来报名的时候，"派大星"也在一边和她们一起哼起调调来。

"'派大星'，你是不是也想唱这个啊？我帮你加上去，没事的。"

"没有，我陪你一起。"

就是这么简单的几个字，使我心中石头落地，暖阳升起。

"哈哈，好啊，我们表演什么？"

"看你。"

"啊，我也不知道，所以才问你嘛。"

上课铃声卡着点响了，回到座位上，我想，这就是我眼中的友谊——有人发疯，有人陪着。

我又想起了之前的事。

"鸭鸭，你不是自己有涂改带吗，还那么多，欺负我的比较好用是吧。"

"啊！林宇佳，我的本子！"

……

对的，没错，我又开始了日常话痨模式。（呃，好吧，是大惊小怪模式。）

"林宇佳，哎，你又对我的本子做了什么！"

"啊？哦。我什么都没干……假的。"

"来来来，好好欣赏一下'您老'的'杰作'。"

"嗯，我认为挺好看的，很有艺术风格。你看这里是……"

飞一个白眼过去，竟敢画我的本子，并且理直气壮地和我做讲解！

算了，大人不记小人过，让你三尺又何妨。

这就是我眼中的友谊——有人包容，有人原谅。

想想一个多月之后我们就"分道扬镳"了，但是，我相信，"派大星"不会爱上"无海绵宝宝日"，因为友谊的丝线，已经连着我们的心。

世上有种最单纯的友谊叫"海绵宝宝和派大星"；世上有种最不舍的友谊叫"哆啦A梦和大雄"；世上有种最艰难的友谊叫"光头强和熊大熊二"；世上有种最快乐的友谊叫我和她。

能遇见你，真好！

致：
"派大星"——林宇佳

（指导教师：黄志芳）

我眼中的家乡

五(1)班　张可馨

　　我的家乡湖北位于长江中下游，那里四季分明，物产丰富，曾被人们称为"鱼米之乡"。

　　春天万物生长，到处都是一片生机勃勃的景象。小树苗生根发芽，小蜜蜂播撒花粉，花儿弥漫着芳香，小草也悄悄从地面上探出头来，河边的杨柳也在欢快地摇摆着身体。所有的一切仿佛都在欢迎春天的到来。

　　夏季天气炎热，河面清澈而平静，河两边树上的知了也在欢快地唱着歌儿。后门外到处是一片漂亮的荷花和荷叶。家乡的夜空宁静而美丽，弯弯的月亮仿佛露出了她甜美的笑容，门前菜地的蛙声好像在抚慰人们一天的辛劳。

　　秋天是一片萧瑟和冷清，树叶变得枯黄，散落在地上。田野里则是另一番景象，到处都是农民伯伯忙碌的身影，他们脸上洋溢着丰收的喜悦。

　　冬天的大地则是一派银装素裹，厚厚的白雪覆盖着地面。大人们穿着厚厚的棉衣，相互热情地问候着，孩子们在雪地里欢快地堆雪人，打雪仗。人们沉浸在一片欢乐祥和的海洋里。

　　我的家乡有四季分明的气候，美丽宜人的环境。它充满着活力，它承载着希望，它向人们展示着一幅幅美丽的画卷。

　　我爱我的家乡！

(指导教师：朱孟思)

我眼中的巽寮湾

五(3)班　黄伦曦

我的家乡在广东省惠东县，那里有一个粤东最洁净的港湾——巽寮湾。乾隆年间，这里就因依山傍水、环境清幽宁静而出名。

在我眼中，巽寮湾是温暖的。春天来了，万物复苏，天气渐渐暖和起来，但这时的海水还是很凉，不能下海游泳，你可以脱下鞋子，用脚感受与细沙之间的摩擦，走到海水边，用脚轻轻拨动那清澈透明的海水，伴着微风，时不时地还飘来阵阵桂花香，舒服极了。

在我眼中，巽寮湾是热闹的。一到夏天，游客从各地而来，沙滩上、大海里到处都是人，有的陪着孩子们在沙滩玩沙子，打排球；有的躺在遮阳伞下，享受日光浴；有的在海水里欢腾着，放眼望去，一片茫茫人海。

在我眼中，巽寮湾是美妙的。当秋风吹起之时，那清爽的潮湿的夹带着海腥的风，吹拂着人的头发、面颊及身体的每一处，让人感到神清气爽，心旷神怡。当海水涨潮的时候，海浪一个接一个向岸边涌来，浪花撞在海边的礁石上，发出"哗哗"的美妙声音。

在我眼中，巽寮湾的冬天是安静的。海面水平如镜，时不时微风吹来，在海面上荡起一阵阵波纹。望着一望无际的大海，人的心情十分舒畅。因为气候的原因，即使在冬天，海水也不会很冷，还是有很多游客，他们躺在沙滩上，安静地晒着太阳。

这就是我眼中的巽寮湾，一个温暖而又热闹的港湾，一个温婉而又安静的港湾。

（指导教师：邱群珊）

我眼中的爸爸

四(2)班　付雅涵

我有一个工作敬业的好爸爸,他的外貌可搞笑了!他有一双小小的眼睛,而且还眯成一条缝。他有一个大大的鼻子,两个小鼻孔可厉害了,如果有一个人走过的话,这两个小鼻孔一定会热情地先跟别人打个招呼呢!他还有两个会说话的眉毛,如果有人让他不高兴的话,眉毛便发起火来,好像要与那个人斗争;如果有人让他很高兴,眉毛便像一个和蔼可亲的老人,对别人非常热情,还跟别人微笑呢!

我爸爸虽然外貌搞笑,工作可是非常敬业的。

有一天晚上,爸爸没写完报告,虽然已经非常晚了,妈妈和我都睡着了,可爸爸却还在书房里静静地办公,他不睡觉也一定要把工作做完。书房的灯开了一夜,到了早上,爸爸准备去上班时,我问他:"爸爸,您为什么不睡觉也要把工作办完呢?"爸爸说:"如果我不把工作办完,那是工作不敬业,如果你不敬业,会被领导责骂,自己心里也不舒服,可如果你把工作做完了,虽然你很累,可能得到别人的赞赏,自己心里会甜滋滋的。"

我要感谢爸爸,是他让我知道了什么叫"敬业",世上就因为有他这种人,社会才会有那么多成就。敬业就跟好好学习一样,只有好好学习,每个人才会多一份收获,少一份责骂,我们每个人要是都敬业,世界才会更美好!这就是我的爸爸,一个工作敬业的好爸爸!

(指导教师:李秀梅)

我眼中的爸爸

四(2)班　林玉淋

我的爸爸是一位退伍军人，现在他正经营着一家汽车维修厂。他是我和弟弟的榜样，也是我们一家的骄傲。

爸爸的外表非常严肃，我的朋友第一次见到爸爸的时候都不敢多说话。我经常叫他帅老爸，虽然他已经四十岁了，但外表看也就是个二十多岁的小伙。

有一次，厂里来了个阿姨，想让爸爸帮忙修复汽车前面刮伤的部位，爸爸知道阿姨是新手上路，就说："新手开车难免会有些刮碰，等你刮碰多了，再一次性将刮到的地方修复好，免得多次花钱。"阿姨也赞同了爸爸的说法。

阿姨走后，一位新来的叔叔拿着刚拆下的风格和空调格，想去更换，爸爸看到了，接过来反复看了看，接着拿起吹气枪，把风格和空调格吹干净后，对那个人说："这些没坏，只是有点脏，把它吹干净就行了，还可以用的。"我疑惑不解地跑去问妈妈爸爸为什么要这样做，妈妈告诉我："做生意要诚实，实事求是，等你长大后就会明白爸爸的做法。"

还有一次，爸爸下班回到家里，突然接到一个电话，我能感觉到对方十分着急，我听见爸爸说："你先不要着急，我马上就带师傅过去，你把地址发给我。"说完，爸爸一边穿鞋一边打电话给厂里的叔叔，让他们赶紧准备好工具出发。我实在纳闷，现在是下班时间，爸爸手下明明有那么多员工，为什么他还要自己去呢？

通过这些事，我终于明白爸爸是怎样从一个汽车厂的小工做到汽车厂老板的。原来，爸爸一直坚持老老实实做人，踏踏实实做事，实实在在做生意，这就是我们家最大的财富！

（指导教师：李秀梅）

我眼中的环保

五(1)班　唐嘉琪

什么是环保？很多人都认为那是环保局的事，是工厂的事，是企业的事。可我认为，环保就是我们自己的事，环保与我们每个人息息相关。

什么是环保？就是当你在洗手需要用水时，将洗手水倒入盆中，等自己洗完手之后，可以拿洗手的水去洗衣服。这样，你便节约了洗衣服的水。你知道吗？世界上很多国家已经严重缺水，你节约一点水就可能会拯救一些正面临缺水国家的人！这，就是环保。

什么是环保？就是当你使用白纸时，将正反面都合理运用，这样，你就相当于节省了一张白纸。而且当你在白纸上写字的时候，你可曾想过，白纸的原材料是树木！长一棵大树需要长长的一年，但浪费一张白纸只需要一瞬间。省下一张白纸，这，就是环保。

什么是环保？就是你在保持自己不丢垃圾的同时，走在路上看到垃圾也要随手捡起来。据统计，一块小小的报废的纽扣电池就能让方圆10平方米以上寸草不生，还能污染好多升水呢！由此就可以看出这些垃圾的危害之大！如果你能随手捡起这些垃圾，那么就能造福多少人啊！这，就是环保。

很多人说环保是小事。我认为，环保既是小事，又不是小事。在生活中节约点点滴滴就是环保，这是小事，但能造福后代多少人又是一件大事！勿以恶小而为之，勿以善小而不为！

让我们从身边的小事做起，从生活中的小事做起，从点点滴滴做起，一起当环保小卫士吧！

（指导教师：朱孟思）

我眼中的未来

五(2)班　侯懿恒

每个人都做过一个"白日梦",这个梦里,有自己的天马行空,而天马行空并不是痴人说梦,它只是有限度地去渴望未来的一切。

未来的生活是美好的。智能化在生活中的比重会越来越大,机器人会帮助人们完成生活中重复的、繁琐的小事。但人们也不是无所事事,他们将会从事更高端的研发工作。房屋虽谈不上富丽堂皇,但也是高智能的。通过刷脸感应开门,一整套家电开关都可以通过手机控制,窗户玻璃也是一个多功能的电子屏。人们的出行也将更方便,时而会有"堵飞机"的景象呢!购物更是便捷,足不出户就可以买到全球好货!

未来的科技是发达的,同时也遵循自然规律。未来将会有许多高耸入云的摩天大楼,人们身处其中并不会感到压抑。楼房的外墙上爬满了绿油油的爬山虎,阳台上各种花草争奇斗艳,争先恐后地向路边的人们招手。一座座大楼远观如威猛的游龙,近看似擎天的绿柱。未来的绿化将给压抑的钢筋混凝土丛林,增添了不少生命的跃动。每一颗绿化树都装上了仪器,随时监测它的湿度和水分。

未来学校的学习是多样的。学生除了学习必修的课程外,还可以选修几门自己喜欢的课程。所有的练习本、作业本,同学们完成作业后就自动存在云盘中,老师可以随时批改,随时和学生通过屏幕探讨。超大的容量可以存放一个人整个学习生涯所学知识,随时都可以翻阅自己的学习笔记和作业本。

未来的世界一定是令人心驰神往的。让我们大胆地做着"白日梦"，去实现未来，去拥抱未来！

（指导教师：隆拾梅）

我眼中的地球

五(2)班　余卓超

"哗……哗……"一所医院的手术室里，几名"机器人"医生正在给一场车祸中受伤的男孩紧锣密鼓地进行手术。几小时后，小男孩笑着从手术室被推了出来，人的生命被不会"笑"的"白衣天使"救了，但医院外面堆积如山的医疗垃圾正在被机器人随意处理。

"轰……轰……"什么声音？是许多从宇宙飞船上丢下的太空垃圾往地球上掉落。像这样大威力的垃圾，看着就让人害怕，可是在应对酸雨时我们就发明了坚不可摧的防护罩，现在用它阻挡太空垃圾也是毫不费力的，科学已经能让我们人类不再受到太空异物影响了。

"呼……呼……"一阵阵风吹在沙漠中，越来越多的绿洲良田变成了沙漠，再也没有人知道走出广阔沙漠要多久，我们只知道沙漠也像人们的贪婪，无边无际，不受限制。原本以为水多的地方绿意盎然、生机勃勃，但是由于资源过度开采，乱砍滥伐，工业污水、废气的大量排放使如今的地球苦不堪言，全世界沙漠化的趋向越来越严重，人们的生活受到了严重的威胁。

这就是我眼中的地球，一个科技发达的地球，一个环境恶劣的地球。人们在享受便利的同时却牺牲掉了美好的环境，怎样才能鱼和熊掌兼得呢？这是值得我们深思的话题。

(指导教师：隆拾梅)

消　极

八年级　罗　宇

深夜望着窗外一个人　忍住眼泪
有种消极的情绪叫孤独
每天都是一样　旧的一天反复无常
只有重要的人和事物在消散
谁终究会承认自己没有能力保护
不管是对于别人还是自己
你也会恨自己没有任何力气
这城市里的人无一幸免
我想问　今天又走了谁
整个城市都离别
谁想说　今天还剩下谁
不就是每天都在上演
我想问　今天孤独了谁
谁的沾沾自喜被磨灭
谁想说　今天该羡慕谁
估计那个人永远都快乐

穿过几条马路几滴眼泪落在枕头
你哭什么又没人替你伤心

你剩下的一副皮囊还能用多久
明天再继续浪费它
我想问　今天又走了谁
整个城市都离别
谁想说　今天还剩下谁
不就是每天都在上演
我想问　今天孤独了谁
谁的沾沾自喜被磨灭
谁想说　今天该羡慕谁
估计那个人永远都快乐

深夜望着窗外一个人　掉了眼泪
有种消极的情绪叫孤独
每天都是一样　旧的一天反复无常
只有重要的人和事物在消散